WERONIKA K.

ZABIŁAM

Opracował Piotr Litka

WYDAWNICTWO WAM

Opracowanie: Piotr Litka
Redakcja: Małgorzata Fugiel-Kuźmińska
Projekt okładki: Magdalena Kuc
zdjęcia na okładce:
shutterstock/Marcin Krzyzak
shutterstock/Vasilchenko Nikita
Skład: Anna Olek

Cytaty pochodzą z książki Alberta J. Bernsteina
„Emocjonalne wampiry" w przekładzie Jolanty Kubiak
Dom Wydawniczy REBIS, Poznań 2005

ISBN 978-83-277-1061-1

WYDAWNICTWO WAM
ul. Kopernika 26 • 31-501 Kraków
tel. 12 62 93 200 • faks 12 42 95 003
e-mail: wam@wydawnictwowam.pl
www.wydawnictwowam.pl

DZIAŁ HANDLOWY
tel. 12 62 93 254-255 • faks 12 62 93 496
e-mail: handel@wydawnictwowam.pl

KSIĘGARNIA WYSYŁKOWA
tel. 12 62 93 260, 12 62 93 446-447
faks 12 62 93 261
e.wydawnictwowam.pl

Druk i oprawa: LEYKO • Kraków

Książkę tę poświęcam niezwykłym ludziom,
którzy towarzysząc mi w drodze przez piekło,
zmienili moje życie.

Wstęp

W sali sądowej jest tłoczno. Przyszli dziennikarze, studenci prawa, bliscy oskarżonych. To pierwszy dzień procesu w sprawie głośnego morderstwa. Na ławie oskarżonych trzy osoby, ale tylko dwie przyznają się do winy – konkubina ofiary Weronika K. i córka zamordowanego Joanna G. Trzecia osoba – Marcin B. – odpiera zarzuty.

Słysząc drobiazgowy opis zbrodni, nie mam wątpliwości, że zainteresowanie mediów jest w pełni uzasadnione. Z jednej strony, dramat sprawców, z drugiej – przerażające morderstwo. Akt oskarżenia pełen jest drastycznych szczegółów.

Uczestniczę w jeszcze kilku rozprawach, później śledzę proces w mediach. Wszyscy oskarżeni zostają skazani, wszyscy wnoszą apelację od wydanych wyroków. Córka i konkubina zamordowanego otrzymują w wyższej instancji mniejsze kary. Tylko trzecia z oskarżonych osób słyszy „dożywocie".

Jakiś czas później jeden z policjantów, który zajmuje się poszukiwaniem sprawców zbrodni sprzed lat, informuje mnie, że Weronika K. pisze wspomnienia. Umawiam się na spotkanie. Jadę do więzienia w K.

Spotykamy się kilkakrotnie. Długo rozmawiamy. Wreszcie otrzymuję rękopis jej wspomnień. Lektura jest wstrząsająca: przemoc psychiczna, miłość spleciona z okrucieństwem i zbrodnia, która nie dawała o sobie zapomnieć.

Razem z Weroniką K. uznaliśmy, że tą historią warto się podzielić. Bo jest autentyczna.

Piotr Litka

Kraków, wrzesień 2015 roku

Aresztowanie

Spałam jeszcze, kiedy Aśka wpadła do mojego pokoju.

– Werka, musisz wstać!

– Co się dzieje?

Nie zdążyła odpowiedzieć, bo ktoś odciągnął ją do tyłu. W drzwiach stanęła policjantka w cywilu i powiedziała, że mam się ubrać. Poszłam do łazienki, szybko włożyłam ubranie i jako tako się ogarnęłam, chociaż nie pozwolono mi się umyć. Patrzyłam w lustrze na moją bladą, zmęczoną, niezbyt ładną twarz okoloną czarnymi, farbowanymi włosami, spod których przebijały odrosty w kolorze siwiejący blond i gorączkowo myślałam. Było dla mnie jasne, że oto w domu zawitał słynny Wydział do Spraw Beznadziejnych i przede wszystkim martwiłam się o Aśkę. Ale też o Silvera – nigdzie go nie widziałam.

– Gdzie jest pies? – spytałam policjantów.

– O siebie powinna się pani martwić, nie o psa – odburknął wysoki mężczyzna.

– Moja sprawa, o co się martwię. A jeśli psu coś się stanie, oskarżę was o łamanie ustawy o ochronie praw zwierząt.

Pozwolili mi założyć buty i wyjść na zewnątrz. Silver, mój husky, biegał po ogrodzie, najwyraźniej uznając, że panowie usiłujący go schwytać przyszli się z nim pobawić. Przybiegł do domu, gdy go zawołałam.

– Teraz mogę jechać – stwierdziłam krótko, nie protestując nawet przeciwko kajdankom.

Wychodząc z domu zobaczyłam Aśkę pilnowaną przez drugą policyjną ekipę. Nie łudziłam się, że zostawią ją w spokoju. Wiedziałam, że Aśka jest najsłabszym ogniwem z całej naszej trójki. W ogóle nie pomyślałam o Marcinie, który był na Bliskim Wschodzie. Skupiłam się na tu i teraz.

Przed domem stał nieoznakowany szary samochód, którym mieliśmy jechać na komendę. Ciemnowłosa policjantka wskazała mi miejsce z tyłu. Za kierownicą usiadł energiczny brunet, obok niego zaś – znany mi już ogolony na jeża wysoki policjant, którego spokój wydawał się wręcz wystudiowany. Pojechaliśmy w stronę Krakowa.

Samochód zatrzymał się przed budynkiem komendy.

– Zna pani drogę – usłyszałam, gdy szliśmy na ósme piętro.

Istotnie, znałam. Nie tak dawno byłyśmy tu z Aśką wysondować zamiary nieznanej nam jednostki specjalnej, która przejęła sprawę zaginięcia jej ojca. A teraz znowu przemierzałam te korytarze, ale w zupełnie innym charakterze, chociaż nikt mnie jeszcze oficjalnie nie poinformował, dlaczego zostałam aresztowana.

Policjanci zaprowadzili mnie do niewielkiego biura z weneckim lustrem. Ten wysoki przez chwilę rozmawiał z kimś przez telefon.

– Pies jest u sąsiadki – powiedział, gdy odłożył słuchawkę.

Skinęłam głową, dziękując za wiadomość.

– Co pani wiadomo o okolicznościach zaginięcia Andrzeja G.? – policjant przystąpił do akcji.

– Składałam już zeznania na ten temat.

– Proszę je powtórzyć.

Starałam się posłusznie wykonać polecenie, ale przy coraz bardziej szczegółowych pytaniach, zaczęłam się plątać. Wiedziałam, do czego to prowadzi.

– Zeznania składałam kilka lat temu, nie muszę wszystkiego pamiętać – powiedziałam, chcąc przerwać łańcuch pytań. – Proszę powiedzieć, o co chodzi, inaczej nie będę dłużej rozmawiać – dodałam po chwili ciszy.

– Przecież pani wie.

Zrobiłam zdziwioną minę i milczałam. Położyli przede mną nakaz aresztowania.

– Oskarżacie mnie o pozbawienie wolności Andrzeja G.? To jakiś absurd. Czyżbym trzymała go przez całe lata w komórce?

– Pani jest bezczelna! – wybuchnął energiczny brunet. – Siedzi tu pani z pokerową twarzą i jeszcze się śmieje!

Wzruszyłam ramionami.

– Dawała pani Joannie G. leki psychotropowe, żeby ją ogłupić i sobie podporządkować – postanowił spróbować z innej beczki.

– Bredzi pan – odparowałam.

– W tej chwili jest u niej lekarz i bada jej krew.

– I w ciągu dziesięciu minut przeprowadził analizę, nie mając nawet laboratorium pod ręką? Gratuluję.

Mężczyzna spojrzał na mnie wściekły. Dopiero później przyszło mi do głowy, że w trakcie przeszukiwania musieli znaleźć w apteczce moje leki na uspokojenie i wyciągnęli błędne wnioski.

– Chce pani papierosa? – zaproponował drugi policjant pojednawczo.

Bardzo chciałam, ale nie mogłam okazać swojego zdenerwowania.

– Dziękuję, nie palę.

– Proszę się przyznać do udziału w sprawie zaginięcia Andrzeja G.

– Pan żartuje – odpowiedziałam spokojnie.

Brunetowi puściły nerwy.

– Pomyśl o Aśce, dlaczego wpieprzyłaś się w życie tej dziewczyny?! – podniósł głos.

– Bo jej ojciec wpieprzył się w moje! – wrzasnęłam.

– Przebiegła, zimna, wyrachowana suka bez skrupułów – mamrotał brunet. – Nie mogę na nią patrzeć.

Wyszedł, trzaskając drzwiami. Ten drugi, wysoki, próbował załagodzić sprawę.

– Co pani chciała robić w życiu, pani Weroniko? – zaczął lekko.

Strzał był celny – przez ostatnie lata poza pogrążaniem się w alkoholizmie nie robiłam nic, chyba że Marcinowi udało się od czasu do czasu zmusić mnie do działania.

– Haftowałam obrazy na sprzedaż.

– Sprzedawała je pani?

– Nie.

Nie chciałam wspominać, że tym miał zająć się Marcin. Wysoki policjant jakby czytał mi w myślach.

– Co pani powie o roli Marcina B.?

Milczałam.

– Gdzie są pieniądze Joanny G.?

– W banku – odpowiedziałam.

– W jakim?

– Spytajcie Aśkę.

– Niech pani nie kryje Marcina. On tam sobie wypoczywa pod palmą, a pani siedzi tutaj – przekonywał przymilnie.

– Jestem zmęczona.

– My też.

– Wy się zmieniacie, ja jestem jedna i choruję na nerwicę.

Policjant nie zdzierżył i parsknął śmiechem, opanował się jednak i przyniósł mi butelkę wody mineralnej.

– Proszę – zaproponował – ma pani spierzchnięte usta.

Piłam wodę małymi łykami, starając się odpocząć trochę w czasie tej krótkiej przerwy.

– Co panią łączyło z Andrzejem G.? – policjant zaczął wałkowanie od nowa.

– Był moim przyjacielem, pracowałam w jego firmie.

– A bliższe stosunki?

– Nie będę o tym mówić.

– Gdzie się podziały pieniądze z lokat Andrzeja G.? – drążył.

– Nie wiem – skłamałam.

– Proszę się zastanowić, nie warto nikogo kryć. Nikt nie odpłaciłby pani tym samym.

Spojrzałam w okno, był wieczór. Zdałam sobie sprawę, że od zatrzymania minęło już jakieś dziesięć godzin. Czułam coraz większe zmęczenie.

– Jakie piękne niebo – szepnęłam, patrząc w okno i ignorując zupełnie policjanta.

W tym momencie stracił do mnie cierpliwość.

– W tej sytuacji musimy panią zatrzymać, a zapewniam, że ta procedura panią zaskoczy.

PROTOKÓŁ ZATRZYMANIA OSOBY:

Wydział Kryminalny KWP w Krakowie zatrzymał: Weronikę K., córkę Włodzimierza i Alicji z domu Wieczorek, urodzonej 14 lutego 1968 roku w Brudnowie. Zamieszkałą: Brudnowo, ul. Bolesława Chrobrego 13 m. 2. Zajęcie: nie pracuje.

Przyczyny zatrzymania: osoba podejrzana o bezprawne pozbawienie wolności Andrzeja G., tj. o przestępstwo z artykułu 189 paragraf 2 kodeksu karnego.

Po pouczeniu zatrzymana oświadczyła co następuje: ja składam zażalenie na zatrzymanie, żądam powiadomienia adwokata, lecz w dniu dzisiejszym jest on niedostępny i ja nie mogę do niego zadzwonić, nie żądam powiadomienia żadnej osoby najbliższej.

Na osobnej kartce odręczny dopisek: składam zażalenie na zatrzymanie w dniu 19 kwietnia 2005 roku.

Weronika K.

„Dołek" mieścił się w podziemiach komendy. Na dole trafiłam do pomieszczenia przechodniego z dużą, metalową klatką. Usiadłam i zaczęłam bezmyślnie obserwować strumień funkcjonariuszy i zatrzymanych. Nie pamiętałam, ile czasu minęło do momentu, kiedy otwarły się drzwi klatki i kobieta w mundurze kazała mi przejść do sąsiedniego pokoju.

– Proszę się rozbierać – padło polecenie.

Otępiała wykonałam rozkaz. Funkcjonariuszka szukała na moim ciele blizn po samookaleczeniach, tatuaży, śladów nakłuć po igłach. Byłam czysta, ale i tak odebrano mi wszystkie rzeczy, które mogłyby umożliwić samobójstwo, czyli pończochy, stanik i sznurówki. Prawdziwy bój rozegrał się o okulary, których nie oddałam. Chwiałam się już na nogach ze zmęczenia.

– Chce pani jechać na pogotowie? – rzuciła ze zjadliwą ironią kobieta.

Ogarnął mnie gniew, który był silniejszy niż wyczerpanie.

– Nie trzeba – odpowiedziałam, nie zastanawiając się nawet, czy nie zamykam sobie drogi do pomocy medycznej.

Wyprowadzono mnie na korytarz, a potem do kolejnego pomieszczenia. Leżały tam cienkie, powleczone sztucznym tworzywem materace, a obok zwalone na kupę koce, które bardziej wyglądały na brudne i zatęchłe dery. Miałam zabrać koc i materac i zanieść pod drzwi celi.

– Chce pani do ubikacji? – padło uprzejme pytanie.

Gdy weszłam do toalety, poczułam falę mdłości. Tynk sypał się z odrapanych, zagrzybionych ścian a podłoga zalana była moczem i wymiocinami. Z prawej znajdowały się dwa pisuary dla mężczyzn, z lewej obtłuczony, zatkany klozet dla kobiet. Drzwi nie było. Ale potrzeba fizjologiczna okazała się silniejsza niż obrzydzenie. Wyszłam stamtąd jak najprędzej, czując na sobie drwiące spojrzenia policjantów. Podniosłam przydzielony mi koc i materac i powlokłam się do celi.

W skąpo oświetlonym pomieszczeniu, którego jedynym umeblowaniem były cztery drewniane skrzynie i przytwierdzony do podłogi metalowy stolik, siedziała dziewczyna. Z westchnieniem złożyłam swój pakunek na sąsiedniej skrzyni i odwróciłam się do niej. Była bardzo młoda, ciemne włosy rozjaśniały blond pasemka, które nie pasowały do jej cygańskiej karnacji i wielkich, ciemnych oczu wypełnionych lękiem.

– Bili panią? – zapytała dziewczyna na wstępie.

– Nie, a ciebie bili?

– Tak...

Mówiąc to dziewczyna odwróciła twarz, pokazując zasiniały lewy policzek i spory guz na czole.

– Jak masz na imię?

– Naomi. Mówili, że zamknęli też mojego męża. Nie wiem, z kim zostało moje dziecko – dziewczyna zaniosła się rozpaczliwym szlochem, który powoli przechodził w wycie. Po chwili zerwała się, uklękła na brudnej podłodze i złączyła dłonie.

– Błagam, Jehowo, uwolnij mnie stąd – wyła coraz głośniej, tłukąc głową w drewnianą skrzynię.

Chwyciłam ją za ramiona i zmusiłam, by z powrotem usiadła.

– Musisz się uspokoić – powtarzałam – dla dobra twojego męża i dziecka.

Objęłam Naomi i delikatnie ją kołysałam.

Upłynęła dłuższa chwila, nim dziewczyna zaczęła mówić do rzeczy i wtedy po raz pierwszy w życiu – ale, jak się później okazało, nie ostatni – zetknęłam się z losem cygańskich kobiet za kratami. Naomi została zatrzymana w wielkiej obławie, w której ujęto grupę ludzi wyłudzających pieniądze od osób starszych. Spytałam ją dlaczego to robiła. Odpowiedziała, że nic innego nie umiała, a trzeba nakarmić rodzinę. O roli męża w utrzymywaniu rodziny nie powiedziała ani słowa. Była nieletnia, zakochana i gotowa zrobić wszystko, by wrócić do męża i dziecka. Ale nie mogła zrobić nic.

Drzwi otworzyły się i weszła kolejna dziewczyna.

„Co jest? – pomyślałam patrząc na nią. – Dlaczego zamykają dzieci? Jedna szesnastolatka, a ta ile ma lat?"

Nowo przybyła była śliczna – czarne włosy, czarne oczy, smukła sylwetka. Spontanicznie rzuciła mi się na szyję i zaczęła płakać.

W tym momencie siedząca po mojej drugiej stronie Naomi znowu zaczęła szlochać. Jedna wzywała Jezusa, druga Jehowę, a ja w środku tego wszystkiego nie wiedziałam, czy mam się śmiać, płakać, czy modlić po swojemu. Zapytałam nową o imię.

– Monika – wyszeptała przez łzy i pochlipując opowiedziała swoją historię.

Pracowała na południu Europy, gdzie wkrótce miała wyjść za mąż za przystojnego obcokrajowca. Kiedy przyjechała do Polski odwiedzić rodzinę, zatrzymano ją na granicy pod zarzutem handlu narkotykami. Niespecjalnie się tym przejęła, sądząc, że absurdalna sprawa szybko się wyjaśni. Doznała szoku dopiero wtedy, gdy dowiedziała się, że to jej własny brat złożył obciążające ją zeznania, żeby bronić siebie. I tak młodziutka dziewczyna musiała przejść tę samą procedurę na dołku, co każdy kryminalista.

Żeby uspokoić je obie skierowałam rozmowę na jedyny temat, który wydawał się działać na nie kojąco – ich mężczyzn. Słuchałam, jak jedna szeptała peany na cześć swego Marcela, a druga opowiadała ze słodyczą o kochanym Marco. Sama niewiele miałam do powiedzenia. W końcu znużone ułożyły twarde materace na drewnianych skrzyniach, przykryły się kocami i zapadły w niespokojny sen.

Zgasły światła. Zrobiło się zimno – nikt nie zawracał sobie głowy ogrzewaniem dołka wczesną wiosną. W czarnym sweterku z krótkim rękawem i cienkiej, szarej kurteczce dygotałam jak w febrze. Poczułam znajomy skurcz żołądka – w czasie przesłuchania tam na górze nikt nie uwierzył, że mam nerwicę. Nie chciałam nikogo prosić o cokolwiek, ale narastający ból zmusił mnie do działania. Wiedziałam, że jutro rano muszę być w znośnej formie. Trzęsąc się z zimna i bólu załomotałam w drzwi celi.

Hałas ściągnął strażnika.

– Słucham.

– Boli mnie żołądek. Czy mogę dostać gorącej wody?

– Proszę chwilę poczekać.

Minęło kilkanaście minut. Usłyszałam w ciemności zgrzyt otwieranych drzwi celi i w świetle zapalonej na korytarzu żarówki zobaczyłam funkcjonariusza z kubkiem w ręce.

– Nie mamy apteczki – wyjaśnił – ale postarałem się o no-spę.

– Bardzo dziękuję – szepnęłam z wdzięcznością, połykając lekarstwo i pijąc wrzątek małymi łykami tak szybko, że poparzyłam sobie wargi.

Strażnik odszedł i zamknął drzwi.

Położyłam się na skrzyni, która przypominała mi trumnę i przykryłam się śmierdzącym kocem. Dreszcze powoli ustawały. Zanim zapadłam w drzemkę, uświadomiłam sobie, że nawet nie pamiętam twarzy funkcjonariusza, jedynego człowieka, który potraktował mnie dzisiaj po ludzku.

ZAWIADOMIENIE O ZAGINIĘCIU OSOBY:
W dniu 14 stycznia 2000 roku zaginął Andrzej G. urodzony 12 maja 1940 roku w Wieluniu, syn Wojciecha i Zuzanny z domu Kowalska. Zamieszkały: Brudnowo, ul. Marii Poświatowskiej 3, wdowiec, emeryt.

Wyżej wymieniony wyszedł wcześnie rano 14 stycznia 2000 roku z domu celem wyjazdu do Warszawy. Miał tam załatwić sprawy urzędowe, bliższych danych brak. Do Warszawy wymieniony miał się udać pociągiem ekspresowym.

Rysopis: zaginiony z wyglądu ma ok. 60-65 lat, wysoki i szczupły, włosy siwe, czesane do tyłu, łysina czołowa, blizna pooperacyjna na szyi po prawej stronie. Ubrany w marynarkę, kurtkę i czapkę wełnianą koloru brązowego. Miał teczkę z dokumentami.

Do chwili obecnej nie wrócił do miejsca zamieszkania. Jego aktualne miejsce pobytu nie jest znane.

Obudziłyśmy się wszystkie bladym świtem i nasłuchiwałyśmy w milczeniu. Na korytarzu zaczął się poranny ruch. Pół godziny później otwarły się drzwi celi i poszłyśmy do toalety. W pośpiechu, wstydliwie korzystałyśmy z ubikacji, starając się oprzytomnieć.

Potem przyszła pora na śniadanie – na lepkim blacie stolika strażnik dziennej zmiany położył kromki chleba, podejrzanie wyglądające masło i marmoladę, metalowe kubki z burą herbatą, letnią i przesłodzoną. Żadna z nas nie miała ochoty tknąć jedzenia, choć przez moment zastanawiałyśmy się, jak można rozsmarować na chlebie marmoladę bez użycia sztućców. Nie chcąc brudzić sobie palców, których nie można było nigdzie umyć, zrezygnowałyśmy z eksperymentów.

Rozmawiałyśmy o błahostkach, starając się odpędzić choć na chwilę ponure myśli. Kiedy strażnik przyszedł po Naomi, zniknęła tak szybko, że nawet nie zdążyłyśmy się pożegnać. Zostałam z Moniką, położyła mi głowę na ramieniu i drzemała. Obecność drugiej osoby wpływała na nią kojąco, ale przez sen wstrząsały nią nerwowe dreszcze. Kołysałam ją uspokajająco, choć sama drżałam z zimna. Zaczynałam czuć się nieświeżo – wczoraj nie miałam okazji się umyć. Niby nic, ale przez brak higieny czułam się skrępowana, co od razu stawiało mnie w gorszej pozycji. Drzwi otworzyły się i stanął w nich funkcjonariusz.

– Jedzie pani do prokuratury z adwokatem – zwrócił się do Moniki uprzejmie.

– Pewnie moja mama go wynajęła – szepnęła dziewczyna z nadzieją. – Dziękuję za wszystko, nigdy pani nie zapomnę.

Przytuliłam ją serdecznie na do widzenia.

Kiedy zostałam sama, wstałam i zaczęłam krążyć po celi, żeby trochę się rozgrzać. Dopiero teraz, w świetle dnia, mogłam przyjrzeć się napisom na ścianach. Zastanawiałam się, jak powstały, skoro na dołku nie wolno mieć przy sobie niczego. Właśnie trafiłam na dumne stwierdzenie: „Wolność to fikcja", kiedy znów otworzyły się drzwi celi:

– Zdaje pani koc i materac – oznajmił strażnik.

– Czy to znaczy, że wychodzę?

– Chyba tak, ale najpierw musi pani coś podpisać na górze.

Starałam się nie dopuszczać do siebie nadziei – nadzieja mogła mnie złamać. Przyszli po mnie i zawieźli windą do góry. Wysoki policjant i energiczny brunet byli już na miejscu.

– No i co? – spytał brunet z przekąsem.

– No i nic. Na Guantánamo pewnie mają gorzej.

Wysoki przejął inicjatywę:

– Czy wyraża pani zgodę na przeprowadzenie badań DNA?

Wzruszyłam ramionami:

– Wyrażam. Róbcie, co chcecie.

Przyniesiono zapieczętowany zestaw do badania. Policjantka w gumowych rękawiczkach patyczkiem kosmetycznym pobrała mi próbki śliny z ust, a następnie umieściła patyczek w pojemniku. Zastanawiałam się, czy ta procedura też ma służyć wywarciu presji – szukanie śladów biologicznych po tylu latach wydawało mi się z góry skazane na klęskę.

– Przyznaje się pani? – spytał po chwili milczenia ten wysoki.

– Do czego?

– Powinna pani wiedzieć.

– Jakoś nie wiem – odpowiedziałam. – Nie trzymam nikogo w komórce, jeśli o to panu chodzi.

– Wobec tego musi pani wrócić na dół.

Bez słowa wstałam i wyszłam. Wróciłam do celi, ale tym razem nie byłam w stanie skupić się na ściennych napisach. W głowie rozbrzmiewało mi ostatnie zdanie policjanta, które rzucił, aby mnie rozzłościć.

– Joanna jest w tej sprawie tylko świadkiem, to pani jest podejrzana.

„Człowieku, nawet nie wiesz, jak mnie pocieszyłeś" – pomyślałam.

Aśka wróci do domu i zajmie się psem. O sobie nie myślałam, bo po co. Umarłam już kilka lat temu, tamtej pamiętnej nocy, po świecie chodziła jedynie atrapa człowieka. Moja bezczelność, która tak drażniła policjantów, brała się z całkowitej obojętności na los.

Nie zdziwiłam się, kiedy po jakiejś godzinie znowu po mnie przyszli.

– Idzie pani na górę.

W znanym mi już pomieszczeniu była nowa osoba, mężczyzna po trzydziestce ubrany w czarny golf. Nie zwróciłam na niego większej uwagi, siadłam i czekałam.

– Pani Weroniko – odezwał się oficjalnym tonem mężczyzna – może pani zakończyć to wszystko i zgodzić się na badanie wariografem – wykrywaczem kłamstw.

– Nie mogę wyrazić takiej zgody bez adwokata, poddam się badaniu tylko w jego obecności.

– Proszę to napisać.

Napisałam naprędce sklecone oświadczenie.

– I tak to pani udowodnię – wysyczał przez zęby.

Podniosłam wzrok, słysząc w jego głosie wyzwanie i podjęłam rękawicę.

– Niech pan próbuje.

Do pokoju wszedł specjalista od wariografu i szczegółowo wyjaśnił jak prowadzone jest badanie. Nie słuchałam go uważnie, dopóki nie padło zdanie, które mnie zainteresowało.

– Nie każdy nadaje się do przeprowadzenia badania, dlatego najpierw wykonujemy testy próbne.

– Dobrze, spróbuję – podjęłam decyzję.

„Lepiej okazać dobrą wolę" – myślałam.

Podłączono mnie do zwoju kabli połączonych ze skrzynką zaopatrzoną w papier i rysiki. Na serdeczny palec założono mi czujnik.

– Najpierw test.

Skinęłam głową, mobilizując wszystkie siły. Maszynę włączono, padły standardowe pytania o imię i nazwisko oraz datę urodzenia, rysiki zaczęły kreślić linie po przesuwającym się papierze. Zacisnęłam oczy i w rytm pytań, które zadawał prowadzący badanie, wraz z podawaną głośno odpowiedzią, powtarzałam w myśli jedno zdanie: „Zabiorą mi Silvera, zabiorą Silvera!". Skupiłam na nim cały swój lęk. Coś w maszynie zgrzytnęło i prowadzący badanie specjalista, starszy stateczny pan, szybko ją wyłączył.

– Nie przeszła pani testu – stwierdził ze zdumieniem. – Powiem parę słów funkcjonariuszom za to, że doprowadzili panią do takiego stanu. To niedopuszczalne.

Wyszedł wzburzony i przez drzwi słyszałam jego wymówki. Z trudem starałam się uspokoić szalejące tętno, kiedy znowu poproszono mnie do pokoju obok. Mężczyzna w czarnym golfie stał przy oknie. Gdy weszłam, popatrzył mi prosto w oczy. Był na mnie wściekły. Nie czułam strachu, raczej pełne oczekiwania napięcie.

Mężczyzna milczał wyczekująco, wertując papiery.

– Joanna poddała się badaniu wariografem – odezwał się po chwili z przekąsem.

„Wariatka" – pomyślałam.

– I jakie wyniki? – spytałam, usiłując nadać głosowi nonszalanckie brzmienie.

– Bardzo interesujące, bardzo – cedził powoli, delektując się napięciem.

„A jednak chcesz ze mną dalej rozmawiać – przyszło mi na myśl – więc nie są aż tak interesujące".

Znałam Aśkę i wiedziałam, że kto jak kto, ale właśnie ona, ze swą skrytą, zamkniętą, flegmatyczną naturą, miała szansę oszukać wariograf. Później dowiedziałam się, że niemal jej się to udało. Niemal – bo Aśka zdecydowała inaczej.

Siedziałam w milczeniu, starając się wytrzymać pełen powagi wzrok mężczyzny. Wbrew samej sobie poczułam respekt przed tym człowiekiem, który wcale nie próbował mnie zastraszać. Dzwonek telefonu komórkowego przerwał ten milczący pojedynek. Mężczyzna wyszedł, by po chwili wrócić w zupełnie innym nastroju.

– Pani Weroniko, sytuacja się zmieniła, Joanna zaczęła składać zeznania – oznajmił.

Milczałam, podejrzewając podstęp.

– Artykuł 60, paragraf 3 kodeksu karnego mówi o nadzwyczajnym złagodzeniu kary dla sprawcy, który ujawni okoliczności popełnienia przestępstwa i wskaże inne osoby w nim uczestniczące. Proszę się zastanowić.

Podniosłam na niego wzrok, jednak nic nie powiedziałam. Zastanowił się i zaczął znowu, ale w inny sposób

– Pani Weroniko, ja wiem, że on był pani ofiarą, ale wiem też, że pani była jego ofiarą. Wiem, jak pani żyła przez wszystkie te lata, przez co pani przeszła i co teraz pani przeżywa. Proszę mi wierzyć, prawda panią wyzwoli.

„»Prawda was wyzwoli« – pomyślałam. – Jakie to banalne".

Ale w jego głosie pojawiło się coś, co poruszyło we mnie nieruchome od lat osady ukryte pod warstwą mętnej wody. Przyjrzałam mu się uważnie, pełna wahania. Zamilkł i czekał.

– Jeśli powiem prawdę... – zaczęłam niepewnie.

W tym momencie do pokoju wszedł niebieskooki szatyn i usłyszał moje słowa.

– Słyszysz, co pani mówi? – zwrócił się nowo przybyły do kolegi: – „Jeśli powiem prawdę"...

– Wiem, co mówię! – przerwałam mu. – Proszę mnie nie łapać za słowa!

Szatyn wycofał się pospiesznie z pokoju. Znowu zapadło milczenie, policjant cierpliwie czekał.

– Jeśli powiem prawdę – zaczęłam znowu z dużym wysiłkiem – to proszę tylko o jedno, o uczciwość. Jeśli nie będzie pan mógł albo nie będzie chciał czegoś powiedzieć lub zrobić, nie będę nalegać, ale proszę o uczciwe potraktowanie i żadnych gierek ani prowokacji...

Urwałam i popatrzyłam wyczekująco. Mężczyzna uśmiechnął się ciepło.

– Proszę spojrzeć mi w oczy – odpowiedział poważnie, składając nieme przyrzeczenie.

Niepewnie podniosłam wzrok. Wpatrywałam się w niego przez moment, po czym nabrałam powietrza i patrząc przed siebie, zaczęłam:

– Przyznaję się do zabicia Andrzeja G.

Urywanymi zdaniami, z trudem ale bez wahania, zaczęłam mówić. Policjant słuchał, nie przerywał, nie komentował. Kiedy skończyłam, siedziałam bez ruchu z kamienną twarzą, patrząc w dal.

– Czy zgodzi się pani powtórzyć to do protokołu? – padło ciche pytanie.

– Tak.

Mężczyzna wyszedł, by po chwili wrócić z niebieskookim szatynem, który najwyraźniej dostał po drodze jakieś instrukcje, bo zachowywał się bardzo powściągliwie. Włączył komputer.

– Czy może pani powtórzyć? – spytał łagodnie.

Ocknęłam się z zadumy i głosem pozbawionym jakichkolwiek emocji zaczęłam dyktować.

– Zabójstwo Andrzeja G. zaplanowałyśmy we trójkę: ja, jego kochanka, jego córka Aśka i nasz wspólny przyjaciel Marcin.

Zawahałam się, na wspomnienie Marcina poczułam lęk. W tym momencie mężczyzna przyszedł mi z pomocą.

– Jesteście obie z Aśką pod jego ogromnym wpływem – powiedział.

Oprzytomniałam na dźwięk jego głosu i całą siłą woli odsunęłam lęk na bok.

– Kilka lat temu – kontynuowałam spokojnie – ja z Aśką podałyśmy Andrzejowi G. środki nasenne. Gdy zasnął, weszliśmy do jego sypialni. Marcin stanął w progu z łomem w ręku, dla pewności. Aśka najpierw związała ojcu ręce, potem usiadła mu na klatce piersiowej i przyłożyła do twarzy poduszkę, zaczęła dusić. Ocknął się i usiłował ją zrzucić, wtedy Marcin powiedział do mnie: „Pomóż jej". Położyłam się na nogach Andrzeja. Nie wiem, ile upłynęło czasu, zanim Marcin powiedział, że już wystarczy. Pochwalił nas: „Byłyście wspaniałe". Ciało przeniosłyśmy z Aśką do piwnicy na prześcieradle, a Marcin odjechał. Następnego dnia pojawił się przed południem. Poszedł z Aśką do piwnicy zająć się ciałem, a ja w kotłowni obok paliłam rzeczy, w których rzekomo miał zaginąć Andrzej. Wieczorem poszłam kupić martini i zaniosłam kieliszek Aśce do piwnicy – stanęła w progu i zasłoniła sobą widok, miała straszną twarz, straszną…

Urwałam i starałam się opanować. Młody policjant pisał bez słowa komentarza. Po chwili podjęłam wątek.

– Po tym wszystkim Marcin znowu pojechał, ale wrócił następnego dnia rano. Była niedziela, wyciągnęłyśmy plan miasta i zdjęcia z wycieczki statkiem po rzece. Na ich podstawie Marcin z Aśką ustalili miejsca, gdzie najlepiej pozbyć się zwłok. Wyjeżdżając wieczorem, Marcin umówił się z nami w mieście. Fragmenty ciała zapakowałyśmy do worków i plecaków. W poniedziałek pojechałyśmy autobusem PKS. Ja niosłam w plecaku głowę i ręce, Aśka nogi. Na dworcu spotkałyśmy się z Marcinem, potem pojechałyśmy w stronę klubu wioślarskiego, żeby utopić zwłoki w rzece. W chińskiej restauracji czekał na nas Marcin. Zdałyśmy mu relację przed powrotem do domu. Dwa dni później, w środę, przebyłyśmy identyczną drogę, z tym że w torbie podróżnej na kółkach miałyśmy korpus. Tym razem poszłyśmy w stronę ogródków działkowych. Tam, pod mostem, wrzuciłyśmy ciało do wody. Znowu, zanim wróciłyśmy do Brudnowa, zdałyśmy Marcinowi relację w tej samej chińskiej restauracji. Kilka dni później zgłosiłyśmy zaginięcie Andrzeja G. na policji.

Zamilkłam. Miałam wrażenie, że nie jestem w stanie już nic więcej z siebie wydusić. A to był dopiero początek.

– Czy wskaże pani miejsce utopienia zwłok?

– Tak.

Policjanci zaprowadzili mnie do samochodu. Za kierownicą usiadł znany mi już emocjonalny brunet. Nie było tego, którego podświadomie uznałam za swego przewodnika.

Jechaliśmy według moich wskazówek, chociaż miałam trudności z odnalezieniem drogi. Przez te kilka lat wiele się tu zmieniło. Dotarliśmy nad rzekę i ruszyliśmy do brzegu. Szatyn włączył kamerę, a brunet usiłował trzymać mnie za rękę, żebym się nie wyrwała. Podobna scena powtórzyła się w drugim miejscu, pod mostem. Po powrocie spotkałam znów „mojego" policjanta, do którego inni zwracali się „komisarzu".

– Czy złoży pani dobrowolnie zeznania w prokuraturze? – spytał.

– W Brudnowie?

– Tak, ale tylko na początku, potem my przejmiemy sprawę.

– Zgoda.

Za kierownicą ponownie zasiadł brunet, szatyn usiadł z przodu. Obejrzałam się za moim przewodnikiem i z ulgą stwierdziłam, że siada obok mnie. Z mojej drugiej strony usiadła policjantka, która mnie aresztowała. Jechaliśmy w milczeniu, a za nami sunął drugi samochód wiozący podobną ekipę z Joanną.

Późno w nocy dojechaliśmy do Brudnowa. Otworzono prokuraturę rejonową i wprowadzono mnie na piętro. Ekipa z Aśką czekała na dole.

– Pani Weroniko, wystarczy tylko powiedzieć, że potwierdza pani zeznania. Nie trzeba ich powtarzać.

Przyjęłam to z ulgą.

Weszłam do gabinetu prokuratora, który popatrzył na mnie z z pogardą. Zaczęło do mnie docierać, że oto stałam się nikim. Czułam, że policjanci przestali uważać mnie za przeciwnika, a traktowali raczej jak kogoś ciężko chorego na duszy. I w zasadzie mieli rację.

Patrząc w ścianę ponad głową prokuratora, z całą bezczelnością, na jaką było mnie stać, bez zawahania, potwierdziłam swoje zeznania. To była moja jedyna reakcja obronna.

W pokoju, gdzie czekałam aż tą samą procedurę przejdzie Aśka, towarzyszyła mi policjantka, która mnie aresztowała.

– Dlaczego? – spytała nagle. – Dlaczego to zrobiłyście?

W jej głosie nie było potępienia, tylko ogromny żal. Poczułam coś w rodzaju wdzięczności, ale mimo to milczałam. Po chwili wrócili funkcjonariusze.

– Chciałam wam podziękować za to, że zachowujecie się inaczej niż prokurator… – poczułam nagłą potrzebę powiedzenia im czegoś miłego.

Szatyn uśmiechnął się ciepło.

– My nie prowadzimy spraw o kradzież pietruszki jak ten tutaj. My zajmujemy się ciężkimi przestępstwami i wiemy, że za każdym z nich kryje się ludzka tragedia.

Wybuchowy brunet przyglądał mi się z mieszanymi uczuciami. Podał mi batona i puszkę coli.

– Jeszcze tylko do sądu – powiedział spokojnie.

Zabrali papiery i opustoszałymi w nocy ulicami podjechaliśmy pod budynek sądu. Długo dobijali się do drzwi, nim obudzili strażnika, zostawili akta, po czym ruszyliśmy w drogę powrotną.

Gdy wyjeżdżaliśmy z Brudnowa, w świetle ulicznych latarni zobaczyłam drugi samochód, w którym wyraźnie rysowała się sylwetka Aśki, siedzącej na tylnym siedzeniu pomiędzy dwoma policjantami. Zadrżałam. Siedzący obok mnie komisarz wyczuł to i położył uspokajająco rękę na mej dłoni. Gdy dojechaliśmy do Krakowa, była już północ i policjanci odprowadzili mnie na dołek. W pewnym momencie minęliśmy się z ekipą, która prowadziła Aśkę. Nie miałam na rękach kajdanek i w pierwszym odruchu chciałam do niej podbiec. Ale nie zrobiłam nic.

POSTANOWIENIE O WSZCZĘCIU ŚLEDZTWA:
Mariusz Krajewski, prokurator Prokuratury Rejonowej w Brudnowie, postanowił wszcząć śledztwo w sprawie zabójstwa w styczniu 2000 roku w Brudnowie Andrzeja G.

Z uwagi na uzasadnione prawdopodobieństwo zabójstwa Andrzeja G. w styczniu 2000 roku w Brudnowie postanowiono jak na wstępie.

Po krótkiej, niespokojnej drzemce ocknęłam się w tej samej celi, razem z Naomi i nową dziewczyną, Martą. Zainteresowałam się, gdy Marta powiedziała, że poprzednią noc spędziła w celi z Aśką. Zapytałam, jak ona się trzyma, po czym popadłam w apatię. Ożywiłam się dopiero, gdy po mnie przyszli.

Trzej znani mi już funkcjonariusze zaprowadzili mnie do samochodu. Gdy jechaliśmy do Brudnowa, starali się rozerwać mnie rozmową – wiedzieli, co mnie tam czeka. Na miejscu zatrzymaliśmy się pod komendą.

– Czekamy na policjantkę – wyjaśnili widząc mój pytający wzrok. – Musi być przy pani kobieta.

Do budynku sądu w Brudnowie weszliśmy dyskretnie tylnym wejściem. Na miejscu była już ekipa z Aśką, która z kamienną twarzą siedziała przed drzwiami sali sądowej. My ulokowaliśmy się w sąsiednim korytarzu tak, że widziałam ją z daleka.

Byłam wstrząśnięta widokiem Aśki w takim stanie, ale robiłam wszystko, by nikt z przechodzących tam niby przypadkiem nie poznał po mnie strachu. Rozpaczliwie starałam się bronić resztek godności, zachowując się w sposób balansujący między nonszalancją a brawurą.

W takim nastroju weszłam na salę sądową, kątem oka sprawdzając, czy komisarz idzie razem ze mną. Ze świadomością, że mam go za plecami, przyznałam się spokojnie do winy wpatrując się w godło nad głową sędziego. Dowiedziałam się, że zostaję zatrzymana w areszcie śledczym, po czym opuściłam salę z taką samą beznamiętną miną, z jaką tam weszłam, choć dużo mnie to kosztowało.

Na korytarzu podszedł do mnie zaniepokojony komisarz.

– Pani Weroniko, przed wejściem do sądu stoi telewizja. Czy chce pani udzielić wywiadu?

– Nie.

– Tylne drzwi są zamknięte, musimy wyjść przodem. Proszę mi zaufać, wyprowadzę panią.

Skinęłam głową. Z wprawą osłonił mi głowę kurtką i chwycił za ręce.

– Idziemy, będę prowadził – zakomenderował.

Poszłam za nim w ciemno, bez oporów. Doprowadził mnie do samochodu, i posadził na tylnym siedzeniu.

– Niech się pani nie odsłania, filmują przez okna. – przestrzegł.

– Kurwa, jadą za nami! – ktoś krzyknął, gdy samochód ruszył spod sądu a ja zdjęłam z głowy kurtkę.

Brunet za kierownicą spokojnie skinął głową i szary samochód pomknął ulicami miasta w szalonym tempie. Szybko zgubiliśmy telewizyjny pościg i, ku memu zdziwieniu, zatrzymaliśmy się przed tylnym wejściem do komendy.

– Musimy tu przeczekać – oznajmił komisarz. – Leszek, zostaniesz tu z panią – zwrócił się do kolegi, gdy weszliśmy do budynku – a my pojedziemy po psa.

Serce szybciej mi zabiło.

– Trzeba go zabrać od sąsiadki. Gdzie go odwieźć? – spytał.

– Do mojej mamy – odpowiedziałam natychmiast.

Skinął głową i poszedł, zabierając ze sobą Marka – trzeciego z towarzyszących mi policjantów.

Zostałam z Leszkiem i dopiero teraz zdałam sobie sprawę, że staliśmy na klatce schodowej, a z pokoi przyglądali nam się bezceremonialnie pracownicy komendy. Chcieli obejrzeć sobie funkcjonariusza słynnego policyjnego zespołu i jego zdobycz.

– Potrzebuję pokoju! – huknął Leszek do pierwszego z brzegu policjanta.

Na korytarzu zaroiło się od ludzi i natychmiast opróżniono jeden z pokoi, wyrzucając z niego dotychczasowego lokatora.

– Drogi kolego – eksmitowany zwrócił się do Leszka z emfazą – ten pokój jest do twojej dyspozycji. Czy potrzebujesz jeszcze czegoś?

– Kawy – zarządził Leszek.

– Oczywiście, natychmiast.

Usiadłam w fotelu naprzeciwko biurka, przy którym miejsce zajął Leszek. Obserwowanie piorunującego wrażenia wywołanego naszą wizytą mogłoby być nawet zabawne, gdyby nie powaga sytuacji. A ja zdałam sobie sprawę, jak bardzo skompromitowali się policjanci z Brudnowa, którzy przez kilka lat nieudolnie prowadzili śledztwo i mimowolnie pomagali sprawcom zbrodni na Andrzeju G., czyli między innymi mnie. Patrząc na ich przerażone miny zrozumiałam, że ta kompromitacja może ich wiele kosztować.

– Kawa, drogi kolego – pracownik komendy podał kawę niemal z ukłonem.

– A druga, dla pani, gdzie?! – wrzasnął Leszek.

– Momencik, zaraz będzie.

Druga kawa pojawiła się błyskawicznie wraz z komendantem, który przyszedł przywitać się osobiście.

– Witam kolegę, gratuluję – wydukał.

Leszek, rozwalony w fotelu za biurkiem, skinął głową, nawet nie racząc wstać.

– Chciałbym zostać z panią sam – oznajmił.

– Ależ oczywiście, jak sobie kolega życzy.

Ledwie zamknęły się za komendantem drzwi, parsknęłam śmiechem. Leszek spojrzał na mnie z rozbawieniem.

– Zachowuje się pan jak szeryf z Dzikiego Zachodu. Dobrze to zapamiętają.

– Boją się, że polecą głowy za tę sprawę – skomentował, wzruszając ramionami. – Pani Weroniko, to dopiero początek. Musi pani być odporna.

– Staram się.

– I konsekwentna.

– Wiem. Co będzie z Marcinem?

– Mamy nadzieję, że wróci z Bliskiego Wschodu. Jeśli nie, pozostaje międzynarodowy list gończy. Prokurator zwołał konferencję prasową chcąc pochwalić się nie swoim sukcesem – dodał po chwili milczenia. – Media podchwyciły temat i narobią szumu, co może ostrzec Marcina. Nie tak to miało wyglądać.

– Proszę mi powiedzieć – szepnęłam po chwili – czy on może wykręcić się od odpowiedzialności?

– Jako prawnik mogę pani powiedzieć, że na jego miejscu przyjąłbym wszystko na klatę. Przy oskarżeniu tego typu to najlepsza metoda.

Do środka wszedł komisarz z resztą ekipy. Był wyraźnie zmęczony i miał ponurą minę.

– Nie było pani mamy, był ojciec.

– Odebrał psa?

Położył przede mną pokwitowanie podpisane przez ojca. Stał przez moment, obserwując mnie dziwnym spojrzeniem.

– Pani ojciec to bardzo trudny człowiek – powiedział wreszcie. – Przed domem Asi stała telewizja, filmowali, kiedy przyjechaliśmy. Pogroziliśmy, że utrudniają dochodzenie, i w końcu się wynieśli.

W tym momencie dotarło do mnie, że sam proces i wyrok to nie wszystko, co mnie czeka.

Gdy wsiadałam do samochodu, zauważyłam, że siedzenia i podłoga były dosłownie zasłane srebrnoszarym psim futrem.

– Silver tu był! – zawołałam z radością.

– My dotrzymujemy słowa – odezwał się milczący do tej pory Marek i ruszył z piskiem opon.

Kiedy opuszczaliśmy Brudnowo, uśmiechnęłam się i odetchnęłam z ogromną ulgą.

– Nie wróci tu już pani – słowa komisarza, rzucone mimochodem, zabrzmiały jak obietnica.

POSTANOWIENIE:
Sąd Rejonowy w Brudnowie Wydział II Karny po rozpoznaniu w dniu 21 kwietnia 2005 roku zażalenia Weroniki K. podejrzanej z artykułu 148 paragraf 1 kodeksu karnego na skutek zażalenia Weroniki K. na zatrzymanie w dniu 19 kwietnia 2005 roku, postanowił nie uwzględnić zażalenia Weroniki K.

Albowiem jak wynika z akt Prokuratury Rejonowej w Brudnowie – sygnantura akt 2 Ds. 1987/05, Sąd Rejonowy w Brudnowie zastosował wobec podejrzanej Weroniki K. środek zapobiegawczy w postaci tymczasowego aresztowania, co przesądza kwestię jej zatrzymania. Ponieważ także sposób zatrzymania Weroniki K. był zgodny z przepisami, sąd nie znalazł podstaw do uwzględnienia zażalenia.

– Musimy zrobić pani zdjęcie – powiedział komisarz i samochód zatrzymał się pod centrum handlowym, gdy już wjechaliśmy do Krakowa.

Funkcjonariusze zaprowadzili mnie do salonu, gdzie zdumiony fotograf zrobił mi zdjęcie szybko i bez zbędnych ceregieli. Z sześciu egzemplarzy policjanci zabrali jeden, resztę dając mi jako pamiątkę. Patrzyłam na siebie – blada, ściągnięta twarz z nieruchomym, czujnym spojrzeniem, zaciśnięte, spieczone usta, brudne, nieuczesane włosy, spięte byle jak klamrą. Ale nie zobaczyłam rozpaczy, raczej upór, który wyostrzył napięte rysy. Wpatrywałam się w swoją twarz i nie poznawałam siebie.

Zamyślona, nie zorientowałam się, kiedy dojechaliśmy pod miejskie więzienie. Wiele razy, przejeżdżając obok, zastanawiałam się, jak tam jest i jak ludzie żyją tam w zamknięciu. Teraz miałam się o tym przekonać.

Samochód wjechał na dziedziniec i komisarz poprowadził mnie do środka.

– Wkrótce się zobaczymy – powiedział na do widzenia. – Pojedzie pani do A., tam jest zakład półotwarty, nie będzie tak źle.

Uśmiechnął się, chcąc dodać mi otuchy. I poszedł.

W wąskim, klaustrofobicznym pomieszczeniu osunęłam się na ławkę tuż przy zakratowanym okienku i czekałam.

Czas płynął wolno, nie byłam w stanie określić, jak długo tam siedziałam. Uczyłam się właśnie, że głównym zajęciem więźnia jest czekanie.

Okienko otworzyło się, strażnik przepytał mnie z personaliów i skierował do więziennego magazynu. Nigdy potem nie byłam w stanie odtworzyć w pamięci drogi, którą przebyłam. Szłam za strażnikiem, mijając kolejne kraty, przechodząc przez ciemne korytarze i schodząc stopniowo w dół, do podziemi.

– Jeszcze jedna – starszy mężczyzna w magazynie obrzucił mnie taksującym spojrzeniem.

Wydał mi materac, koc, poduszkę, prześcieradło, pasiastą pidżamę, dwa ręczniki i ściereczkę. Do tego talerz, miskę, kubek i sztućce, wszystko z zielonego plastiku. Dostałam też woreczek proszku do prania, mydło, pastę do zębów i szary papier toaletowy. Skromne środki czystości ucieszyły mnie najbardziej. Cały ten ciężki – w gwarze więziennej „mandżur" – miałam zanieść na górę. Zaciskając zęby wlokłam po schodach wypadający mi z rąk ciężar. Szłam z trudem, chwiejąc się na nogach, skoncentrowana wyłącznie na dobrnięciu do celu (czyli do celi) i kompletnie nie zwracając uwagi na otoczenie. Gdy dotarłam wreszcie do skrzydła szpitalnego, byłam całkowicie wyczerpana.

Ciężkie, okute żelazem drzwi otwarły się i weszłam do środka. Cela przypominała salę szpitalną – białe łóżka, białe metalowe szafki przykręcone do podłogi. Okna zasłonięte były pleksą i gęsto zadrutowane, przez co panował tu półmrok. Na sześciu łóżkach leżały lub siedziały kobiety obserwując mnie pustym, pozbawionym wyrazu wzrokiem.

Pod oknem stała dostawka – siódme łóżko, przeznaczone dla mnie. Rozłożyłam na nim materac i pościeliłam jak najstaranniej, długo, starając się odwlec moment nawiązania kontaktu z moimi współtowarzyszkami niedoli. Z nieoczekiwaną pomocą zjawił się strażnik, który stanął w drzwiach celi z pytaniem, czy chcę się wykąpać. Zabrałam ręczniki, mydło i czym prędzej poszłam za nim piętro wyżej, do łaźni.

Łaźnia wyłożona starymi, poszarzałymi kafelkami, dzieliła się na dwie części: wnękę z wanną i ściankę z prysznicami. Strażnik zamknął za mną drzwi i polecił pukać, jak już się wykąpię. Z rozkoszą weszłam pod prysznic zmywając z siebie trzydniowy brud. Nie miałam szamponu, więc włosy umyłam mydłem – to nic, że zrobiły się sztywne i trudno je było rozczesać palcami, ale przynajmniej czułam się czysta.

Gdy wróciłam do celi, uświadomiłam sobie, że moje ubranie jest równie nieświeże i przesiąknięte odorem dołka. Rozejrzałam się za łazienką – za przesuwnymi drzwiami znajdowała się umywalka i ubikacja, a na podłodze znalazłam sporą miednicę. Czym prędzej wyprałam wszystkie swoje rzeczy w proszku, który dostałam w magazynie i przebrałam się w pidżamę. Usiadłam na łóżku i poczułam się skrajnie zmęczona.

– Za co jesteś? – spytała dziewczyna w okularach, patrząc na mnie z zaciekawieniem.

Ogarnęła mnie panika. Jak zareagują? Postanowiłam być twarda, ale wybrałam najgorszą możliwą metodę.

– Za głowę – odpowiedziałam nonszalancko, używając zasłyszanego na dołku więziennego żargonu – zwinęli mnie i moją kumpelę.

Sześć kobiet popatrzyło na mnie dziwnie, bez jednego słowa komentarza. Zorientowałam się, że palnęłam głupstwo i zbita z tropu położyłam się do łóżka.

Było mi potwornie zimno, leżałam skulona pod kocem, patrząc w milczeniu przed siebie. Nie zareagowałam, kiedy przyniesiono kolację, koleżanki najwidoczniej postanowiły zostawić mnie w spokoju. Pogaszono światła, lecz nie dane mi było spać. Rano nadal leżałam patrząc w dal, nie zwracając uwagi na śniadanie ani nie będąc w stanie wykrztusić z siebie słowa. W porze obiadu jedna ze starszych kobiet postanowiła zareagować.

– Musi pani coś zjeść – powiedziała z troską i podała mi talerz z obiadem. – Proszę.

Nieoczekiwane ciepło w jej głosie sprawiło, że nagle coś we mnie pękło. Wybuchłam rozpaczliwym, gwałtownym płaczem. Wreszcie dla zebranych w celi kobiet – zareagowałam normalnie. Otoczyły mnie kręgiem i czekały, aż mi przejdzie. Któraś podała papierosa, inna przyniosła gorącą herbatę. Powoli uspokajałam się, szlochając żałośnie. Pierwsze lody w kontaktach z otoczeniem zostały przełamane, a ja poczułam ulgę.

– Ty jesteś ta, co ją aresztowały Sprawy Beznadziejne. Mówili o tym w radiu, czekałyśmy na ciebie – odezwała się kobieta w okularach.

– Jestem strasznie zmęczona tym wszystkim – powiedziałam już spokojniej. – Nie mam nawet kontaktu z matką.

– Możesz napisać do niej list, należy ci się darmowy znaczek – włączyła się młodziutka, drobna blondynka. – Dam ci papier, długopis i kopertę.

Kobiety zajęły się swymi sprawami, a ja spędziłam cały wieczór na pisaniu listu. Zapewniałam matkę o swojej miłości i przepraszałam za wszystko. Tłumaczyłam jej, że dobrowolnie przyznałam się do winy i nie zamierzam wycofać się z raz obranej drogi. Miałam tylko prośbę – o zaopiekowanie się psem i znalezienie dla niego dobrego domu. Prosiłam, żeby nie ingerowała w moje decyzje i pozwoliła mi przejść przez wszystko, co mnie czeka samodzielnie.

Wkrótce zaczęłam poznawać rozkład dnia w tym dziwnym miejscu. Rano pobudka – oprócz dzwonka budziło nas też grające non stop radio, więzienna betoniara. Potem apel, podczas którego sprawdzano stan liczebny celi. Następnie śniadanie i cały długi dzień, z którym nie wiadomo było, co zrobić.

Ale dzisiaj miało być inaczej – miałyśmy iść na spacer.

– Zobaczysz sama, jak pójdziemy – obiecywała drobna blondynka z tajemniczą miną.

Koło południa przyszedł strażnik, żeby nas wyprowadzić. Po raz pierwszy mogłam się przyjrzeć otoczeniu – sporych rozmiarów dziedziniec otaczały ponure, przedwojenne gmachy, a w nich rzędy zakratowanych albo przesłoniętych dodatkowo pleksą okien. Wewnątrz budynku każda kondygnacja schodów obudowana była żelazną kratą pełniącą funkcję śluzy. Przez okute żelazem drzwi trafiłyśmy do spacerników.

Na ich widok ogarnął mnie lęk. Bo spacerniki były to sporych rozmiarów odrutowane, metalowe klatki. Po chwili wahania wraz z pozostałymi kobietami weszłam do środka, drzwi zamknięto, a przed nimi stanął uzbrojony strażnik. Drepcząc wewnątrz klatki zrozumiałam wreszcie podekscytowanie koleżanek – spacerniki znajdowały się dokładnie na wprost męskich pawilonów. W zakratowanych oknach pojawiały się męskie głowy, słychać było nawoływania i gwizdy, mimo obecności strażnika, który kompletnie na to nie reagował.

– Zasłoń mnie – szepnęła blondynka.

Stanęłam przed nią służąc za parawan, a ona wykonała serię ruchów rękami w stronę okien, po czym zaczęła wpatrywać się w dal z natężeniem. Po chwili znowu nastąpiła seria niemal tanecznych ruchów rąk i czekanie na odpowiedź. Z fascynacją oglądałam ten spektakl.

– Co robisz? – spytałam cicho.

– Piszę na rękach – odpowiedziała dziewczyna – później ci pokażę.

Mniej więcej przez godzinę głównym zajęciem kobiet było usiłowanie ściągnięcia na siebie uwagi i próby nawiązania kontaktu z więźniami w męskim pawilonie.

Znudzona przysiadłam na murku, przyglądając się od niechcenia tym skomplikowanym zabiegom. Byłam dopiero na starcie życia więziennego i powoli poznawałam zjawiska, które potem przyszło mi obserwować całymi latami. Wiedziałam, że aby przetrwać, muszę dobrze poznać świat, w którym przyjdzie mi żyć. Gdy wróciłyśmy do celi, zagadnęłam blondynkę o to „pisanie".

– To jest alfabet – oznajmiła i zaczęła gestykulować. – Każda litera to inne ułożenie dłoni. Trzeba mieć dużą wprawę w szybkim pisaniu, ale jest to do wyćwiczenia.

Z braku innego zajęcia zabrałam się do nauki więziennego języka migowego. Szybko opanowałam alfabet i choć nigdy nie doszłam do wielkiej wprawy, mogłam od biedy porozumieć się w ten sposób. Poznałam też tajniki więziennego żargonu.

Dziewczyna wprowadzała mnie w przedziwny, hermetyczny świat, Matrix rządzący się swymi prawami.

– Gad, zanim otworzy klapę, patrzy przez kukiel, czy siedzimy przy blacie na fikołach, na kojach, czy może jesteśmy na lipie – opowiadała. – Żeby uniknąć przypału, jedna z nas stoi zawsze na przyczajce, kiedy druga się pucuje. Bajera to jedyna nasza rozrywka, bo pod celą nie mamy szkiełka, tylko cały dzień idzie betoniara. Czasem można giermcować w sztory, jak jest z kim. Trzeba znać zwyczaje – dodała mentorskim tonem. – Jak idziesz do bardachy, musisz uprzedzić innych. No i nie zarzuca się pod celą, jak się kręci na ostro.

– Słucham?

– Po prostu nie jesz, jak ktoś się załatwia. Nie zostawia się klapy od kibla otwartej. Dyżury pod celą są codziennie, sprzątasz dokładnie pod kojami, myjesz platery. Źle posprzątasz, dostaniesz kwita. W A. dają kwity za byle co, nie tylko za grypsy czy inną skitraną kontrabandę.

Zareagowałam ciekawością na nazwę „A." – to tam według słów komisarza miałam trafić.

– Jak jest w A.?

– Na śledczaku? W porządku, ale warunki ciężkie. W zimie zimno, latem zdarzają się robaki i takie gryzące żuczki. Ale są szkiełka na celach. W A. jest super wychowawczyni, wielu ludziom pomogła – rzuciła po chwil milczenia, zupełnie innym tonem.

Tę uwagę puściłam mimo uszu, bardziej zaniepokoiły mnie warunki życia. Wyobraziłam sobie drewniane prycze i robactwo na ścianach.

– Mają też dużo lepsze jedzenie niż tu, chociaż nylonówka wszędzie jest ohydna – dodała na koniec, na pociechę.

Zaczęłam przyzwyczajać się do więziennego rytmu: po apelu odbiór śniadania, mycie w bardasze – obudowanej ubikacji, dyżur i... czekanie na kolejny posiłek, który z metalowego wózka serwowali kalifaktorzy – więźniowie wydający posiłki, a poruszający się po peronce – korytarzu więziennym – pod eskortą. Wieczorem, po kolacji, znowu apel, mycie i gaszenie świateł.

Jako zatrzymana w głośnej sprawie byłam obiektem zainteresowania ze strony współwięźniarek i towarzystwo blondynki stanowiło dla mnie ochronę przed ich ciekawością. Nie uniknęłam pytań o Wydział Spraw Beznadziejnych, ale koleżanki musiały zadowolić się wykrętnymi odpowiedziami. Blondynka nie pytała o nic, miała swoje zasady, poza tym przejęła się rolą mojej przewodniczki po więziennym życiu. Była młoda, ale już obyta z więzieniem i dzielenie się wiedzą najwyraźniej ją bawiło. Nie unikała też prowokacji.

– Wyciągnij rękę – rzuciła kiedyś w trakcie rozmowy.

Gdy podałam jej dłoń, z szalonym chichotem przypaliła mi ją papierosem.

– To jest kiepowanie – wyjaśniła.

Wyrwałam dziewczynie z ręki zapalonego papierosa i jednym ruchem zrobiłam jej to samo. Wrzasnęła, ale popatrzyła z uznaniem.

– Twarda jesteś – skomentowała – i nie poszłaś kablować.

Wzruszyłam ramionami, obserwując ją czujnie.

Naszą zabawę przerwało przybycie kolejnej nowej, Ali. Ładna czarnulka, gdy już się rozpakowała, przekazała sensacyjne wieści – w swojej poprzedniej celi spotkała kobietę oskarżoną o zabicie ojca.

– To jej wspólniczka – blondynka wskazała mnie.

Stałam cicho, wpatrując się w dziewczynę z napięciem. Nie miałam odwagi sama zapytać o Aśkę. Ala obrzuciła mnie szybkim spojrzeniem.

– Ona wyjechała do A. już w piątek – powiedziała.

– Jak się czuła? – spytałam cicho.

– Starała się trzymać, ale... – dziewczyna zrobiła wymowną pauzę.

Cela zawirowała mi przed oczami i ocknęłam się dopiero na podłodze. Ala pochylała się nade mną, a blondynka dzwoniła po klawisza. Po chwili dostałam kieliszek ziołowej mikstury.

– Wypij to – zarządziła jedna z dziewczyn. – Nie jest najlepsza, ale pomaga.

W ten sposób zaznajomiłam się z miksturą – mieszanką uspokajających ziół, która przez lata miała się stać moim ulubionym napojem.

Nie miałam ochoty z nikim rozmawiać, położyłam się do łóżka, udając, że śpię.

Rano obudził mnie dzwonek na pobudkę – zaczął się kolejny więzienny dzień. Myślałam z rozbawieniem, że muszę odkręcić hydrowodokopsałkę, by nad bolkiem pokołysać trypki – czyli odkręcić kran i nad umywalką umyć zęby. Potem czekała mnie seria badań, łącznie ze starannym sprawdzaniem głowy. Ku mojemu wielkiemu zdumieniu dowiedziałam się, że wszawica może być jeszcze problemem w dzisiejszych czasach. W stanie lekkiego oszołomienia odbyłam też rozmowę z wychowawcą. Milczący mężczyzna patrzył na mnie z góry, szorstkim głosem zadawał pytania, koncentrując się na starannym wpisywaniu formalności do ankiety. Odetchnęłam z ulgą, gdy wyszłam z jego pokoju, mając nadzieję, iż nigdy więcej go już nie spotkam.

Gdy przechodziłam korytarzem pod eskortą z jednego badania na drugie, miałam okazję zorientować się w rozmieszczeniu cel na piętrze szpitalnym. Te dla kobiet były tylko dwie, po obu stronach dyżurki strażników. Dalej – cały szereg męskich cel, zaś w głębi korytarza gabinety lekarskie.

– Robią badania, widocznie przygotowują cię do transportu. Pakuj nachy – podsumowała blondynka, gdy wróciłam do celi. Poczułam niepokój.

– A ty nie pojedziesz? – spytała ją jedna z dziewczyn.

– Jestem chora na serce, więc pewnie zostanę na obserwacji – odparła blondynka. – Chcesz pojarę? – wyciągnęła do mnie rękę z do połowy wypalonym papierosem.

We wtorek rano ja i jeszcze jedna z kobiet z naszej celi dostałyśmy suchy prowiant zamiast śniadania i poszłyśmy na ponowne sprawdzanie głów. Na korytarzu stały już kobiety z sąsiedniej celi, wśród których zobaczyłam Martę, dziewczynę poznaną na dołku. Kiedy zeszłyśmy na dół, wpuszczono nas do metalowej klatki, gdzie miałyśmy czekać na transport. Kiedy strażnik wyczytał nazwiska osób jadących do A., wyszłyśmy na zewnątrz gdzie czekał już biały samochód do przewozu więźniów. Ja, Marta i dwie Cyganki usiadłyśmy na drewnianej ławeczce w wąskim przedziale części auta przeznaczonej dla kobiet. Okna były zaciemnione, więc nie widziałyśmy drogi, poczułyśmy tylko, że samochód ruszył.

Jechałam w nieznane.

Zakład w A.

Samochód stanął. Czekałyśmy w napięciu, domyślając się, że dotarłyśmy do celu. Usłyszałyśmy szczęk odsuwanej metalowej bramy i auto wjechało na teren zakładu karnego, który zawdzięczał swoją nazwę pobliskiej wiosce. Drzwi otwarły się i wysiadłyśmy na niewielkim dziedzińcu.

Mój wzrok zatrzymał się na szarych murach zwieńczonych drutem kolczastym i murowanym baraku z małymi, zakratowanymi oknami. To tu miałam spędzić najbliższe lata. Lekko spanikowana podążyłam za innymi przez kolejno otwierane kraty, mijając ciężkie, okute żelaznymi sztabami klapy do małych, dolnych cel.

Na piętrze trafiłyśmy najpierw do świetlico-kaplicy, gdzie w jednym wnętrzu mieszały się porządek kościelny (na wprost wisiał duży krzyż, a na ścianach stacje drogi krzyżowej) i rozrywkowy (stał tu stół do ping-ponga, telewizor i dwie duże szafy biblioteczne). Przez przysłonięte gęstą metalową siatką okna widać było otaczający więzienie surowy, szary mur. Na podłodze leżały przygotowane cztery mandżury – więzienne tobołki.

Przysiadłyśmy na drewnianych krzesełkach pod ścianą. Nauczone doświadczeniem wiedziałyśmy, że musimy czekać.

Straciłam poczucie czasu, nie miałam pojęcia, jak długo tak siedziałyśmy, gdy nagle otworzyły się drzwi. Do pomieszczenia weszła blondynka w mundurze. Spojrzenie jej dużych oczu było chłodne, a mocno zaciśnięte usta szpeciły jej ładną jak u lalki twarz.

Oddziałowa poprowadziła mnie korytarzem do niewielkiej łaźni. Wyłożona kafelkami, z trzema kabinami przysłoniętymi wzorzystymi zasłonkami i małą pralką automatyczną całkowicie różniła się od obskurnej łaźni w Miejskim.

Funkcjonariuszka, urzędowym tonem poleciła mi się rozebrać. Czułam, że chce mnie upokorzyć. Patrząc przed siebie, mechanicznie wykonywałam polecenie wyobrażając sobie, że jestem gdzieś daleko... Ta scena na długo zapadła mi w pamięć.

Po szczegółowych oględzinach wróciłam na świetlicę, a tej samej procedurze poddano moje koleżanki. I znowu musiałam czekać, tym razem na wychowawcę. Pamiętałam mężczyznę z Miejskiego, więc nie spodziewałam się niczego dobrego. Spotkało mnie jednak zaskoczenie... Niewysoki, krępy mężczyzna z kamiennym wyrazem twarzy obrzucił nas lekko ironicznym spojrzeniem niebieskich oczu, w których błyskały wesołe ogniki, maskowane sztuczną powagą.

– Skoro dostały się panie do naszego ośrodka – zaczął – to należałoby biegle opanować tutejszy regulamin.

Wskazał leżącą na stole białą książeczkę, po którą odruchowo sięgnęłam.

– Proszę za mną panie... – wyczytał tylko trzy nazwiska. – Weźcie rzeczy skarbowe.

Ja, Marta i jedna z Cyganek poszłyśmy korytarzem, wlokąc za sobą mandżury. Zatrzymałyśmy się przed otwartą celą, nie mając odwagi wejść do środka.

– Zapraszam – zachęcił nas wychowawca, stając w progu.

Przekroczyłyśmy próg celi numer 18 i o ile na twarzach dwóch koleżanek niedoli pojawiło się przerażenie, to ja poczułam ulgę. Choć cela wyglądała jak długi, wąski, piwniczny bunkier z trzema okienkami wysoko pod sufitem, nie przypominała jednak baraków obozowych, na wzór których wyobrażałam sobie więzienie. Zamiast drewnianych prycz na betonowej podłodze stały trzy metalowe piętrowe łóżka, na których leżały materace. W tobołku zamiast szorstkich der znajdowała się normalna, choć zużyta pościel i ręczniki z wytłoczonym napisem „ZK – AŚ", czyli Zakład Karny – Areszt Śledczy, bo A. było jednym i drugim. Nie było też robactwa na ścianach ani na podłodze.

Jednak cela była zaniedbana, prawdopodobnie od dawna niezamieszkana.

– Bardzo proszę – zwróciłam się do wychowawcy przejmując inicjatywę – o jakąś szczotkę, szmatę, grzałkę i – jeśli się da – środki czystości. Przydałby się też długopis, papier i koperty, bo my w tej chwili nie mamy nic.

Mężczyzna przyjrzał mi się przenikliwie i wyszedł, przymykając drzwi, by po chwili wrócić z rzeczami, o które prosiłam.

– Będzie pani starszą celi – oznajmił

– Dlaczego ja?

– Nadaje się pani. Rozpakujcie się, porozmawiamy jutro – dodał.

Mężczyzna poszedł, a oddziałowa zatrzasnęła klapę – masywne drewniane drzwi, zasunęła górną i dolną sztabę i przekręciła klucz w solidnym zamku. Na widok środków czystości pozostałe kobiety jakby się ocknęły.

– Agata – wyciągnęła rękę ładna Cyganka.

– Weronika – odpowiedziałam, po czym zwróciłam się do Marty – My się już znamy.

Stałyśmy tak przez moment, trzymając się za ręce, instynktownie szukając w ten sposób bliskości i wsparcia. Po chwili, niewiele myśląc, przystąpiłyśmy do pracy. Mimo zimna umyłyśmy okna, wycierając je gazetami. Wyszorowałyśmy wszystko, łącznie z podłogą, łóżkami, meblami i obtłuczoną armaturą łazienkową. Wszystkie trzy ulokowałyśmy się w jednym kącie. Zajęłam górne łóżko przy oknie, dolne zostawiając dla Agaty, która miała problemy z kręgosłupem. Marta zainstalowała się na górze, obok mnie, przy tym samym oknie. Na stoliku ustawiłyśmy telewizor tak, by był dobrze widoczny ze wszystkich łóżek. Obok drzwi stanęła stara szafa przeznaczona na ubrania i kosmetyki, choć na razie pusta.

Po przeciwległej stronie celi zorganizowałyśmy kącik sanitarno-kuchenny. Na wiszących pod oknem półkach położyłyśmy garść herbaty, trochę kawy i odrobinę cukru, czyli cały majątek, którym wspólnie dysponowałyśmy. Na stole pod półkami ustawiłyśmy plastikowe więzienne zastawy: miski, talerze, kubki i sztućce, a ozdobą półeczki pod lustrem nad starą, popękaną umywalką stała się butelka szamponu pokrzywowego oraz mały grzebień – nasze jedyne wyposażenie kosmetyczne. Ubikacja, schowana dyskretnie za zamkniętymi drzwiami w rogu celi, została starannie wyszorowana i odkażona. Miski do mycia wraz z otrzymanymi od wychowawcy plastikowymi klapkami schowałyśmy pod łóżka.

Kiedy skończyłyśmy, pospiesznie przeglądnęłam regulamin, chcąc mniej więcej zorientować się w swoich nowych obowiązkach. Niewiele tam znalazłam, więc przy wieczornym apelu zameldowałam:

– Cela numer 18, stan trzy, do apelu trzy.

Po apelu i wieczornej toalecie położyłyśmy się do łóżek. Po raz pierwszy w życiu byłam wdzięczna za migające światełko telewizora. Kolorowy ekran zapewniał – przynajmniej pozorny – kontakt z rzeczywistością i rozjaśniał mrok. Kiedy oddziałowa wyłączyła prąd i światełko zgasło, rozkleiłam się na dobre. Choć przez cały dzień starałam się być dzielna, nagle dotarło do mnie, że leżę w ciemnej, lodowatej celi, trzęsę się z zimna pod cienkim kocem w za dużej, pasiastej, nieświeżej pidżamie. Poczułam się niewyobrażalnie samotna. Szlochałam z przerażenia, niepewności, bólu i żalu.

Leżąca tuż obok Marta lekko poruszyła głową, nie powiedziała jednak ani słowa. Wdzięczna koleżance za zrozumienie wypłakiwałam łzy, które tkwiły we mnie przez lata. Już nigdy potem nie pozwoliłam sobie na taką słabość. Znużona płaczem zasnęłam. Nie obudziło mnie nawet światło, rutynowo zapalane przez oddziałowe kilka razy w nocy.

Zimno obudziło mnie skutecznie jeszcze przed dzwonkiem na pobudkę. Ubrałyśmy się szybko, a po porannym apelu włączono prąd – zwany tu fazą – i ciepłą wodę. Myłyśmy się po kolei w miskach używając obudowanej ubikacji jako łazienki. Agata zajęła się gotowaniem wody i zaparzaniem kawy. Pijąc małymi łykami niemal wrzący, mocny napój czułam, jak przytomnieję, wraca mi czucie i rozgrzewa się całe ciało. O siódmej usłyszałyśmy turkot metalowego wózka i trzask otwieranych klap. Stanęłyśmy w drzwiach, by odebrać śniadanie. Z ciekawością przyglądałam się dwóm kalifaktorkom sprawnie wydającym posiłek: serek, chleb, masło i czarną kawę zbożową.

Po śniadaniu, tak jak było zapowiedziane, zostałam wezwana do wychowawcy. Czekał na mnie w gabinecie.

– Jest bardzo zimno, czy można prosić o włączenie pieca akumulacyjnego, który stoi w celi? – zapytałam go na wstępie.

– Sezon grzewczy już się skończył.

Właściwie nawet się nie zdziwiłam, w końcu byłam w więzieniu. Czekałam w milczeniu.

– Została pani zatrzymana pod zarzutem morderstwa? – było to ni pytanie, ni stwierdzenie.

– Tak. I przyznałam się do winy.

– Całkowicie?

Uśmiechnęłam się lekko w odpowiedzi na jego zdziwienie.

– Całkowicie – potwierdziłam. – I jestem przy zdrowych zmysłach – dodałam.

– Najwyraźniej – mruknął bez przekonania.

Zaśmiałam się.

– Nie tak wygląda typowy więzień morderca, prawda?

– W każdym razie nie jest w tak dobrym humorze.

– Ból nie jest na pokaz – odcięłam się. Spoważniałam jednak i odważyłam się zapytać – Co z moją wspólniczką? Wiem, że tu jest.

– Czuje się dobrze – odpowiedział urzędowym tonem.

– Co tu można robić?

– Na przykład czytać, na świetlicy jest biblioteka.

– Biblioteka...

– Pani uważa, że szklanka jest do połowy pusta – odpowiedział zaczepnie – a może jednak jest w połowie pełna?

– Ma pan rację – uśmiechnęłam się – ważne, że są jakieś książki.

– Jestem tylko miesiąc na zastępstwie – zmienił temat. – Potem wróci wasza wychowawczyni. Jeśli miałaby pani jakąkolwiek sprawę albo chciałaby pani porozmawiać, proszę podać kartkę do wychowawcy.

Rozmowa z wychowawcą na chwilę wyraźnie poprawiła mi humor, szybko jednak wróciłam do więziennej rzeczywistości.

Czekało nas wyjście na spacer – z mieszaniną ciekawości i obawy zakładałyśmy kurtki i buty. Na korytarzu zostałyśmy obszukane. Patrzyłam na wyprowadzane sąsiadki z celi obok – sprawiły na mnie wrażenie wyniszczonych.

– Spójrz – szepnęłam do Agaty, która skinęła głową, potwierdzając moje odczucia.

Jak urzeczona wpatrywałam się w odsłonięte ręce dwóch kobiet: pierwszy, lecz nie ostatni raz widziałam sznyty, blizny powstałe w wyniku samookaleczenia.

„Boże – pomyślałam – co trzeba przeżywać, żeby robić coś takiego?"

Nasza mała grupka została poprowadzona przez oddziałowego korytarzem w dół, tą samą drogą, którą wczoraj trafiłyśmy do celi. Minąwszy podwójne kraty wyszłyśmy na dziedziniec, mrużąc oczy od słońca. Za żelazną kratą przy portierni znajdowały się osadzone w murze metalowe drzwi. Za nimi ukazał się nam maleńki spacernik. Niewielki trójkącik z odrobiną zieleni i dwiema ławeczkami mieścił się między zewnętrznym murem a budynkiem, w którym znajdowały się izolatki – cele karne. Całość wieńczyła wieżyczka strażnicza. Próbowałam pocieszać się wspomnieniem klatki z Miejskiego, ale w tym momencie niewiele mi to dało.

„Mój pies zwariowałby tu z braku przestrzeni – pomyślałam. – Jak mam to wytrzymać?"

Usiadłam na ławeczce. Bałam się wyniszczonych więziennym życiem towarzyszek spaceru, zwłaszcza że jedna z nich podeszła do Agaty.

– Ela – przedstawiła się. – Kopsnij szluga.

– Nie mam, dopiero zjechałam.

– O kurwa, my też tylko na petach.

Po czym zajęła się badaniem zawartości popielniczki stojącej przy jednej z ławek.

– Może coś wykruszę – mruczała pod nosem, wydłubując pieczołowicie resztki tytoniu z niedopałków.

– Masz bibułkę? – spytała Agata, zafascynowana procesem robienia skręta.

– Nie, ale mam kartki z Biblii. Są cieniutkie, naprawdę zajebiste.

Helenka, jej koleżanka, okazała się bardziej towarzyska.

– Nowe?

– Tak – mruknęłam.

– Na długo?

– Nie wiem.

Helenka zaczęła spacerować wzdłuż dwóch chodniczków, szukając petów na ziemi.

– Super towarzystwo – skwitowała Marta. – Chyba się wyniesiemy?

– A można tu wcześniej zejść? – bardzo chciałam wracać do celi.

– Nie wiem, zapytamy.

– Panie oddziałowy! – wrzasnęła Marta w stronę wieżyczki. – Czy możemy zejść?

– Ile pań?

– Trzy.

Oddziałowy wyciągnął krótkofalówkę.

– Cztery cztery, trzy panie chcą zejść.

– Przyjęłam – rozległ się głos w szczekaczce.

Po chwili oddziałowy otworzył metalowe drzwi spacernika i odeskortował nas do celi.

– Cholera, ale nudy – Agata włączyła telewizor i wstawiła wodę na kawę.

Usiadłyśmy przy stole, nie zdejmując kurtek. W celi jak zwykle było lodowato zimno.

– Zaraz będzie obiad, rozgrzejemy się – pocieszałam koleżanki.

– Zobaczymy, czy będzie jadalny – skomentowała złowieszczo Marta.

Jej przypuszczenia były słuszne. W porze obiadu dwie ciemnowłose, ujmująco grzeczne dziewczyny zaserwowały zupę grysikową, popularnie zwaną nylonówką. Od dziecka czułam głęboki wstręt do grysiku, więc spytałam, czy mogę zrezygnować z zupy. Oddziałowa wyraziła zgodę, zaznaczając przy tym, że muszę odebrać mięso. Niepewnie popatrywałam na smażoną mortadelę, którą dostałam wraz z ziemniakami i ogórkiem na drugie danie. Nie jadałam takich rzeczy, ale byłam głodna i nie miałam wyboru. Jednak ogólnie, jak miałam się przekonać, jedzenie w A. było rzeczywiście niezłe. Dużym problemem były małe ilości nabiału i warzyw. W jadłospisie było za to dużo niskiej jakości wędlin i najtańszego mielonego mięsa. Od czasu do czasu zdarzały się owoce, natomiast zapotrzebowanie na ryby zaspokajano wyjątkowo paskudnym paprykarzem, który zdecydowana większość kobiet wyrzucała. Jednak dla wielu bezdomnych i skrajnie biednych kobiet pobyt w więzieniu był często jedynym momentem w życiu, kiedy mogły najeść się do syta.

Po obiedzie przez pół godziny dostępna była woda do zmywania platerów

Ale co zrobić z resztą popołudnia? Byłyśmy zdane na własne towarzystwo.

– Dowiedziałaś się u wychowawcy czegoś o Aśce? – spytała mnie Marta, pamiętając noc spędzoną na dołku w jednej celi z moją wspólniczką.

– Właściwie nic.

– Ty, słuchaj – wtrąciła się Agata. – To wy z Aśką jesteście do jednej głowy? I was zatrzymał Wydział Spraw Beznadziejnych?

Skinęłam głową.

– Zrobiłyście to?

Zawahałam się. Nie miałam odwagi powiedzieć prawdy.

– Nie zrobiłyśmy... Nie wiem, kto to zrobił.

Poczułam wstyd, ale bardziej bałam się reakcji koleżanek. Były dla mnie miłe, od dawna nie miałam normalnego kontaktu z innymi ludźmi, nie chciałam tego stracić. Roześmiałam się sztucznie.

– Dla Wydziału Spraw Beznadziejnych musiałam być co najmniej dziwna, bo pokłóciłam się z nimi o psa – próbowałam zmienić temat.

– O psa? – zainteresowały się.

Opowiedziałam im o awanturze o Silvera.

– Nieźle się postawiłaś – stwierdziła Marta z uznaniem – ale o psa? Rzeczywiście, jesteś dziwna.

– No właśnie – wtrąciła Agata ze śmiechem. – Nie to co ja, normalny zawodowy złodziej.

– Zawodowy złodziej?

– Tak – wyjaśniła. – Jestem pół-Cyganką, kraść nauczyła mnie ciotka. Chodziłyśmy po domach, podając się za pielęgniarki społeczne albo urzędniczki ZUS-u. Nawet sobie nie wyobrażasz, jak ludzie potrafią być naiwni, kiedy obiecasz im zapomogę albo coś w tym rodzaju.

– Nie było ci ich żal?

– Czemu? Te stare jędze miały nieraz kupę kasy, ale jak trafił się ktoś biedniejszy, nigdy nie okradałam go doszczętnie, zawsze coś tam zostawiałam.

– Jak to robiłaś?

– Normalnie, wchodziłam pod byle pretekstem i zagadywałam, a druga osoba, która niepostrzeżenie wślizgiwała się za mną, obrabiała mieszkanie. Najłatwiej było ze starymi dziadkami, dałaś takiemu pomacać cycki, i był tak szczęśliwy, że niczego nie widział.

– Masz dzieci? – spytałam.

– Mam, dwoje: trzy i cztery lata.

Agata umilkła.

– Mam też dwoje starszych, ale zostawiłam je z Elwirą, siostrą mojego pierwszego męża – dodała po chwili wahania.

– Jak to?

– Zakochałam się w Adrianie i porwał mnie od pierwszego męża. Teraz jestem z Adrianem – westchnęła tęsknie – i mam z nim dzieci. Co prawda Cyganie wygardzili nas za to i zerwali kontakty z nami, ale tylko na jakiś czas. Chociaż niechęć została...

– Nie tęsknisz za tamtymi dziećmi?

– Tęsknię, ale wiem, że dobrze im z Elwirą.

Powstrzymałam się od komentarza. Agata wróciła do spraw praktycznych.

– Słuchajcie, mamy więzienny proszek, może przeprałybyśmy ubrania?

– Dobra – zgodziła się Marta. – Tylko jak je wysuszymy? Jest strasznie zimno.

– Powiesimy na kratach na oknie – zaproponowałam.

Zbliżał się wieczór, po odebraniu kolacji – kawałka mielonki z margaryną – i po apelu, korzystając z okazji, że wieczorem włączano upragnioną ciepłą wodę, umyłyśmy się i urządziłyśmy pranie. Wyprałam jedyne ubranie, jakie miałam, i wywiesiłam je na kratach w oknie celi. Ale to nie był najlepszy pomysł.

Rano, kiedy nieprzytomna, szczękając z zimna zębami zwlokłam się z łóżka, okazało się, że rzeczy nadal są mokre. Regulamin nakazywał, aby ubrać się do apelu, więc z niechęcią założyłyśmy wilgotne ubrania. Gdy drzwi celi otwarły się, nie mogłam opanować dreszczy. Starsza, korpulentna oddziałowa popatrzyła na nasze mokre ubrania i pokiwała głową.

– Pozwalam wam założyć na dzień pidżamy i wejść do łóżka pod koce. Rozwieście ubrania, żeby wyschły.

Ochoczo przebrałam się i wskoczyłam pod koc. Wypiłam duszkiem gorącą herbatę i kiedy koleżanki zapadły w drzemkę, zabrałam się do pisania listu do mamy, korzystając z przyborów podarowanych przez wychowawcę.

Kochana Mamusiu!
W A. jest bardzo fajnie. Nasz ośrodek A.-Zdrój ma malownicze położenie wśród pól, a widok urozmaicają niemal gotyckie szare mury zaopatrzone w drut kolczasty, jakiego nie powstydziłby się żaden horror. Jesteśmy pod dobrą opieką, strażnik na wieżyczce ściska w rękach karabin gdy widzi, jak wychodzimy na spacer. Pewnie się nas boi.

Bunkier mieszkalny, nasza hibernatka, jest bardzo przytulny, warunki świetne – zimno dobrze robi na cerę. Ostatnio stwierdziłyśmy, że nadmiar ciepłej wody jest zbędny do higieny osobistej. Za to elementem niezbędnym jest oczywiście telewizor, edukuję się więc poprzez oglądanie seriali.

Nie martw się o mnie, siedzę w doborowym towarzystwie. Myślę, że sporo nauczę się o życiowych metodach zarobkowania. Jak mnie poinformowano, resocjalizować mi się nie wolno, póki nie jestem skazana.

Bądź dobrej myśli, mam nadzieję, że niedługo się zobaczymy. Kocham Cię bardzo.

Twoja Weronika

Czarny humor zatuszować miał całą grozę sytuacji, uspokoić mamę, że jestem w dobrym stanie. Zamyśliłam się – właściwie chciałabym napisać co innego, ale nie mogłam. Nie mogłam się skarżyć ani opisać tego, co przeżywam. Musiałam śmiać się mimo wszystko, śmiech oswajał strach, ułatwiał pogodzenie się z bólem. Tylko tyle mogłam zrobić. Mogłam też napisać do Aśki.

Nie chciałam pisać o sprawie, przelałam więc na papier całe poczucie winy, które nosiłam w sobie od bardzo dawna. Chciałam powiedzieć jej, że nie jest sama, że można jeszcze wszystko zbudować od nowa, burząc to, co złe i zepsute. „Umierać musi, co ma żyć”– cytowałam. Sformułowałam w tym liście credo, które w warunkach więziennych brzmiało absurdalnie, ale sprawdziło się w całej rozciągłości: „Najlepszą i najskuteczniejszą bronią w tutejszych warunkach jest kultura, a wolność mieści się przede wszystkim w głowie”.

Pisząc zatęskniłam za tym wszystkim, od czego odwróciłam się ze wstydem po morderstwie – za światem. Chciałam choć raz iść znowu, jak za dawnych czasów, na Wawel. Stanąć pod czarnym krzyżem, zejść do krypty poetów. Nie mogłam pogodzić się z tym, że być może już nigdy nie będzie mi to dane. Po raz pierwszy od bardzo dawna zaczęłam się modlić i ogarnęło mnie poczucie, że znika we mnie lodowata pustka.

Nie miałam odwagi o nic prosić, szczególnie o wybaczenie, mogłam jedynie powtarzać: „Bądź wola Twoja" i zbierać wszystkie siły, aby sprostać temu, co na mnie czekało.

– Co robisz? – zainteresowały się rozbudzone koleżanki.

– Piszę i trochę się zamyśliłam.

– O czym?

– O tym, że chyba lubię Boga.

– Chyba lubisz? – zdumiała się Agata. – Nie przeginasz?

– Pomyśl – odparłam – można sobie łatwo wyobrazić Istotę budzącą wzniosłe uczucia i uznać, że się ją kocha czy wielbi, ale tak zwyczajnie, wręcz pospolicie, lubić jest dużo trudniej.

– Może i coś w tym jest – przyznała ostrożnie Agata. – Studiowałaś coś? – spytała z ciekawością.

– Historię.

– No tak, to dlatego jesteś dziwna – pokiwała głową Marta. – Co napisałaś? Możesz przeczytać?

Przeczytałam list do matki, zaśmiewały się słuchając.

– Ładnie – skomentowały z podziwem, ale niepewnie.

– Umiałabyś napisać taki ładny list miłosny i może jakiś wierszyk? – spytała Agata.

– Oczywiście.

– A napisałabyś tak ładnie dla Adriana? – poprosiła przymilnie.

W ten sposób odkryłam swoje pierwsze więzienne zajęcie. Rozpoczęłam masową produkcję listów, którą potem rozszerzyłam na pisma urzędowe różnego rodzaju. Wykorzystywałam przy tym doświadczenie wyniesione z pracy w kancelarii radcy prawnego. Wszystko to, czego nauczył mnie mężczyzna, którego zabiłam, służyło teraz zagubionym w zawiłych meandrach przepisów, często pozostawionym bez żadnej pomocy prawnej kobietom z aresztu śledczego.

Tak zaczęłam spłacać swój dług.

Na początku kolejnego dnia spotkało mnie zaskoczenie. Kiedy oddawałam listy do wysłania, podszedł do mnie wychowawca.

– Proszę się do mnie zapisać – polecił.

Dodatkowo dałam więc oddziałowej karteczkę „Do wychowawcy".

Przy śniadaniu okazało się, że przeznaczono dla mnie suchy prowiant: zupkę w proszku, pasztecik, cebulę, kosteczkę masła i butelkę wody mineralnej. Oznaczało to tylko jedno – jechałam na przesłuchanie. Serce zaczęło mi bić niespokojnie: z jednej strony byłam podekscytowana, że znowu zobaczę policjantów z Wydziału Spraw Beznadziejnych, z drugiej nie wiedziałam, co mnie czeka.

Umyłam się i ubrałam, z trudem opanowując drżenie rąk. Kiedy byłam już gotowa, przyszła oddziałowa z warkoczem. Zaprowadziła mnie do łaźni, gdzie obojętnym tonem poleciła mi się rozebrać. Rutynowo, beznamiętnie i z wprawą zrewidowała mnie dokładnie, zaglądając nawet do uszu. Po czym zostałam odeskortowana na dziedziniec, gdzie czekał już znany mi samochód.

– Jak się pani czuje w A.? – spytał komisarz.

– Na razie dziwnie, ale zostałam przeszkolona w Miejskim przez koleżanki i wiem już co nieco o tym świecie.

Komisarz spoważniał.

– Pani Weroniko – powiedział z naciskiem. – Tylko własne oczy, własne uszy i własny rozum, nic ponadto.

Zastanowiła mnie powaga w jego głosie, skinęłam głową bez słowa.

– Gdzie jedziemy? – spytałam.

– Do prokuratury – odpowiedział Leszek, zajmując przednie siedzenie. Marek, jak zwykle siedział za kierownicą, a komisarz obok mnie, z tyłu.

Sprawdzoną już metodą mężczyźni starali się rozmawiać o sprawach niezwiązanych z więzienną rzeczywistością.

– *Troja* – wskazałam plakat filmu na mijanym słupie – miałam na to iść do kina.

– Podobno nie ma czego żałować – rzucił lekko komisarz. – A jaki jest pani ulubiony film?

– *Pasja*.

– Bo krwawy? – z lekką ironią spytał Leszek.

Nie zauważyłam, kiedy dotarliśmy na miejsce. Gdy weszłam do gabinetu, policjanci zostali za drzwiami.

Za biurkiem siedział stosunkowo młody jak na prokuratora brunet. Miał kamienny wyraz twarzy, a z całej masywnej sylwetki emanowała urzędowa powaga. Zaczął do podstawowej sprawy – motywu.

– Dlaczego dopuściła się pani tej zbrodni?

Jak miałam obcemu mężczyźnie wytłumaczyć dlaczego? Musiałabym opowiedzieć najpierw o mojej trudnej sytuacji życiowej, o wstydzie, strachu i człowieku, który to wykorzystał. Człowieku, którego kochałam. O uzależnianiu od siebie pod pozorem wsparcia i pomocy, a potem o upokorzeniach i stopniowym psychicznym wyniszczaniu. Nie tylko nie miałam na to siły, ale też nie potrafiłam tego zrobić.

– Był dla nas niedobry, źle nas traktował – czułam, że brzmi to głupio.

– To znaczy? – dociekał prokurator.

– Był w stosunku do nas złośliwy. Na przykład kiedy napracowałyśmy się przy zbiorze owoców wyłączał zamrażarkę, żeby wszystko zniszczyć. Kazał pracować w nocy, bez przerwy krytykował i był z nas niezadowolony – wiedziałam, że bredzę, ale było mi wszystko jedno.

Prokurator cierpliwie dyktował zeznania sekretarce, która spisywała je na komputerze. Najwyraźniej zniesmaczony moimi wyjaśnieniami przestał drążyć kwestię motywu.

Skoncentrował się na przebiegu zdarzeń i – przede wszystkim – na szczegółach. Tym razem odpowiadałam pewnie i precyzyjnie.

– Mówiła pani, że wieczorem, przed podjęciem nieudanej próby zabicia Andrzeja G., oglądała pani film. Jaki to był film?

– *Mefisto* według powieści Klausa Manna, z Brandauerem w roli głównej.

– Na którym programie telewizji?

– Nie jestem pewna, ale chyba na drugim.

– Gdzie zostało kupione martini, które podała pani Joannie G.?

– W sklepie osiedlowym.

– W jakiej restauracji spotykałyście się z Marcinem B. po utopieniu zwłok?

Podałam dokładną lokalizację.

– Kto napisał anonim?

– Ja pisałam na maszynie, a Marcin dyktował.

TEKST ANONIMU:

Szanowni Państwo! Na pewno będą Państwo zdziwieni moim listem. Cztery lata temu widziałem w TV program o zaginionych osobach, z którego dowiedziałem się, że zaginął Państwa krewny pan Andrzej G. I wtedy powinienem ten list napisać, ale ukrywałem tę sprawę przez cztery lata ze strachu, bo proszę Państwa, proszę zrozumieć: ja mam rodzinę i nie będę jej narażał na takie sprawy. Może do tej pory Policja odnalazła pana G., ale jeżeli nie, to myślę, że to jest po ludzku, żebyście Państwo wiedzieli, co się stało. Ja też nie chcę dłużej żyć z tą sprawą na sumieniu, no i zdecydowałem się na ten list, anonimowo, bo mi to ciąży. Proszę Państwa, żebyście mnie Państwo nie szukali, bo ja i tak nie wiem nic więcej poza tym, co napiszę. Załączam portfel, który znalazłem i przechowałem. To dowód, że sobie tego nie wymyśliłem. Otóż cztery lata temu moja kundelka miała szczeniaki. Nie było co z nimi zrobić, to wstyd przyznać, ale wybrałem się je potopić. Była to sobota, 15 stycznia 2000 roku, to zapamiętam do końca życia. Ja mieszkam w Krakowie i poszedłem ze szczeniakami w worku nad Wisłę przy Lasku Łęgowskim. Późno to było, wieczorem, może jedenasta, ale nie chciałem, żeby dzieciaki wiedziały, no i żeby mnie kto nad tą Wisłą zobaczył. Zima była, śnieg, ale ja lubię taką pogodę, to nie bardzo mi przeszkadzało. Szczeniaki utopiłem i miałem wracać drogą, co dochodzi z nad samej Wisły przez lasek do ulicy Niepokalanej Marii Panny. Jeszcze nie zdążyłem od Wisły odejść, kiedy usłyszałem samochód i zobaczyłem reflektory. Zdziwiło mnie, że o tej porze i na taką pogodę ktoś jedzie nad rzeką. Przestraszyłem się, że to coś podejrzanego, tam pustkowie, proszę Państwa. Pomyślałem, że jak nie zobaczę, to Bóg wie, może dostanę w łeb, bo może to jacyś bandyci. Państwo wiedzą, jakie dzisiaj czasy, no to wolałem być ostrożny. Odbiegłem trochę w bok wzdłuż rzeki i schowałem się za taką kępę krzaków tuż nad wodą. Miałem jasnobeżową kurtkę i czapkę, no to na śniegu nie było mnie widać. Pomyślałem, że przeczekam, aż odjadą i dopiero wtedy pójdę do domu. Ten samochód podjechał nad sam brzeg. To był jasny kolor, pewnie biały, takie „kombi". Wysiadło dwóch mężczyzn, głosy słyszałem, ale wyraźnie ich nie widziałem, bo ciemno było, no i ja się chowałem za tymi zaroślami. Myślę, że jeden z nich był chyba młodszy a drugi starszy, ale może był tylko za gruby i okropnie głośno sapał. Zobaczyłem, że otwarli tył samochodu i z wysiłkiem wywlekli coś ciężkiego, podłużnego chyba, opakowanego w worek. To bardzo wyglądało na trupa. Potem wywlekli to na brzeg i usłyszałem głośny plusk. Wrócili szybko do samochodu i odjechali, ale ja ze strachu byłem jak sparaliżowany i siedziałem w tych krzakach chyba jeszcze z pół godziny, bo nie mogłem się ruszyć. W końcu wyszedłem i podszedłem w tamto miejsce, parę metrów oddalone od tych krzaków, w których się chowałem. Popatrzyłem czy coś nie pływa w wodzie, ale nic nie było. Za to na śniegu leżał portfel. Podniosłem go i obejrzałem, a były w nim fotografie i wizytówki. Nie wiedziałem czy to nie któregoś z tych dwóch i właściwie to nie wiem, po co go schowałem. Przysiągłem sobie, że nie będę się w jakieś mafijne porachunki mieszał, bo to nie moja sprawa. A w dzisiejszych czasach, to wiadomo, że Policja człowieka nie chroni. Potem przypadkiem zobaczyłem ten program w TV i poznałem zdjęcie pana Andrzeja G., no i jego nazwisko na wizytówce. Nie wiedziałem, co o tym myśleć, ale dalej nic nie mówiłem, bo się bałem o siebie i rodzinę. Dalej tylko nie chcę żyć z taką sprawą na sumieniu, to opisuję, co wiem, może się przyda.

– Co się stało z tą maszyną?

– Została utopiona w tym samym miejscu co korpus.

– Kto wysłał anonim?

– Ja i Marcin.

I tak przez sześć godzin, do trzeciej po południu. Nie zdawałam sobie sprawy, że drążąc te wszystkie szczegóły prokurator nie tylko sprawdza moją wiarygodność, ale również pośrednio przygotowuje mnie na atak ewentualnych obrońców Marcina. Automatycznie odpowiadałam na całą serię pytań o szczegóły aż do całkowitego wyczerpania. Najważniejsze było tylko to, aby uwierzył w przedstawioną przeze mnie wersję wydarzeń.

A może gdzieś głęboko wciąż słyszałam słowa Marcina, które powstrzymały mnie, gdy w momencie załamania chciałam się przyznać: „I tak nikt ci nie uwierzy. Dziesięć lat leczenia amizepinem robi swoje”. Teraz odtwarzałam w pamięci wszystkie okoliczności, precyzyjnie operując detalami, broniłam się przed posądzeniem o mitomanię. Na koniec prokurator, równie zmęczony jak ja, zadał ostatnie pytanie.

– Czy wyraża pani zgodę na udział w wizji lokalnej, odtwarzającej przebieg zdarzenia?

– Tak – odparłam bez wahania, chociaż ta perspektywa mnie przeraziła.

– Kiedy będę mogła zobaczyć matkę? – spytałam.

– Mam taką zasadę – odpowiedział – że udzielam widzeń dopiero po pierwszym miesiącu aresztu.

– Poczekam – skinęłam głową, akceptując jego decyzję

Zmęczona wyszłam z gabinetu i z wysiłkiem uśmiechnęłam się do czekających na mnie policjantów.

– Ciężko było? – spytał Leszek.

Nie odpowiedziałam.

– Chce pani odpocząć?

– Nie. Chcę wracać.

Jechali szybko. Rozmawiali ze sobą, a ja czasami odpowiadałam monosylabami na ich przyjazne zaczepki. W końcu komisarz zdecydował się przełamać moje milczenie.

– Obawia się pani, co powie na to Marcin?

Spuściłam głowę ze wstydu, nie zaprzeczyłam.

– Chciałam z panem porozmawiać na temat Marcina, to ważne – poprosiłam po chwili.

– Będziemy za tydzień, wtedy porozmawiamy – obiecał.

Dojechaliśmy do A. Wysiadłam z samochodu i poszłam na oddział. Nie zdążyłam jeszcze dojść do celi, kiedy ktoś zawołał mnie do wychowawcy. Przypomniałam sobie poranną karteczkę i pomimo zmęczenia poczułam ciekawość czego ten człowiek może ode mnie chcieć.

Czekał już w swoim pokoju i gdy weszłam, wskazał mi miejsce naprzeciw siebie. Chciałam jak najszybciej wrócić do celi i odpocząć.

– Słucham, czego pan sobie życzy? – spytałam.

– To ja słucham, czego pani sobie życzy?

– Polecił mi pan zapisać się na rozmowę, więc czegoś pan oczekuje.

– To pani zapisała się do mnie, ma więc pani jakąś sprawę.

– Jestem po sześciu godzinach przesłuchania – powiedziałam zmęczonym głosem – więc nie mam siły na pańskie poczucie humoru. Proszę mi powiedzieć, o co chodzi.

Zmieszał się lekko, ale ciekawość była silniejsza.

– Aresztował panią ten słynny Wydział Spraw Beznadziejnych? – spytał w końcu.

– Tak.

– Widać, że ma pani z ludźmi stamtąd dobry kontakt. Jacy oni są?

Nie wiedziałam, czy mam śmiać się, płakać, czy wyć z wyczerpania.

– Nie mogę o nich rozmawiać, bo jest to absolutnie tajne – palnęłam ze sztuczną powagą.

Uśmiechnął się z lekkim zażenowaniem. Mimo wszystko nie chciałam mu sprawiać przykrości, zaczynałam go lubić.

– Panie wychowawco – powiedziałam, uśmiechając się blado – teraz jestem naprawdę zmęczona, ale przy najbliższej okazji chętnie z panem porozmawiam, jeśli tylko będzie pan dysponował czasem.

– Jeżeli pani znów się zapisze, oczywiście przyjmę panią.

– Jak najchętniej – roześmiałam się cicho, wychodząc.

W celi zastałam nową osobę: starszą kobietę w okularach.

– Józka jestem – przedstawiła się energicznie.

Agata z Martą przyglądały się jej w pełnym oczekiwania milczeniu. Zdziwiły się, gdy nowo przybyła zdjęła z własnych krótkich, prostych, gęstych włosów lokowaną perukę i dyskretnie upchnęła do szafy.

– Peruka podstawowym wyposażeniem więźnia – mruknęła Agata.

Pokiwałam z pobłażaniem głową i w skrócie przedstawiłam kobiecie zasady regulaminu.

– Za co panią zamknęli? – spytała bezpośrednio Marta.

– Te dranie, złodzieje, oszusty – tu poleciał stek bardziej wyszukanych wyzwisk – chcą wydrzeć należny mi spadek – poczerwieniała ze złości. – Kamienica mi się należy – tłumaczyła z podnieceniem – po ojcu, w samym centrum miasta, a te chamy nie chcą mi jej dać.

– Zaraz, zaraz. – usiłowałam wprowadzić jakiś ład w jej wypowiedź. – Może po kolei.

Józka, widocznie chcąc wyrzucić z siebie emocje, zaczęła opowiadać.

– Mój ojciec Arie był przed wojną właścicielem kamienicy, ale jako Żyd... – zawahała się – no, właściwie był Niemcem – poprawiła się. – W każdym razie w czasie wojny całą jego rodzinę wywieźli do Oświęcimia, jako przeciwników Hitlera. Ja byłam mała, więc ojciec, chcąc mnie ratować, oddał na wychowanie mojej przybranej matce. Nie jestem pewna, czy nie miał z nią romansu i czy nie byłam jej prawdziwą córką, pewnie tak było. No i należy mi się ta kamienica, jako jego jedynemu dziecku – oświadczyła piskliwie. – Moje przybrane rodzeństwo zmówiło się z władzami miasta i sądem – kontynuowała. – Sąd kazał zrobić badania DNA, no i moja przybrana siostra na nie poszła. Wróciła blada jak ta ściana, tyle krwi jej wzięli, pewnie żeby podmienić z moją. Wyszło z nich, że jest moją siostrą, chociaż nie jest i że mamy wspólnego ojca. A przecież moim ojcem był dawny właściciel kamienicy. Takie łotry!

– Badania DNA robi się podejrzanym ze śliny – sprostowałam.

– A mnie robili z krwi! – wrzasnęła kobieta – I dranie, podmienili krew!

– Można przecież powtórzyć badania – zauważyła przytomnie Agata.

– A ja nie chcę – zaoponowała Józka – bo znów przekupią laborantkę. Mogę siedzieć do upadłego, ale kamienica będzie moja.

– Byleby się nie okazało, że odsiedzi pani wyrok, a kamienicę i tak zabiorą – dodałam.

– Niedoczekanie ich – syknęła Józka i pogroziła pięścią poplamionemu sufitowi.

Tydzień wlókł się niemiłosiernie. Największą atrakcję stanowiła kąpiel przysługująca dwa razy w tygodniu. Całą celą szłyśmy wtedy do małej łaźni na przepisowe piętnaście minut. Codzienne godzinne spacery stały się bardziej urozmaicone, gdy do naszej małej grupki dołączyły dwie młode, ale doświadczone recydywy z celi naprzeciwko. Agata i Marta szybko znalazły z nimi wspólny język.

Nudząc się okropnie, poprosiłam wychowawcę o udostępnienie biblioteki i nasza niewielka grupka została zaprowadzona na świetlicę, gdzie otwarto szafy biblioteczne i wyłożono katalog. Gdy przeglądałam katalog, skoncentrowałam się na książkach o więzieniu i z właściwą sobie skłonnością do skrajności wybrałam dwie różne książki, z dwóch różnych światów. O chińskim więzieniu z czasów Mao Tse-tunga, w którym spędzał lata ostatni cesarz Pu Yi, i o francuskim więzieniu z lat pięćdziesiątych, gdzie zgilotynowano dwudziestosiedmioletniego Jacques'a Fescha. Cela numer 18, cela śmierci młodego Francuza, miała dla mnie znaczenie symboliczne. Ten sam numer nosiła przecież moja cela.

Książki pozwoliły mi sięgnąć wyobraźnią w światy znacznie gorsze, niż areszt śledczy w A. i zaczęłam nabierać dystansu do warunków, w których przyszło mi żyć i otaczających mnie absurdów.

Nie pytałam dlaczego w czasie masowych przeziębień łatwiej było wydać pieniądze na kilogramy leków, niż choć na chwilę włączyć ogrzewanie. Nie dociekałam dlaczego nie mogłam dać koleżance z grupy spacerowej nadwyżki jedzenia, które musiałam odbierać, choć dwie godziny później miałam obowiązek je wyrzucać. Nie skarżyłam się, że koleżanka nie może pożyczyć mi swetra ani na chwilę, choć często dygotałam z zimna w cienkim sweterku z krótkim rękawem. Nawet nie zastanawiałam się nad sensem reglamentowania ciepłej wody, włączanej na dwie godziny rano i na półtorej wieczorem oraz czasami na chwilę po obiedzie. Granicę tolerancji osiągnęłam jednak na początku następnego tygodnia, kiedy dostałam miesiączkę i skończyła mi się paczka podpasek z więziennego przydziału.

– Czy mogę dostać podpaski? – zwróciłam się do pielęgniarki.

– Musi pani napisać prośbę do dyrektora.

– O co?

– O wydanie dodatkowej paczki podpasek – wyjaśniła siostra.

– Jak to do dyrektora?

– Och, proszę szybko napisać, a ja przyniosę – zniecierpliwiła się pielęgniarka.

– Skoro każą, to napiszę – stwierdziłam z rezygnacją do chichoczących szyderczo koleżanek.

Zwróciłam się więc z uprzejmą prośbą i z poważaniem do pana dyrektora, prosząc o wydanie dodatkowej paczki podpasek i uzasadniając, że jedna na miesiąc to zbyt mało.

Następnego dnia z ulgą powitałam porcję suchego prowiantu. Parę godzin spędzonych z Wydziałem Spraw Beznadziejnych paradoksalnie sprawiało mi przyjemność, wprowadzało odmianę niezbędną do przetrwania w dobrym stanie psychicznym.

– Tym razem jedziemy do nas, na komendę – usłyszałam, kiedy wsiadłam do samochodu.

Odetchnęłam z ulgą – nie będę miała do czynienia z prokuratorem.

– Dzieje się coś? – spytał komisarz.

– Nie, właściwie nie – odparłam. – Czemu ma służyć cały ten absurd, ten bezmyślny dryl? – dodałam po chwili milczenia.

– Temu, żeby wam dokopać – odpowiedział z niezmąconym spokojem. W jego głosie była taka pewność, jakby doskonale wiedział, o czym mówi. – Pani Weroniko – kontynuował – proszę pamiętać, że to wszystko są nieistotne drobiazgi, choćby nie wiem jak uciążliwe, ale nieważne: najważniejszy jest cel. Niech pani potraktuje to jak wojskowy obóz przetrwania, tak będzie łatwiej – uśmiechnął się. – Będzie pani potrzebowała dużo siły, nie można jej rozmieniać na drobne. To wszystko minie – dodał pocieszająco – to tylko cienie na ścianie jaskini.

– Nie lubię Platona – odparłam.

– Właśnie dojechaliśmy. Zauważyliście? – wtrącił sarkastycznie Leszek.

Poszłam za nimi do windy. Poprowadzili mnie na znane mi już ósme piętro, do małego pokoiku, gdzie urzędował komisarz i jego koledzy.

– Chciała mi pani coś powiedzieć – komisarz zaczął rozmowę, gdy rozsiedliśmy się po obu stronach biurka, popijając kawę.

Patrzyłam na niego chwilę z namysłem, nim zaczęłam.

– Zwróciłam się do pana, bo nikt inny mi nie uwierzy. Opowiem panu wszystko to, co Marcin mówił o sobie i – o ile to możliwe – chciałam prosić o sprawdzenie tych rewelacji. Bardzo mi na tym zależy. Muszę wiedzieć, czy byłam oszukiwana przez te wszystkie lata.

– Postaram się zrobić co w mojej mocy.

– Kiedy go poznałam, na studiach, systematycznie jeździł na południe Europy – zaczęłam po dłuższej chwili. – Mówił, że do pracy. Koło trzeciego roku studiów zaczął opowiadać o wyjazdach do krajów arabskich. Najpierw twierdził, że uczy się języka. Ale wkrótce potem jego opowieści zaczęły stawać się coraz bardziej fantastyczne – że przyjaźni się z szejkami, gości w drogich hotelach, dostaje od nich samochody. Pokazywał mi nawet zrobione na pustyni zdjęcia terenowych wozów i mężczyzn w dżalabijach. Podobno robił z nimi interesy, przerzucał pieniądze na Zachód. Na pewno nie były to legalne interesy, przynajmniej tak dawał do zrozumienia. Broń, narkotyki, kanały przerzutu ludzi do Europy Zachodniej, do Stanów. Proponował Aśce zainwestowanie pieniędzy właśnie tam, na Bliskim Wschodzie..

– Uwierzyła mu pani? – spytał.

– Tak – potwierdziłam. – On jest wyjątkowy i bardzo inteligentny... Mówi, między innymi po arabsku, uczył się pasztuńskiego, języka używanego w Afganistanie i Pakistanie. Z tych wyjazdów, oprócz błyskotek dla żony, przywozil pieniądze, z których utrzymywał rodzinę. Inwestował przywiezione z Bliskiego Wschodu pieniądze w coraz to nowe interesy, z których każdy po jakimś czasie plajtował i on znowu wyjeżdżał. Żona Marcina pochodziła z Syrii i była bez grosza przy duszy, a on nauczył ją życia ponad stan. Uważał, że jego kobieta nie powinna pracować, więc siedziała w domu. Widziałam zdjęcia z jej rodzinnego domu, jej bliscy żyli w wielkiej biedzie. Systematycznie prosili Marcina o wsparcie finansowe.

– Kiedy zaczął regularnie wyjeżdżać za granicę?

– Podobno w wieku czternastu lat, do rodziny na Zachodzie. Nie miał problemów z wyjazdami, jego rodzice pracowali w służbach specjalnych. Ale on twierdził, że rodzina jego matki ma arystokratyczne korzenie. Jest nieprzeciętnie zdolny językowo, rzekomo właśnie z tego powodu.

– Rzekomo?

Teraz mówiłam z wahaniem, ważąc każde słowo.

– Wie pan, w więzieniu nie dawały mi spokoju pewne pytania. Skoro miał takie koneksje, to dlaczego nie pomógł nam z naszymi problemami w inny sposób, tylko nakłaniał do zbrodni? Poza tym wziął od Aśki pieniądze i nie wiadomo co z nimi zrobił. Gdy Aśka popadła w długi, prosiłam go, żeby je zwrócił, ale odmówił, tłumacząc to troską o przyszłość. W czasie przesłuchania usłyszałam, że Marcin nas oszukał, wykorzystał. Wtedy w to nie uwierzyłam, bo przecież zawsze tak się mówi. Ale pan twierdzi, że to prawda, a wydaje mi się, że pan jest uczciwy w stosunku do mnie. Muszę wiedzieć, czy naprawdę przez te wszystkie lata byłam ofiarą manipulacji. Po prostu muszę.

– Pani Weroniko – powiedział cicho – dla mnie pani opowieść to kosmos, nie mam pojęcia, czy jest wiarygodna. Ale obiecuję, że to sprawdzę... – zamyślił się na moment. – Czy byłaby pani skłonna porozmawiać ze specjalistą?

– Oczywiście – odpowiedziałam, nie bardzo wiedząc, kogo można uważać za specjalistę w tej kwestii.

– Dobrze – wydawał się zadowolony. – Gdyby rzeczywiście okazało się, że ma pani jakąś przydatną wiedzę, być może byłaby szansa na zastosowanie w pani przypadku artykułu 60 paragraf 4.

– To znaczy?

– Nadzwyczajne złagodzenie kary w przypadku sprawcy, który, niezależnie od wyjaśnień złożonych w swojej sprawie, ujawni nieznane dotychczas organowi ścigania przestępstwo.

– Nie wiem, czy mam jakąś wiedzę. Poza tym Marcin twierdził, że nikt nie uwierzy jakiejś tam Weronice K. z Brudnowa.

– Zobaczymy. Zapali pani?

– Chętnie.

– Jeśli pani chce, proszę wziąć paczkę papierosów i zapalniczkę.

– Nie wiem, czy mi wolno, ale spróbuję. Dziękuję.

W drodze powrotnej rozmawialiśmy – jak zwykle – o błahych sprawach.

– Będziemy za tydzień – zapowiedział komisarz.

Wysiadłam z samochodu, ściskając w ręce paczkę papierosów i podeszłam do okienka:

– Proszę pana, czy mogę to wnieść?

Bramowy przyjrzał się mojej niepewnej minie i spytał:

– Skąd pani to ma?

– Dostałam – wskazałam czekających policjantów.

– Przy oddziałowej, która ma dziś dyżur, może się uda.

Pobiegłam szybko na oddział zadowolona, że przyniosę koleżankom upragnione fajki.

– Pani oddziałowa, mogę? – pytałam podekscytowana. – To nic złego, a dziewczyny nie mają czego palić. Pozwoli pani, prawda? – przymilałam się do groźnie wyglądającej funkcjonariuszki. Kobieta powstrzymywała śmiech. Skinęła głową.

Niespodziewana dostawa papierosów zrobiła furorę i po raz pierwszy pomyślałam o sobie, że jestem zaradna.

Nie zdążyłam porozmawiać z wychowawcą na temat Wydziału Spraw Beznadziejnych ani na żaden inny, bo w międzyczasie wróciła z urlopu nasza wychowawczyni. Pierwszego dnia po powrocie wizytowała cele, a wszystkie osadzone, które jej nie znały, ciekawe były, czy naprawdę jest taka niezwykła.

Ładna, postawna, elegancka kobieta o ciemnych oczach wkroczyła energicznie do naszej celi, usiadła na krześle i wnikliwie nam się przypatrując, zaczęła rozmowę na temat naszych potrzeb. W pierwszej kolejności poruszyłyśmy kwestię braku ubrań na zmianę.

– Napiszcie do dyrekcji prośbę o odzież z pomocy penitencjarnej i dostaniecie ubrania z magazynu – zadysponowała.

Pod koniec krótkiej wizyty odważyłam się zapytać o drażliwą kwestię palenia.

– Pani wychowawczyni, część z nas jest paląca, a część nie. Bardzo prosimy, aby nas pomimo to nie rozdzielać.

– Jeszcze nie podjęłam decyzji.

I wyszła.

Zapadła cisza, wreszcie odezwała się Agata.

– To ma być ta wspaniała wychowawczyni?

– Wygląda na ostrą – skomentowała Marta.

– Nie mam zamiaru więcej zwracać się do niej z czymkolwiek – podsumowałam.

Następnego dnia zostałam do niej wezwana jako starsza celi. Poszłam z oporem, usiadłam w milczeniu i czekałam.

Choć często o tym później myślałam, nie umiałabym powiedzieć o czym właściwie rozmawiałam z wychowawczynią przez następną godzinę.

Zresztą tak naprawdę treść nie była najważniejsza, ważny był kontakt z wrażliwą, rozumiejącą osobą, która chciała poświęcić mi uwagę i cierpliwie wysłuchiwać chaotycznego potoku słów. Po tej godzinie wiedziałam, że będę przychodziła do tej niezwykłej kobiety z każdą łzą, z każdym problemem i z każdą radością. Wyszłam oczarowana. Wróciłam do celi, gdzie zaintrygowane koleżanki zastanawiały się, dlaczego przepadłam na tak długo.

– Ona jest naprawdę super – stwierdziłam – warto do niej iść i pogadać.

Nie wiedziałam, czy mi uwierzyły, ale stwierdziłam, że same z czasem się o tym przekonają.

Tymczasem do celi przybyła nowa atrakcja, zwana popularnie na oddziale Czerwonym Sweterkiem. Umieszczono ją na dolnym łóżku, pod Martą. Starałam się nie zwracać uwagi ani na aroganckie zachowanie nowej, która zażądała dla siebie zajętych wcześniej przez nas półek, ani na sterty jej „majątku", składającego się głównie z pustych opakowań po żywności i przeterminowanych serków. Gdy do mojego górnego łóżka dotarł mdlący odór, poczułam, że jako starsza celi muszę zareagować.

– Tam, w rogu mamy kącik toaletowy, możesz się porządnie umyć – zaczęłam dyplomatycznie

– Nie muszę się myć – rzuciła kobieta.

– Codziennie wszystkie tam się myjemy – tłumaczyłam, modląc się w duchu o cierpliwość.

– A ja nie będę.

– Rozumiem, jesteś śmierdziel z powołania – puściły mi nerwy.

– Uważaj – rzuciła nowa z pogróżką.

– To ty uważaj, śmierdzielu.

– Poskarżę się, że mnie wyzywasz.

– Skarż się, brudasie. Może każą ci się umyć.

Do tej wymiany zdań wtrąciła się Józka, która usiłowała załagodzić sytuację.

– Danusiu – zwróciła się do nowej po imieniu – chodź, pogadamy.

Zabrała ją na drugi koniec celi i coś gorliwie tłumaczyła. Kiedy kładłam się spać, zastanawiałam się, jak zmusić Danusię do mycia i miałam nikłą nadzieję, że może Józka na nią wpłynie. Nadzieja okazała się płonna, bo następnego dnia Czerwony Sweterek nadal odmawiał mycia. Korzystając z tego, że Danusia została wezwana do wychowawczyni, zwróciłam się z desperacką prośbą o pomoc do ciemnowłosej, sympatycznej funkcjonariuszki.

– Pani oddziałowa, nie wiemy, co robić z tymi brudnymi opakowaniami i przeterminowaną żywnością.

Kobieta uśmiechnęła się.

– Dopóki pani R. jest u wychowawczyni, a będzie tam dość długo, macie czas, by zrobić z tym porządek. Przyniosę wam gumowe rękawiczki.

Komisyjnie przejrzałyśmy szybko sweterkowe zapasy, wyrzucając prawie wszystko do stojącego na korytarzu kontenera na śmieci. Po skończonej akcji oddziałowa przyprowadziła Danusię, która już od progu zorientowała się, że ktoś grzebał w jej skarbach.

– Gdzie moje rzeczy?! – wrzeszczała histerycznie. – Oddawaj!

– Co tu się dzieje? – oddziałowa stanęła w drzwiach, uśmiechając się porozumiewawczo.

– Pani oddziałowa – powiedziałam – czy mogłaby pani przejrzeć rzeczy naszej koleżanki i zakwalifikować je do prania?

Otworzyłyśmy szafę i oddziałowa oglądała każdą rzecz po kolei, brudne wrzucając do miski.

– Zaniosę do prania – zaproponowałam pospiesznie i szybko porwałam miskę z rzeczami.

Zanim Danusia zorientowała się, co się dzieje, wyszłam razem z oddziałową do łaźni, gdzie wrzuciłam pranie do automatycznej pralki, wsypując więzienny proszek z przydziału.

– Dziękuję pani – powiedziałam.

– Pani R. jest przenoszona z celi do celi i zawsze to samo. Trzymajcie się i nie pozwólcie wejść sobie na głowę.

Po powrocie do celi zapaliłam papierosa, żeby dokuczyć niepalącej Danusi.

– Zgaś to – zażądał nieprany Czerwony Sweterek.

– Muszę czymś zniwelować smród – odparłam. – Umyj się, to zgaszę.

– Jestem czysta, nie muszę się myć.

– To będziesz wdychać dym z papierosów, skunksie.

Znowu Józia przez resztę dnia próbowała tłumaczyć Danusi kwestie higieny, rozpisując na kartkach, krok po kroku, kolejne etapy mycia, ale w końcu nawet ona skapitulowała. Podeszła do mnie na spacerze i szeptem zaczęła opowiadać ze zgrozą.

– Danusia stwierdziła, że bieliznę noszoną dzień i noc bez przerwy pierze się raz w tygodniu. Ona chyba mnie lubi i siada zawsze w pobliżu, a mnie naprawdę jest niedobrze od smrodu.

Przyniesiona ze spacernika wieść, że Danuta jest zatrzymana pod zarzutem znęcania się nad swoim niepełnosprawnym dzieckiem wywołała dodatkowe poruszenie. Starałam się nie klasyfikować nikogo według popełnionego przestępstwa, bo przecież przede wszystkim mnie samą można potępić i od emocjonalnych samosądów trzymałam się z daleka.

Kilka dni później znowu zjawili się ludzie z Wydziału Spraw Beznadziejnych i nie było z nimi komisarza.

– Czeka na miejscu, jedziemy rozmawiać ze specjalistą – powiedział Leszek widząc mój pytający wzrok

Policjanci z Wydziału Spraw Beznadziejnych siedzieli w pokoju na ósmym piętrze z nadąsanymi minami.

– Co się tu dzieje? – spytałam zdumiona, stając w progu.

– Ktoś na panią czeka.

W sąsiednim pomieszczeniu w towarzystwie komisarza siedział nieznany mężczyzna. Wyciągnął legitymację i przedstawił się jako oficer ABW. Zrozumiałam, że oto znowu jestem świadkiem, choć w innych okolicznościach niż w Brudnowie, rozgrywek między służbami. I tu, podobnie jak tam, zjawił się ktoś z elitarnej jednostki uważający się za lepszego od gospodarzy, którym nie omieszkał tego okazać. Na dużą rybę znalazła się jeszcze większa ryba. Na dodatek znowu byłam tego mimowolną przyczyną.

Mężczyzna przyjrzał mi się dokładnie. Z wyglądu był nijaki i nigdy nie zwróciłabym na niego uwagi, ale może właśnie to było istotą jego zawodowego wizerunku.

– Chciałem porozmawiać z panią o Marcinie B. – zaczął. – Co pani wie o jego kontaktach z krajami arabskimi?

Uśmiechnęłam się smutno do wspomnień i zaczęłam opowieść.

– Marcin zawsze lubił Arabów i odkąd pamiętam interesował się kulturą islamu. Zresztą wiele się od niego nauczyłam. Po drugim roku studiów wrócił z wakacji na południu Europy i opowiedział mi, że poznał jakąś grubą rybę z Bliskiego Wschodu. Pokazał mi zdjęcie z przystojnym mężczyzną w arabskiej chuście – kefiji – na głowie. Potem pokazywał mi maile, w których ten zwracał się do Marcina *My Dearest Friend*. Były w nich wzmianki o zaczynającej się wojnie na Bliskim Wschodzie, w której tamten brał udział. Nie zdziwiłam się, gdy Marcin oznajmił, że wyjeżdża, jak to określił, „na wojnę". Bałam się o niego, ale nic nie mówiłam, bo on był przecież taki zaradny, odważny i mądry. Wrócił po miesiącu. Na trzecim roku studiów zaczął chodzić na wykłady w arafatce, potem w dżalabiji, chociaż niektórzy się z niego śmiali i uczył się arabskiego. Potem Marcin poznał szejka. Jak twierdził, zaprzyjaźnili się. Jeździł z nim do Anglii na aukcje i wyścigi konne, pokazywał mi katalogi z tych imprez. Był wszędzie tam, gdzie jego przyjaciel wydawał pieniądze. Zmienił styl, teraz ubierał się w drogie garnitury zamiast dżalabiji, nosił się modnie i regularnie chodził do fryzjera.

Zerknęłam na komisarza, siedział w milczeniu, uważnie słuchając mojego wywodu i obserwując reakcję agenta. Uśmiechem dodał mi otuchy.

– Wtedy też Marcin się ożenił. Z jednego ze swoich wyjazdów przywiózł sobie żonę, Syryjkę. Pewnie wydawało się jej, że złapała Allaha za nogi – mąż zapewniał jej dostatnie życie, tylko co jakiś czas znikał załatwiać swoje podejrzane interesy. Nie podobało jej się to, ale zbyt lubiła wysoki standard życia i oczywiście nie mogła sprzeciwić się mężczyźnie...

– Czy widziała pani jakikolwiek dowód potwierdzający relację Marcina z szejkiem lub kimkolwiek innym z Bliskiego Wschodu?

– Jedynymi dowodami, jakimi dysponuję na potwierdzenie moich słów są listy, które Marcin pisał do mnie z zagranicznych wyjazdów, gdzie bardzo szczegółowo relacjonował opowiedziane przeze mnie fakty. Można to sprawdzić.

– Wspomniała pani o zdjęciach.

Opisałam szczegółowo, jakie zdjęcia widziałam u Marcina: te oprawione w ramki i ustawione w pokoju i te schowane w albumach – był tam duży portret szejka stojący zawsze na honorowym miejscu, i pieczołowicie przechowywane zdjęcie talibskiego przywódcy, mułły Omara.

Mężczyzna starannie notował. Uśmiechał się ironicznie.

– Dlaczego – nie wytrzymałam – ktoś całymi latami, praktycznie dzień w dzień opowiada o swoich wojennych przygodach, pokazuje zdjęcia, wysyła widokówki z arabskich stolic, pisze listy z Bliskiego Wschodu i ze Stanów? I to wszystko miałoby być kłamstwem? To niemożliwe. On mówił o wszystkich swoich znajomych stamtąd tak przekonująco, opisywał ich tak dokładnie: jak wyglądają, jaki mają charakter, co lubią jeść, jakiej słuchają muzyki, jakie są ich pasje, w co wierzą, czego nie znoszą. Przecież to niemożliwe, żeby tak precyzyjnie okłamywać najbliższe osoby, tym bardziej że ten temat absorbował go niemal bez przerwy. Jeżeli to nieprawda, po co to robił? Po co? Nie rozumiem.

– Tego właśnie usiłujemy dociec – wtrącił komisarz łagodnym tonem.

– Poza tym – gorączkowałam się dalej – w mojej i Aśki obecności opowiadał o tym żonie. Kłócili się przy nas o to, że on się naraża... Ją też okłamywał?!

– Bardzo możliwe – oschle podsumował funkcjonariusz. – Sprawdzimy pani rewelacje.

– Dobrze, ale mam prośbę. Muszę się dowiedzieć, czy to co panu opowiedziałam, jest prawdą.

– Powiem pani tyle, ile będę mógł.

– Dziękuję.

– Najlepiej by było, żeby spisała pani wszystko, co pani wie.

Kiedy zamyślona wróciłam do A., w progu celi powitały mnie sensacyjne informacje.

– Danusia ma serdeczną przyjaciółkę – wyszeptała mi do ucha Agata, krztusząc się ze śmiechu. – Może się od nas wyniesie, jest szansa.

– A skąd ją wzięła? – zaśmiałam się.

– Z transportu – wyjaśniła Marta. – Dziś w nocy wjechał Kuń.

– Co?

– Kuń, kobieta oskarżona o znęcanie się nad koniem. Zabrali ją prosto ze stajni, w skórzanej kamizeli i bryczesach. „Wjechała" pod celę obok w środku nocy, po wjeździe włączyła betoniarę i zakomunikowała: „Pani oddziałowa, tu osadzona N., chcę natychmiast rozmawiać z dyrektorem. Macie tu państwo skandaliczne warunki, tak być nie może". Wyłączone na noc radio nie odpowiedziało, Kuń pozłościł się jeszcze trochę i poszedł spać. Rano, na spacerze, baba stwierdziła, że w naszej grupie nikt poza Danusią nie odpowiada jej wysokim standardom intelektualnym. Oddziałową skrytykowała za to, że nie ma idealnie czystego i wyprasowanego munduru i w związku z tym nie może z nią rozmawiać.

– Piękny cyrk – skomentowałam.

– Może umieszczą je w jednej celi i będziemy mieć spokój.

– Oby.

Okute drzwi otworzyły się na kolację. Nieduża blondynka z falującymi włosami upiętymi w koczek spojrzała na nas niebieskimi oczami. Po czym, oglądając swój mundur z przesadną uwagą, zwróciła się do nas zadziornym tonem.

– Czy jestem dostatecznie czysta, aby móc rozmawiać z panią N.? Moja spódnica nie jest chyba zbyt wymięta?

– Zdecydowanie musi pani wymienić mundur na galowy.

Oddziałowa spojrzała na mnie z rozbawieniem i zamknęła drzwi.

Roześmiałam się głośno. Poczułam się raźniej, spokojnie przespałam noc i od rana zabrałam się do pisania.

Bardzo dokładnie odtwarzałam z pamięci obco brzmiące nazwiska i nazwy miejscowości, o których opowiadał Marcin, spisywałam znane mi fakty, pamiętając o każdym najdrobniejszym szczególe, który mógł mieć znaczenie. Koleżanki, przyzwyczajone do moich cotygodniowych wyjazdów, nie przeszkadzały, choć ciekawie zerkały w moją stronę. Nie chciałam niczego wyjaśniać, wolałam zachować aurę tajemnicy, tak było lepiej. Napisałam kilkanaście stron i zdałam sobie sprawę, że nie za bardzo wiem, w jaki sposób mogłabym dostarczyć komisarzowi ten „raport". Nie wolno było wynosić z aresztu niczego, nawet dokumentów dla policji. Poprosiłam więc o pomoc jedyną osobę, w której miałam oparcie.

– Pani wychowawczyni, tu jest moje sprawozdanie. Czy mogłaby pani przechować je i oddać ludziom z Wydziału Spraw Beznadziejnych, kiedy się zjawią?

Wychowawczyni, nie dopytując się o nic, wzięła ode mnie zaklejoną kopertę i schowała do szafy.

– Jak czuje się Aśka? – zebrałam się na odwagę. – Pytałam zastępującego panią wychowawcę, ale mnie zbył.

– Czasem mam wrażenie, że znosi więzienie lepiej niż pani, ale może to tylko pozory. Trudno cokolwiek wnioskować, jest bardzo zamknięta w sobie.

– Zawsze była. Pytała o mnie?

– Nie, nic o pani nie mówiła.

Spuściłam głowę.

– Wie pani – wyszeptałam – mam okropne poczucie winy… często myślę, że Aśka nie zrobiłaby tego, gdyby nie ja… to moja zgoda, moja postawa wywarła na nią wpływ. Ona zawsze była bierna, podporządkowana…

– Z tego, co wiem o tej sprawie – przerwała stanowczo wychowawczyni – wynika, że to raczej Marcin podporządkował sobie was obie. Nie ma żadnego powodu sądzić, iż Aśka nie zrobiłaby tego za jego namową, nawet bez pani.

– Ale mogłam powiedzieć „nie".

– Aśka też mogła, tym bardziej że to był jej ojciec.

– Ja miałam silniejszy charakter, przekonałam ją, to moja wina!

– Czyżby?

– Chciałabym coś dla niej zrobić, ale nie wiem co.

– Porozmawiam z nią, jeśli ma to pani przynieść ulgę. Osobiście uważam jednak, że katuje się pani zupełnie niepotrzebnie. Ona nie wydaje się mieć takich wątpliwości, choć być może powinna.

– Porozmawia pani z nią?

– Spróbuję, chociaż nawiązanie kontaktu z Aśką nie jest łatwe.

– Nie wiem, jak mam pani dziękować...

– Nie trzeba, ja tylko wykonuję swoją pracę.

Podniesiona na duchu wróciłam do celi, gdzie czekały na mnie dobre wiadomości. Czerwony Sweterek wyprowadzał się do Kunia.

Panie zostały umieszczone razem w małej dolnej celi. Na miejsce Czerwonego Sweterka do celi numer 18 przyszła cygańska krewna Agaty, którą widziałam przelotnie w Miejskim – Wioletta. Na wstępie opowiedziała o swym wspaniałym mężu, którego będziemy miały okazję zobaczyć przez okno, gdy przyjedzie do niej na widzenie. W sobotę mieszkanki osiemnastki i sąsiedniej dziewiętnastki dosłownie wisiały w zakratowanych okienkach, chcąc obejrzeć to cudo.

– Patryk! – wrzasnęła w pewnym momencie Wioletta, wskazując krępego łysiejącego mężczyznę w średnim wieku.

– To twój mąż? – spytałam.

– Przystojny, prawda? – wyszeptała z dumą Wioletta. – Sikacie w majtki z ochoty?

– Oczywiście – rechotała Marta. – Wszystkie, jak tu jesteśmy.

– Zazdrościcie mi po prostu – podsumowała Wioletta i szczęśliwa popędziła na widzenie.

– Wioletta jest siostrą ważnego Cygana, który ma wielkie wpływy – powiedziała Agata. – Długo nie będzie siedzieć.

Popatrzyłam na nią z niedowierzaniem, nie przypuszczałam, że to może być prawda. Po godzinie widzenia Wioletta wróciła zadowolona do celi i przez resztę wieczoru zadręczała nas opowieściami o Patryku.

– Kiedyś taka wydra chciała mi go odbić, to ja ją za kudły i o ziemię, nie będzie mi kurwa w drogę wchodzić.

– I za to siedzisz? – zainteresowałam się.

– Nie. Poszłam spokojnie na zarobek, wyciągnęłam takiej paniusi portfel z kieszeni, ale się połapała, zaczęła wrzeszczeć i mnie gonić. No to musiałam ją przydusić, żeby się nie darła, Patryk szybko podjechał samochodem, wskoczyłam w biegu i pojechaliśmy. Opłacało się, bo portfel był mocno wypchany, ale babsko poszło na policję i jak mnie przywieźli do okazania, to mnie rozpoznała.

– No i masz dziesionę.

– Bo to jedną, mam kilka zawiasów. Patryk wynajął adwokata, żeby mnie wyciągnąć. Pomożesz mi napisać list do męża?

Już wcześniej domyśliłam się, że Wioletta nie umie czytać i pisać.

– A będzie umiał przeczytać? – zapytałam.

– O tak, Patryk jest wykształcony, umie nawet czytać Biblię. Bo my jesteśmy świadkami Jehowy, musimy znać Biblię.

Przypomniała mi się Naomi, zapytałam o nią.

– Naomi jest w A. – poinformowała Agata – tylko w innej grupie spacerowej.

– Tak, znam ją i tego jej Marcela – dodała Wioletta.

– Ona go bardzo kocha – wspomniałam rozmowę na dołku.

– A on utrzymuje kochankę, chociaż Naomi jest dużo od niego młodsza. Na dodatek strasznie ją leje. Kiedyś tak ją pobił, że poroniła. Nie to co Patryk. On nigdy mnie nie uderzył i zawsze płaci adwokatom, żeby mnie ratować.

Zaczęłam rozumieć miłość Wioletty – istotnie, dobry, troskliwy mąż był wyjątkową rzadkością w świecie, w którym przyszło żyć kobietom takim, jak moje współtowarzyszki niedoli... Na tle Marcela czy ciągle naćpanego Adriana Agaty, która ukradzione pieniądze oddawała mężowi na narkotyki, Patryk wzbudzał sympatię. Dałam jej wyraz, pisząc do niego list w imieniu Wioletty. Przeczytałam go na głos.

– Pięknie – zachwyciła się, chlipiąc ze wzruszenia.– Gdybym ja miała twój rozum i umiała tyle co ty – przyjrzała mi się bystro – to nie byłabym złodziejką. Wiedziałabym, co z tym zrobić.

Kiedy otwarły się drzwi prowadzące na oddział, z daleka zobaczyłam komisarza stojącego na dziedzińcu przy samochodzie i machającego w moją stronę białą kopertą z raportem. Wychowawczyni spisała się na medal.

– Miła ta pani wychowawczyni – powitał mnie komisarz.

– Jest niezwykła. Gdy uważa, że należy komuś pomóc, robi to bez względu na wszystko.

– Ten sam co przedtem funkcjonariusz już na panią czeka. Pewne informacje się potwierdziły.

Dojechaliśmy do komendy. W małym pokoju na ósmym piętrze spotkałam się ponownie z agentem.

Mężczyzna rozłożył na stole mapę Afganistanu.

– Pani Weroniko, proszę wskazać miejsca, które się pani z czymś kojarzą.

Popatrzyłam na dobrze znaną mapę i od razu wskazałam pierwszy punkt na północy:

– Kunduz. Miasto, którego zaciekle bronili talibowie przez wiele dni. W końcu złożyli broń i zaczęli wycofywać się do Kandaharu. Zmasakrowano ich z helikopterów.

Pokazałam następny punkt.

– Mazar-i-Szarif, miasto niegdyś krwawo zdobyte przez talibów w wojnie domowej, potem znane z masakry, jaką urządziły tu wojska brytyjskie, nagłośnionej przez Amnesty International. Oczywiście Kabul. – kontynuowałam – odbity z rąk Rosjan przez Masuda, przez chwilę pod rządami Hekmatiara, który propagował oblewanie kwasem twarzy zbyt wymalowanych kobiet, opanowany potem przez talibów.

– Kandahar – pokazałam – miasto na pustyni. To na tarasie tutejszego meczetu mułła Omar okryty płaszczem proroka Muhammada ogłosił powstanie Talibanu. Tora Bora, kompleks jaskiń, wykorzystywany już w czasach walk partyzanckich z Rosjanami. Udoskonalony i rozbudowany przez Bin Ladena. Peszawar, ze słynną medresą, wychowującą talibów. To tylko najbardziej znane miejsca.

– Zgadza się. Proszę mi powiedzieć jak ubrany jest talib?

– Nosi tunikę bawełnianą do kolan, szerokie szarawary, długą kamizelę, na ramionach często ma zarzucony pled z wielbłądziej sierści. Na głowie czarny lub kraciasty turban z długą szarfą..

– Jakim językiem się posługują?

– W Afganistanie jest wiele języków, grup etnicznych. Język paszto ma wiele dialektów, chociaż nie ma jednej spisanej gramatyki. Profesor z UJ, która uczyła Marcina, posługiwała się gramatyką wydaną po rosyjsku. Zna pan paszto? – spytałam zaczepnie.

– A pani? – odwzajemnił się.

– Nie, Marcin nauczył mnie tylko kilku podstawowych słów i zwrotów.

– Jak plar, ojciec? – spytał.

– Także mor czy hor, matka, siostra – dodałam.

– A propos pani profesor. Kiedy z nią rozmawiałem, wspomniała o jakimś wykładzie.

– Marcin twierdził, że przyjechał do niego mułła Obajdullah pod nazwiskiem Mohammed Khattak. Na prośbę uczącej

Marcina paszto profesorki, mułła odczytywał studentom na wykładzie fragmenty narodowego eposu „Pata Khazana".

– Ktoś jeszcze był w Polsce?

– Mułła Fadil pod nazwiskiem Saifullah Nur, zatrzymał się w hotelu na Plantach.

– Nie pomyślała pani, że Mohammed Khattak to zupełnie zwyczajny Pakistańczyk?

– W mojej obecności, rozmawiając z nim przez telefon, nazywał go Obajdullah.

– Dlaczego nigdy nie ujawniła pani nikomu tych wiadomości?

– A któż by mi uwierzył?

– Wiemy, że istotnie wymienieni przez panią mężczyźni byli w Polsce, we wskazanych przez panią miejscach i terminach. Ale nie ma żadnego dowodu na ich terrorystyczne powiązania.

– Brak dowodu nie jest rozstrzygnięciem sprawy.

– A wiadomo coś pani o Pakistańczyku, mieszkającym w Stanach? – mężczyzna zmienił temat.

– Tak, miał na imię Muhammad, nigdy nie poznałam jego nazwiska. To dziwne, bo Marcin zawsze dokładnie podawał dane. Mieszkał pod Los Angeles. Podobno Marcin pomagał mu znaleźć w Polsce żonę, co było dość trudne, bo Muhammad był fanatycznym muzułmaninem. Kontaktował się w tej sprawie ze środowiskiem polskich muzułmanów, ale bez powodzenia.

– Kim był z zawodu?

– Fizykiem, pracował w jakimś instytucie – mówiąc to, zrozumiałam sens pytań i zrobiło mi się nieswojo.

– Czy Marcin prowadził z nim jakieś interesy?

– Planował wysyłać do Polski i sprzedawać tu używane amerykańskie samochody.

– Ciekawe.

Komisarz wyciągnął napisany przeze mnie raport.

– Zrobiłem kopię, którą zatrzymam w naszych aktach – stwierdził. – Jeśli pani rzeczywiście podała jakieś ważne informacje, to oczekuje teraz propozycji w kwestii złagodzenia kary.

– Tu jest wszystko, co wiem – dodałam.

– Zapoznam się z tym i dam panu odpowiedź – funkcjonariusz zwrócił się do komisarza. Po czym popatrzył na mnie.

– Dlaczego tak bardzo podziwiała pani kogoś takiego jak Marcin B.? Nie mogę tego zrozumieć.

– Marcin jest silny, inteligentny i ma wielki urok osobisty – odpowiedziałam. – To oczywiste, że budził podziw.

– Rozmawiałem na jego temat z różnymi osobami – powiedział ze zdziwieniem w głosie mężczyzna. – Większość ludzi twierdziła, że nie chciałaby mieć z nim więcej do czynienia. Określali go jako wyniosłego, aroganckiego i odpychającego.

Słuchałam oszołomiona.

– Pytała pani, czy panią oszukiwał. Mogę jedynie powiedzieć, że prawdopodobnie tak. Oczywiście miał jakieś podejrzane kontakty i prowadził ciemne interesy, ale nie wyglądało to tak, jak przedstawiał w swych opowieściach. Jednak te kontakty są na tyle niepokojące, że sprawdzimy każdy szczegół. Nic więcej nie jestem w stanie teraz powiedzieć.

– Marcin prowadził zapiski w terminarzach – zwróciłam się do komisarza. –Pod każdą datą dzienną coś odnotowywał. Pisał je od lat, odkąd go znałam.

– Wie pani, co jest w tych zapiskach? – spytał komisarz.

– W całości nie, ale kiedyś czytał mi fragmenty.

– Tak, to może być pomocne, zapamiętam.

W drodze powrotnej do A. Leszek postanowił mnie uprzedzić, co mnie czeka.

– Pani Weroniko, prokurator wyznaczył termin wizji lokalnej na przyszły tydzień.

Jak najszybciej odsunęłam od siebie tę myśl. Usiłowałam żyć tu i teraz, bez zadręczania się przyszłością i wspominania przeszłości. Mimo to zaczęłam chorować. Powróciły zasłabnięcia, duszności i drgawki. Załamywało mnie to, że nie jestem w stanie zapanować nad swoim ciałem... Nie mogłam też liczyć na żadną pomoc. Tutejszy doktor mający do dyspozycji szczupłą pulę leków, serwował wszystkim potrzebującym nalewki ziołowe na uspokojenie, a na przeziębienie starannie wyliczany scorbolamid.

Kiedy kolejny raz zasłabłam, wezwany przez pielęgniarkę doktor wszedł do celi i popatrzył przede wszystkim na stertę książek.

– A kto tu tyle czyta? – spytał zdumiony.

– Ja – odpowiedziałam słabym głosem.

– Nic dziwnego, że pani ciągle mdleje.

Postawiwszy tę miażdżącą diagnozę, wycofał się pospiesznie. Zostałam więc zdana na oddziałowe, które ratowały mnie jak mogły, pojąc w razie konieczności ziołową miksturą. Nigdy nie mogłam zdecydować się na zażywanie psychotropowych leków uspokajających, którymi hojnie szafowano tu w szczególnie trudnych przypadkach. Udało mi się za to nakłonić lekarza do przepisania mi diety, którą przyznawano niechętnie, bo była nieco droższa, niż zwykłe posiłki. To nic, że jedzenie całkowicie pozbawione soli i przypraw było niezbyt smaczne. Miałam za to dostęp do większych ilości nabiału, chudego mięsa i jabłek.

Zżyłam się z otoczeniem i stopniowo coraz sprawniej funkcjonowałam w tym hermetycznym światku. Rozpoznawałam już oddziałowe nie tylko z imienia, ale i z charakteru. Najbardziej przywiązałam się do oddziałowej Helenki, niedużej blondynki z zawsze starannie upiętymi, falującymi włosami. Jej błyskotliwy, zaprawiony odrobiną złośliwości humor, stanowił odskocznię od więziennej nudy.

– Pani ratuje mój mózg – powtarzałam jej.

Podświadomie wyczuwałam, że mój cięty język i zwariowane niekiedy pomysły spotykają się ze zrozumieniem doświadczonej funkcjonariuszki, która potrafiła jednocześnie w sposób bardzo kulturalny wyznaczać granice. Bez uszczerbku dla pełnionej przez siebie funkcji umiała być równocześnie podporą, spowiednikiem i mądrym doradcą. Nic dziwnego, że właśnie obecność oddziałowej Helenki uratowała mnie przed konsekwencjami pewnego dziecinnego wybryku. Chcąc zapomnieć choć na chwilę o czekającej mnie wizji lokalnej, zaczęłam opowiadać koleżankom z celi o Silverze.

– Pokażę wam, jak wyje mój pies, tylko trzeba sprawdzić, która oddziałowa przychodzi na zmianę.

Koleżanki pilnie obserwowały parking za oknem.

– Helenka – oznajmiły po chwili.

– W porządku, możemy zaczynać.

Siedząc na górnym łóżku, zamknęłam oczy, wyciągnęłam szyję i zawyłam jak wilk. Rozochocone koleżanki przyłączyły się do wycia. Zawodziłyśmy jak opętane dłuższą chwilę, nieświadome tego, że przez otwarte okna głos niesie się aż na wieżyczkę strażniczą, zwaną popularnie kogutkiem. W celi obok mieszkanki struchlały.

– Psy we wsi wyją – szeptały – pewnie ktoś umarł.

Dyrygując chórem wyjców z wysokości swego łóżka, bawiłam się doskonale, aż do momentu, kiedy otwarto klapę i do celi wpadła przerażona oddziałowa z równie wstrząśniętym dowódcą zmiany. Helenka, popatrzywszy na nas, natychmiast zorientowała się w sytuacji i przerażenie ustąpiło miejsca atakowi śmiechu.

– Po was bym się tego nie spodziewała – wykrztusiła z trudem.

– To wycie za wolnością – oznajmiła Józka.

Oddziałowa pokiwała głową i ciągle zaśmiewając się do łez, wyszła z celi zabierając dowódcę, któremu zapewne musiała wytłumaczyć, że nie ma do czynienia ze zbiorowym buntem.

Zupełnie inna była oddziałowa Ela. Osadzone traktowały jej długi warkocz jako wskaźnik humoru. Mocno spleciony oznaczał, że jest wściekła, związany luźno gumką znamionował dobry nastrój. O Eli i jej wyskokach krążyły legendy. Obecnie panowała jednak opinia, że już nie chce się jej szaleć jak dawniej. Skrupulatna i dokładna, potrafiła być oschła.

Schodziłam jej z drogi, nie chcąc narażać się na jej gniew, aż do chwili gdy pewnej nocy zachorowała Agata.

Kumulacja zmartwień w połączeniu z lękiem o rodzinę zrobiły swoje i Cyganką, która do tej pory sprawiała wrażenie silnej i odpornej, wstrząsały spazmatyczne dreszcze, stopniowo przechodzące w drgawki. Bałam się reakcji groźnej Elki, ale podniosłam alarm, waląc w klapę. Oddziałowa otworzyła drzwi i weszła do celi z dowódcą.

– Co się tu dzieje? – spytała.

Po czym wyszła na moment, zostawiając w celi dowódcę. Wróciła niosąc gorącą herbatę i kieliszek mikstury. Usiadła na łóżku, wmusiła w dziewczynę lekarstwo, pomogła wypić herbatę i zaczęła delikatnie rozcierać jej drętwiejące ręce.

– Powinnam się wreszcie wykończyć – płakała Agata.

– Dziecko – łagodziła oddziałowa – ile ty masz lat, że mówisz takie bzdury. Zobaczysz, będzie dobrze, tylko musisz jeszcze trochę wytrzymać.

Patrzyłam w oszołomieniu, nabierając coraz większego szacunku dla tej surowej, nieprzystępnej kobiety. Elka wstała i zwróciła się do mnie:

– Może teraz zaśnie, gdyby coś się działo, proszę mnie wołać.

– Oczywiście, pani oddziałowa – ośmieliłam się powiedzieć. – Dziękuję.

– Przecież to normalne – uśmiechnęła się do mnie.

– Właśnie dlatego dziękuję.

– Wie pani – powiedziałam następnego dnia w gabinecie wychowawczyni – lubię oddziałową Elę.

Kobieta przyjrzała mi się uważnie, jakbym oznajmiła, że widziałam UFO.

– Naprawdę? – spytała.

– Taka właśnie jest – skomentowała ciepło, gdy skończyłam opowiadać. – Tylko nie każdy to dostrzega. Ma pani dar wyciągania wniosków.

– Rozmawiała pani z Aśką? – spytałam nieśmiało po chwili milczenia.

– Próbowałam, wysłuchała mnie, ale nie chciała kontynuować rozmowy.

– Napisałam do niej list, ale wczoraj prokuratura zawiadomiła mnie, że zatrzymuje go w aktach, chociaż nie było tam nic o sprawie.

– Nic pani na to nie poradzi. Z czasem rozwiązanie problemu pojawi się samo, zobaczy pani.

Nie odpowiedziałam.

– Prokurator powiedział, że po miesiącu moja mama może się starać o widzenie. Termin upływa jutro, może przyjdzie w sobotę.

– Ma więc pani na co czekać.

Czekałam całą sobotę. Od rana siedziałam w zakratowanym okienku z widokiem na parking. Nie jadłam i nie schodziłam z górnego łóżka, które stanowiło doskonały punkt obserwacyjny. Oddziałowa Iwona, wysoka blondynka, kilkakrotnie wchodziła do celi i w milczeniu obserwowała moje oczekiwanie. O szesnastej, kiedy kończył się czas widzeń, zasłabłam. Koleżanki ułożyły mnie na dolnym łóżku, a oddziałowa przyniosła kieliszek mikstury. Podała mi lek bez słowa komentarza, z milczącą troską. Intrygowała mnie ta kobieta ze swoim starannie ukrywanym poczuciem humoru i bezmiarem dobroci maskowanym pozorną surowością.

Za to oddziałowa Maria, zawsze miła w stosunku do mnie, nie rozumiała moich żartów i nie tolerowała zaprawionej czarnym humorem nonszalancji. Długo pamiętałam pierwszy kipisz, czyli przeszukanie celi, w jej wykonaniu. Zawsze wydawało mi się, że celem kipiszu jest znalezienie nielegalnych substancji lub przedmiotów. Ale to, co się wydarzyło, nie miało nic wspólnego z szukaniem czegokolwiek. Polegało raczej na rozrzuceniu wszystkiego, łącznie z kosmetykami i żywnością tak, aby pokazać nam, że nie mamy prawa do nietykalności rzeczy osobistych. W powstałym potwornym bałaganie nie sposób było niczego znaleźć.

Kipisz zajął jedno z czołowych miejsc w rankingu absurdów – jego rola ograniczała się tylko i wyłącznie do obrzydzania życia osadzonym. Pech chciał, że następnego dnia przypadł termin kipiszu ogólnopolskiego, organizowanego dwa razy w roku we wszystkich polskich więzieniach. I znów oddziałowa Maria weszła do osiemnastki z poleceniem.

– Wyłożyć wszystkie rzeczy na łóżka.

– To się już robi nudne – rzuciłam.

– Jak się wam nudzi, możemy robić przeszukania codziennie.

Zamilkłyśmy wystraszone, za moją bezczelną uwagę wszystkim nam groziła odpowiedzialność zbiorowa. Posłusznie wyłożyłyśmy rzeczy i poszłyśmy do łaźni, gdzie musiałyśmy się rozebrać, każda w innej kabinie, i poddano nas gruntownej rewizji osobistej. Na zakończenie akcji czekałyśmy w świetlicy. Po drodze mijałyśmy funkcjonariuszy, łącznie z wychowawcami i służbą medyczną w mundurach, przeszukujących kolejne cele i wyprowadzających osadzone na kontrolę osobistą. Całe zamieszanie trwało mniej więcej pół dnia. Po powrocie do cel zastałyśmy nieopisany chaos, powywracane i porozrzucane rzeczy.

Przygnębione zabrałyśmy się do sprzątania. A ja stwierdziłam, że w tym miejscu nie warto starać się mieć niczego, co budziłoby jakikolwiek sentyment, bo narażone na ingerencję rzeczy nigdy nie będą naprawdę moje. Od tej pory wystrzegałam się serwetek, obrazków, które tworzyłyby chociaż minimalną namiastkę własnego kąta, W każdej chwili mogła wkroczyć do niego przemoc. I wszystko to zniszczyć.

Nasze położenie najbardziej dobitnie uświadamiała nam oddziałowa Krystyna. Na oddziale budziła autentyczny strach. Miałyśmy wrażenie, że pokrzykiwanie, rozkazywanie i grożenie wnioskami karnymi sprawia jej przyjemność. Zwłaszcza przeprowadzane przez nią kontrole osobiste wszystkie osadzone odczuwały jako poniżające. Była jedyną oddziałową, która skrępowanym kobietom kazała prezentować podpaski. Nigdy niczego w ten sposób nie znalazła, ale regulamin dawał jej doskonały pretekst do pokazania zatrzymanym kobietom, jak nisko upadły.

Paradoksalnie osadzone bardzo szybko odkryły łatwy sposób przenoszenia trefnych rzeczy właśnie przy tej, usiłującej robić wrażenie skrupulatnej oddziałowej.

– Kiedy wracam do A., oddziałowa najpierw zamyka mnie w pokoiku, gdzie czekam na przeszukanie – opowiadałam Agacie, gdy wróciłam z kolejnego wyjazdu. – W tym czasie mogę coś schować za zasłoną czy szafą. Potem oddziałowa wchodzi, każe mi się rozbierać, kontroluje i wychodzi. Gdy się ubieram, mam możliwość zabrania schowanej rzeczy, zanim wróci, by mnie zaprowadzić do celi. Za każdym razem jest tak samo.

– No tak, idealne warunki do szmuglu – podsumowała Agata.

– Więc po co to rozbieranie na pokaz? – zadałam głupie pytanie i sama sobie odpowiedziałam. – Żeby nam dokopać.

Zupełnym przeciwieństwem Krystyny była oddziałowa Kasia. Śmiech Kasi i jej wesoły głos, gdy podśpiewywała na korytarzu, były jak promyk słońca w ponurych murach więzienia. Miała szczególnie miękkie serce dla palaczy, którym zostawiała pety w słoiku, a czasem nawet dzieliła się własnymi papierosami. Ucieszyłam się więc, kiedy to właśnie ona pojawiła się w drzwiach w dzień wyjazdu na eksperyment procesowy.

Chwiejąc się na nogach po nieprzespanej nocy, ze wszystkich sił starałam się opanować i nie wyobrażać sobie tego, co mnie czeka. Od momentu aresztowania nigdy nie bałam się tak bardzo, jak tego dnia. Nie pomogła mi nawet obecność znanych mi policjantów.

Całą drogę do Brudnowa siedziałam w napięciu na tylnym siedzeniu między komisarzem a policjantką. Mechanicznie obracałam w rękach talony na artykuły higieniczne, bez których nie mogłam wnieść do więzienia zostawionych w domu Aśki kosmetyków. W końcu komisarz wyjął mi druki z rąk, ratując je przed podarciem.

Gdy podjechaliśmy pod dom i zobaczyłam policyjne taśmy ogradzające okolicę, pociemniało mi w oczach. Usiłowałam walczyć z ogarniającą mnie słabością, łapiąc rozpaczliwie oddech.

– Strasznie pani zbladła – zauważyła policjantka.

– To nic – wydusiłam – zdarza mi się, ale to zaraz przejdzie.

– Jesteśmy za panią odpowiedzialni – powiedziała – musimy wezwać pogotowie.

Pomimo moich gwałtownych protestów zapakowano mnie do karetki przypominającej więźniarkę. Nigdzie nie widziałam komisarza, nie wiedziałam, co się stanie i dygotałam w panice. Policjantka wsiadła razem ze mną. Później się dowiedziałam, że trzej policjanci z Wydziału Spraw Beznadziejnych ruszyli samochodem za karetką. W szpitalu usiadłam na kozetce i apatycznie słuchałam wykładu o badaniu elektrolitów. Lekarz w obecności funkcjonariuszki zachowywał się nerwowo. Ocknęłam się dopiero na widok strzykawki.

– Musimy pobrać krew – usłyszałam znienawidzone słowa.

Błyskawicznie jedno przerażenie wzięło górę nad drugim i skoczyłam na równe nogi.

– Odmawiam zgody na badania.

Podpisawszy w pośpiechu deklarację odmowy, ruszyłam zdecydowanie do wyjścia.

Przy drzwiach czekali na mnie policjanci.

– Uciekajmy stąd – zawołał komisarz z łobuzerskim uśmiechem, chwytając mnie za rękę.

Wróciliśmy pod dom Aśki.

– Musimy poczekać – wyjaśnił Leszek – w środku jest ekipa z Joanną.

Czekaliśmy w milczeniu, mniej więcej po kwadransie ujrzałam Aśkę, wyprowadzaną przed dom. Miała skute ręce i jakby skamieniałą twarz. Marek cofnął samochód, więc widziałam ją tylko przez moment.

Weszliśmy z eskortą do środka. W puszce na listy zauważyłam stosy nieodebranej korespondencji. Przekroczywszy próg, pierwszą rzeczą, na którą zwróciłam uwagę, była leżąca na ziemi szczotka do czesania Silvera. Z żalu ścisnęło mi się serce.

Patrzyłam na opuszczony dom mojego kochanka, w którym mieszkałam tyle lat, choć nigdy nie stał się moim domem i ogarniało mnie coraz większe przerażenie. Każdy kąt przypominał mi przeżyte tu chwile. Choć przez pięć lat od morderstwa robiłam wszystko, aby zmienić wystrój domu, a w końcu razem z Aśką wyprzedałyśmy to, co miało jakąkolwiek wartość, by spłacić jej długi, to jednak wspomnienia zaatakowały mnie ze zdwojoną siłą.

W przedpokoju, gdzie lubiłam przeglądać się w dużym lustrze, stał teraz prokurator. Obok niego policjant trzymał w ręku kamerę. Eksperyment procesowy się zaczął.

– W nocy, kiedy doszło do zbrodni, weszła pani do sypialni Andrzeja G. z łomem w ręku. Czy to był ten łom? – zaczął prokurator, prezentując narzędzie.

– Tak – potwierdziłam.

– Uderzyła nim pani śpiącego Andrzeja G. w skroń po uprzednim podaniu mu środków nasennych? – kontynuował prokurator.

– Tak – znowu potwierdziłam.

– Proszę to pokazać – zażądał.

Weszłam do sypialni. Na środku, zamiast dużego drewnianego łóżka, które osobiście porąbałam, stał przyniesiony z mojego dawnego pokoju tapczan, na którym ułożono manekin. Zbliżyłam się do niego powoli, z łomem w ręku, tak jak owej pamiętnej nocy. Przemogłam się z trudem i uderzyłam w skroń manekina.

– Co było dalej? – pytał prokurator.

– Wystraszyłam się tego, co zrobiłam, i odrzuciłam łom w stronę Aśki, która stała w progu. Zabrała go.

– Czy Andrzej G. obudził się?

– Nie, nie wiem, czy spał, czy stracił przytomność. Ponieważ leżał spokojnie i oddychał, położyłam się obok i tak przeleżałam aż do rana. Nad ranem zobaczyłam, że jestem cała we krwi sączącej się z rany na jego głowie. Zawołałam Aśkę. Powiedziała, że to było diabelskie uderzenie i zaczęła tamować krew.

– W jaki sposób?

– Usiadła na łóżku, położyła sobie jego głowę na kolanach i zaczęła bandażem uciskać ranę.

– Kiedy przyjechał Marcin B.?

– Jak zwykle, około jedenastej. Był zły, że Andrzej jeszcze żyje, zbeształ nas ostro. Około południa Andrzej G. ocknął się, wstał z łóżka i poszedł do łazienki. Stanął przed lustrem i oglądał ranę.

Przeszłam z sypialni do znajdującej się obok łazienki. Pewnej nocy, już po zbrodni, nie wiadomo dlaczego lustro pękło w poprzek.

– Mówił coś?

– Był oszołomiony. Tłumaczyłam mu, że uderzył się o kant szafki nocnej. Chyba mi nie uwierzył, ale obecność Marcina wyraźnie go uspokajała. Poszedł więc do kuchni, gdzie poprosił o śniadanie i kawę.

Poprowadziłam ekipę z kamerą do kuchni.

– Gdzie siedział Andrzej G.?

– Tu, przy oknie – wskazałam jego stałe miejsce przy stole. – Naprzeciwko usiadł Marcin z Aśką.

– A pani?

– Ja stałam przy blacie kuchennym, nalewałam kawę z ekspresu. Ktoś z nich wstał i zaczął mi pomagać. Otworzył szafkę z apteczką, i wyciągnął tabletki uspokajające, które zostały po psie chorym na padaczkę. Pokruszyłam kilka tabletek, część wrzuciłam do mleka, którym zalałam płatki, a część do kawy.

– Kto to był, Marcin czy Joanna?

– Nie pamiętam.

– Zjadł śniadanie i wypił kawę?

– Tak. Po jakimś czasie poczuł senność i położył się spać.

– Nic nie podejrzewał?

– Nie wiem. Kilkakrotnie proponowałam mu, by wezwać pogotowie, ale nie zgodził się.

– Dlaczego pani to proponowała?

– Wydaje mi się, że podświadomie chciałam to przerwać, a nie miałam odwagi zrobić tego otwarcie.

– Co zrobiłyście, kiedy położył się spać?

– Poszłyśmy na górę do mojego pokoju. Marcin wysłał Aśkę do sklepu po koniak. Kiedy przyniosła taki mały, słowacki, wypiłyśmy z Aśką po lampce, ja chyba nawet dwie.

Marcin nie pił, bo był samochodem. Potem zeszłam na dół z herbatą, do której Marcin wrzucił relanium. Andrzej wypił i dalej spał.

– Kiedy wszystkie weszłyście do sypialni?

– Nie pamiętam, ale musiało być przed szóstą, bo o tej porze zwykle Marcin odjeżdżał. Tym razem oznajmił, że nie pojedzie tak szybko, bo bez niego go nie zabijemy.

Policjanci weszli ze mną znowu do sypialni.

– Gdzie stał Marcin?

– Tu, w progu, z łomem. Na wypadek, gdyby coś poszło nie tak. Ja stałam na wprost łóżka. Aśka przewróciła go na twarz i związała mu ręce.

– Proszę pokazać na manekinie.

Przewróciłam kukłę, następnie znów położyłam ją na wznak.

– Aśka siadła na jego klatce piersiowej i przyłożyła mu do twarzy poduszkę. Wycharczał: „Duszę się" i próbował ją zrzucić, wtedy Marcin powiedział do mnie: „Pomóż jej", więc położyłam się na nogach Andrzeja.

– Jak to wyglądało?

Położyłam się na nogach manekina, twarzą w dół.

– Chwyciłam Aśkę za nogawkę spodni i trzymałam kurczowo. Wydawało mi się, że upłynęła wieczność, zanim Marcin stwierdził „Wystarczy".

– Kto przyniósł wiadro z wodą?

– Nie pamiętam. Zanurzyłyśmy głowę w wiadrze, jak powiedział Marcin: „dla pewności". Po jakimś czasie, nie wiem dokładnie jakim, razem z Aśką przeniosłam ciało na prześcieradle do piwnicy. Marcin pochwalił nas, że byłyśmy wspaniałe i odjechał.

– Przejdziemy do piwnicy – zarządził prokurator. – Gdzie leżało ciało? – spytał już na miejscu.

– Tutaj, na podłodze, w takiej pozycji – ułożyłam przyniesiony manekin twarzą w dół.

– Czy deski podłogi były czymś zabezpieczone?

– Tak, poprzedniej nocy Aśka położyła dodatkowe deski i przykryła folią podłogę oraz wszystkie sprzęty w pomieszczeniu.

– Czy to tam było rozczłonkowywane ciało?

– Tak.

– Przez kogo?

– Tym zajmowała się Aśka z Marcinem.

– A pani?

– Ja w kotłowni – wskazałam pomieszczenie obok z piecem węglowym – paliłam jego rzeczy. Ubrania, w których zginął, zakrwawioną pościel z łóżka, materac i w końcu folie oraz dodatkowe deski, którymi była wyłożona piwnica.– Na tym zakończymy eksperyment procesowy – zdecydował prokurator.

– Czy mogę iść na górę po rzeczy? – spytałam komisarza.

– Chodźmy – odparł, wyciągając talony.

Weszłam do łazienki i stanęłam jak wryta. W pootwieranych szafkach nie było moich kosmetyków, mydła, szamponu ani nawet pasty do zębów.

– No tak – skomentował cierpko komisarz – Asia już tu była.

Milczałam.

– Może jeszcze coś znajdziemy – usiłował mnie pocieszyć.

– Nie chcę nic, chcę stąd iść – nie wytrzymałam.

Nie zwrócił uwagi na moje słowa i wszedł do mojego pokoju, a ja za nim.

– Aszurbanipal – szepnęłam patrząc na wiszącą na ścianie kopię asyryjskiej płaskorzeźby.

Zapomniałam o kosmetykach, zerwałam odlew ze ściany.

– To należy do mojej matki – wcisnęłam komisarzowi do rąk wizerunek starożytnego wojownika – nie może zginąć.

– Nie zginie – obiecał. – Musimy już iść. To znalazłem.

Podał mi przybornik do paznokci i kosmetyczkę, w której były grzebień, lusterko, fluid i szminka.

– Dziękuję.

– Niech pani pamięta, to tylko drobiazgi, one nic nie znaczą.

– Czyżby?

– Nic nie znaczą – powtórzył – najważniejszy jest cel.

Wyjęłam z szuflady plik listów.

– Marcin pisał je do mnie przez te wszystkie lata. To bardzo ciekawy materiał, może być kiedyś pomocny.

– Zabezpieczę je.

Wracaliśmy zmęczeni. W pierwszej kolejności policjanci odwieźli towarzyszącą im koleżankę na komendę. Potem skierowali się w stronę A.

– Pani Weroniko, myślę, że powinna pani porozmawiać z więziennym psychologiem – powiedział komisarz, widząc mój smutek.

Spojrzałam na niego ze zdumieniem.

– Myśli pani: „Nie będzie mi jakaś obca baba grzebać w psychice" – roześmiał się. – Ale dobrze jest mieć w papierach odnotowany kontakt z psychologiem.

– Pomyślę o tym, chociaż może powinnam raczej porozmawiać z księdzem.

W śledztwie

Długo zmagałam się z podsuniętą przez komisarza myślą o psychologu. Czułam się zupełnie rozbita po wizji lokalnej, ale nie chciałam się przyznać, nawet sama przed sobą, że potrzebuję pomocy. Moje coraz częstsze wizyty u wychowawczyni tłumaczyłam sobie chęcią rozmowy. Nie zdawałam sobie sprawy, ile żalu i bólu wyrzucam z siebie, wygłaszając chaotyczne monologi.

– Jest pani bardzo wrażliwa, a stąd nikt nie wychodzi normalny – stwierdziła wychowawczyni podczas jednego ze spotkań.

– Weszłam nienormalna, więc może mam szansę wyjść w miarę „unormowana"?

– Czasem właśnie wrażliwość pomaga przetrwać.

– Myśli pani, że rozmowa z psychologiem to dobry pomysł?

– Wiem, że rozmowa z naszym psychologiem to bardzo dobry pomysł.

Napisałam kartkę z prośbą o widzenie z psychologiem i następnego dnia wezwano mnie na rozmowę. Pełna wahania weszłam do małego pokoiku mieszczącego zaledwie stolik, szafę i dwa krzesła. Czekała tam młoda kobieta o ogromnych, błękitnych oczach. Już w progu zaczęłam się tłumaczyć, że właściwie nie potrzebuję pomocy, chciałam tylko porozmawiać. Patrzyła na mnie z ironią.

– Co jest dla pani największą wartością? – padło zaskakujące pytanie.

– Wiedza – odpowiedziałam bez namysłu.

– Ogląda pani tę swoją wiedzę jak piękną kolorową piłkę. I nikt nie ma z tego żadnego pożytku...

– Staram się pisać pisma koleżankom i być pożyteczna.

– I oczekuje pani, że w zamian będą panią lubić...

– Chyba tak – spuściłam głowę.

– Kiedyś dojdzie pani do takiego etapu, że dawanie stanie się aktem woli pozbawionym ukrytych znaczeń.

Po godzinnej rozmowie przygnębiona wróciłam do celi.

– No i co ci mówiła? – zainteresowały się koleżanki.

– Właściwie prawie nic – odparłam niepewnie i zabrałam się do wertowania książki, którą dała mi psycholog. Szybko jednak, zirytowana, cisnęłam nią o ścianę.

– Niezbyt się podobała? – spytała psycholog z lekkim uśmiechem podczas następnego spotkania.

– I tak, i nie. Nie można się uśmiechać na siłę i wmawiać sobie, że wszystko jest wspaniałe.

– A może odrobina pozytywnego myślenia jest niezbędna w życiu?

– Może, ale co z cierpieniem?

– To od pani zależy, czy trudne sytuacje, których nie można zmienić, będzie pani znosiła z miną męczeńską czy pogodną, czy zdobędzie się pani na odwagę zmian. Wszystko jest w pani rękach.

– Wszystko?

– Musi pani odpuścić, przestać się karać, życie dostatecznie panią ukarze. Nie ma sensu tracić sił, bo one będą pani jeszcze potrzebne.

– Prawie to samo mówi komisarz.

– Zobaczył to, co i ja widzę.

Teoria o pogodnym znoszeniu przeciwności losu nie sprawdziła się w pełni kilka dni później.

– Ma pani widzenie z adwokatem – zakomunikowała oddziałowa Maria.

– Adwokatem? Nie zamawiałam. Jaki adwokat, skąd się wziął?

– Może rodzina wynajęła, powinna się pani cieszyć.

Pełna najgorszych przeczuć zeszłam na dół. W sali widzeń aresztu śledczego byłam po raz pierwszy i rozejrzałam się ciekawie. W zabudowanej częściowo szybą z trzema wiszącymi telefonami salce stały trzy stoliki. Zależnie od rodzaju udzielanego widzenia można było rozmawiać z rodziną bezpośrednio przy stoliku, choć w obecności funkcjonariusza, lub za pomocą telefonu, przez pleksę. Z pomieszczenia wydzielono nieduży pokoik z zamkniętymi drzwiami. Służył do rozmów z adwokatem albo do przesłuchań – w wypadku wizyt policji.

Przy biurku siedział mężczyzna – był ostatnią osobą, której się spodziewałam.

– Co pan tu robi?

– Pani mama u mnie była.

Zastanowiło mnie, skąd moja matka miała adres adwokata Marcina. Wyczułam podstęp.

– A moją matkę stać na pana?

– Ustaliliśmy stawkę.

– Ile?

– To zostało uzgodnione między pani mamą a mną, pani ma tylko podpisać pełnomocnictwo.

Zaniemówiłam z wrażenia.

– W takiej sytuacji nie mogę podpisać pełnomocnictwa. Najpierw muszę porozmawiać z mamą i zastanowić się. Dziękuję panu, do widzenia.

Nie czekając na strażnika, wstałam i zostawiając osłupiałego adwokata, wyszłam z pokoju, kierując się w stronę oddziału. Stanęłam przed wejściem, czekając, aż obserwujący mnie z portierni naprzeciwko bramowy zamelduje mój powrót i otworzy kratę. Usłyszałam znajomy szczęk, pchnęłam kratę i dolnym korytarzem, po schodkach, doszłam pod dyżurkę.

– Pani oddziałowa, już jestem – zameldowałam zdziwionej Marii.

– Spotkanie nie trwało nawet dziesięciu minut…

– Tak. Szybko się go pozbyłam.

Dzień później pojawili się policjanci z Wydziału Spraw Beznadziejnych. Nie mieli wesołych min.

– Znowu jedziemy do prokuratury – uprzedził Leszek.

– Coś się stało? – spytałam.

Komisarz milczał.

– Jakie jeszcze inne zbrodnie planował Marcin B.? – zaatakował prokurator, gdy tylko weszliśmy do gabinetu.

– Mówił o zabiciu brata Aśki i jego rodziny – powiedziałam. – Miał to być napad gangsterski albo sekciarski.

– W jakim celu?

– Żeby Aśka mogła po nich dziedziczyć.

– Dobrze, że pani o tym powiedziała – stwierdził prokurator nieco łagodniejszym tonem. – Wiemy to wszystko od Joanny G., ale przynajmniej mamy dowód, że pani niczego nie ukrywa.

– Jestem przekonany – wtrącił obecny przy przesłuchaniu Leszek – że Marcin na końcu zabiłby również was obie. Świadkowie jego zbrodni nie mogli chodzić po świecie.

– Ach, to dlatego... – wyrwało mi się.

– Co dlatego? – podchwycił prokurator.

– Kiedyś Marcin wspomniał w rozmowie ze mną, że trzeba wykupić Aśce polisę na życie i wysłać na Bliski Wschód.

– Co pani na to powiedziała?

– Żeby się nie wygłupiał. Uznałam to za czarny humor pod wpływem alkoholu i nie zawracałam sobie tym głowy.

– I motywem wszystkich tych planów były pieniądze? – chciał się upewnić prokurator.

– Tak.

– A motywem zabójstwa Andrzeja G.?

– Mogę mówić tylko za siebie – nie zabiłam go dla pieniędzy.

– Niemniej jednak prokuratura zdecydowała się zmienić zarzut wobec pani z artykułu 148 paragraf 1 na paragraf 2 – oświadczył oficjalnie prokurator – czyli na zarzut morderstwa z motywacji zasługującej na szczególne potępienie, zagrożony karą od dwunastu do dwudziestu pięciu lat pozbawienia wolności lub karą dożywocia.

Miałam wrażenie, że dostałam jednocześnie cios w głowę i żołądek.

– Czy przyznaje się pani do popełnienia zbrodni z motywów finansowych? – spytał na koniec formalnym tonem.

– Do zbrodni tak, do jej motywu – nie – odpowiedziałam zdecydowanie, pomimo potwornej paniki.

Zostało to odnotowane i na tym przesłuchanie się zakończyło.

Milczałam całą drogę powrotną. Ocknęłam się tuż przed A.

– Czy wobec Aśki też zmieniono zarzuty?– spytałam Leszka.

– Tak.

Znowu odczułam tę samą falę paniki i dodatkowo jeszcze poczucia winy. Gdybym powiedziała: „nie"... Przypomniałam sobie, przez ile lat Andrzej, mój kochanek, mężczyzna, którego zamordowałam, wpajał mi poczucie odpowiedzialności za swą córkę, którą uważał za słabą i niezaradną. On już nie żył, a ja nadal odczuwałam zaszczepioną mi przez niego odpowiedzialność za Aśkę. Nie mogłam się od tego uwolnić.

Przeraził mnie wymiar kary, który mi groził, ale z drugiej strony czułam wielką potrzebę ekspiacji. Pragnienie pokuty ścierało się we mnie z potrzebą walki, choćby wbrew wszystkiemu i wszystkim.

Pożegnałam się z policjantami i wróciłam do celi. W tym miejscu każdy, nawet najbardziej szalony pomysł, wydawał się usprawiedliwiony. Gdy w nocy nie mogłam spać, coś przyszło mi do głowy. Uznałam, że to racjonalne rozwiązanie.

Zaczęłam od przestudiowania pożyczonego od wychowawczyni kodeksu karnego, ze szczególnym uwzględnieniem artykułu 31 paragraf 2. Artykuł dotyczący częściowej niepoczytalności w momencie popełnienia przestępstwa był marzeniem większości morderców, bo dawał nadzieję na złagodzenie wyroku. Należało coś zrobić, aby zastosowano go wobec Aśki. W trakcie wertowania komentarza do kodeksu przypomniałam sobie dokładnie słowa z pierwszego przesłuchania: „Dawała pani Joannie G. leki psychotropowe, żeby ją ogłupić i sobie podporządkować".

Nie była to prawda i wtedy zaprzeczyłam. Ale teraz sytuacja uległa zmianie, więc czemu nie wykorzystać podsuniętego mi bezwiednie przez policjanta pomysłu. Ogłupiona lekami Aśka mogła być przecież uznana za częściowo niepoczytalną... Następnym posunięciem było wystosowanie wniosku do prokuratury o dodatkowe przesłuchanie celem udzielenia istotnych dla śledztwa, a pominiętych poprzednio informacji. Gdy wniosek został wysłany, pozostawało tylko czekać.

Stwierdziłam też, że powinnam zacząć wreszcie przyzwoicie wyglądać, szczególnie kiedy jechałam na przesłuchania, które traktowałam niemal jak Sąd Ostateczny. Od Agaty, która wreszcie otrzymała z prokuratury pozwolenie na widzenia z Adrianem i miała możliwość zrobienia zakupów w tutejszej kantynie, dostałam farbę do włosów. Wyczytałam w kodeksie karnym wykonawczym o zakazie zmiany wizerunku, a odrosty taką zmianę powodowały. Wobec tego w czwartek, w dzień kąpieli, zgłosiłam oddziałowej Iwonie chęć ufarbowania włosów.

– Proszę nałożyć farbę, przyjdę po panią za pół godziny, i spłucze pani głowę pod prysznicem – zadecydowała oddziałowa.

W o dwa numery za dużym szarym dresie zwanym Kangurkiem, przy pomocy Józi nałożyłam na głowę błotnistą papkę i spokojnie czekałam, aż w wyznaczonym czasie zostanę zabrana do łaźni. Dwadzieścia minut później w progu stanęła lekko skonsternowana oddziałowa.

– Musi się pani ubrać – oznajmiła – policja przyjechała.

Przeklęłam w duchu nadgorliwość Wydziału Spraw Beznadziejnych.

– Nie dostała pani suchego prowiantu, więc to nie wyjazd. Przyjechali pewnie na rozmowę. Szybko, pod prysznic.

– Konwersacji im się nagle zachciało – wściekałam się, spłukując w pośpiechu czarną breję.

Prawie mi się to udało, chociaż po powrocie do celi Agata zauważyła:

– Masz czarne czubki uszu i wyglądasz jak troll.

– Trudno, tak się kończą moje starania o elegancję.

Rozczesałam mokre włosy i tak jak stałam, poszłam pośpiesznie na spotkanie.

Wpadłam do małego pokoju, gdzie rozmawiałam wcześniej z adwokatem. Komisarz z Leszkiem siedzieli rozparci za biurkiem. Na mój widok obaj roześmiali się wesoło i wyciągnęli dużą tabliczkę czekolady.

Leszek z poważną miną wyciągnął formularz i przystąpił do pracy.

– Musimy spisać protokół – oznajmił.

Wpisał imię, nazwisko i artykuł kodeksu karnego.

– Przyznaje się pani do winy? – spytał dla porządku.

– Oczywiście – odpowiedziałam bez namysłu, skoncentrowana bez reszty na tabliczce czekolady.

Nie zorientowałam się, że właśnie z bezmyślności popełniłam błąd, z którego w przyszłości musiałam się tłumaczyć: mimowolnie całkowicie przyznałam się do zbrodni, a także do zarzucanego mi motywu.

– Wspomniała pani, że w noc poprzedzającą morderstwo oglądała pani film *Mefisto*. Jest pani tego pewna?

– Tak, jestem pewna.

– Na którym kanale telewizji?

– Tego nie pamiętam.

„Szukają dowodu na ustalenie daty śmierci; dowodu, który potwierdziłby moje słowa" – pomyślałam.

– To właściwie wszystko – Leszek podsunął mi protokół do podpisu.

– Napisałam do prokuratury wniosek o dodatkowe przesłuchanie – wspomniałam.

– Tak, wiemy. Przyjedziemy do pani w przyszłym tygodniu.

PISMO W SPRAWIE EMISJI FILMU „MEFISTO":
W odpowiedzi na pismo prokuratora Mariusza Krajewskiego z Prokuratury Rejonowej w Brudnowie, uprzejmie informujemy, że emisja węgierskiego filmu fabularnego „Mefisto" miała miejsce w Programie 2 TVP w dniu 12 stycznia 2000 roku o godzinie 21.40. Podłużna pieczątka, nieczytelny podpis.

Koszmarny tydzień wlókł się niemiłosiernie. Zgodnie z przewidywaniami Agaty Wioletta opuściła areszt śledczy. W naszej celi zjawiła się nowa lokatorka: wysoka blondynka o obco brzmiącym nazwisku. Przyjęłyśmy ją z sympatią, chociaż jej zachowanie – nieskoordynowane ruchy, rozbiegany wzrok i nagłe przeskoki z tematu na temat – budziło nasze zakłopotanie.

– Dziwna ta Nina – stwierdziła Marta.

– Zakręcona – podsumowała Agata – ale fajna.

Groza ogarnęła nas dopiero w nocy. Obudził mnie swąd spalenizny, zapaliłam światełko nad drzwiami i zauważyłam, że nad ubikacją snuje się dym. Jednym szarpnięciem otworzyłam drzwi bardachy i zastałam nową koleżankę nad palącą się stertą papierów.

– Co robisz? – spytałam głupio, starając się opanować.

– Nic takiego – spłoszona kobieta pośpiesznie gasiła ogień.

Swąd i światło obudziły pozostałe mieszkanki celi. Otumanione dymem patrzyły z przerażeniem na rozwój wydarzeń. Nina, ugasiwszy płomień, usiadła na podłodze pośrodku celi i naciągnęła koc na głowę.

– Będziesz tak siedzieć? – spytała Józka.

– Tak – padła odpowiedź spod koca – muszę trochę poczytać w spokoju.

– To czytaj – zrezygnowana zgasiłam światło i położyłam się do łóżka.

Do rana nie zmrużyłam oka w obawie, że zaraz zacznie płonąć koc albo, co gorsza, materace. Z samego rana poprosiłam oddziałową Marię o rozmowę na stronie.

– To piromanka – zgłosiłam – boimy się.

Oddziałowa bezradnie rozłożyła ręce:

– Przywożą do nas różnych ludzi: chorych, zdrowych, uzależnionych. Dopóki są podejrzanymi w śledztwie, muszą tu być, nie możemy nic zrobić.

– Ale jej trzeba pilnować, może sobie lub komuś zrobić krzywdę.

– Jedynym zabezpieczeniem w tej sytuacji jest towarzystwo innych ludzi. Nie mamy żadnej innej możliwości pilnowania jej. Musicie jakiś czas wytrzymać, może uda się załatwić dla niej miejsce w szpitalu w Miejskim.

– Powinni ją zabrać natychmiast.

– W Miejskim nie ma miejsc, trzeba czekać.

Wróciłam do celi.

– Musimy wytrzymać – odpowiedziałam krótko na pytające spojrzenia koleżanek.

– Jak to? – wpatrywały się we mnie z osłupieniem.

– Po prostu, nie ma innego wyjścia.

– Ale ona nas podpali – zaprotestowała Agata.

– Będziemy w nocy dyżurować – zadecydowałam w desperacji. – Nic innego nie możemy zrobić.

Koleżanki w milczeniu zaakceptowały decyzję, ale zamiast dyżurować na zmianę, wszystkie pilnowały piromanki całymi nocami, a często i w dzień. Żadna z nas nie była w stanie zasnąć w obliczu niebezpieczeństwa.

Za to Nina stawała się coraz bardziej opryskliwa i agresywna wobec nieustannej kontroli. Atmosfera w celi, gdzie wszystkie przebywałyśmy dwadzieścia trzy godziny na dobę, z wyjątkiem trwającego sześćdziesiąt minut spaceru, stawała się nie do zniesienia.

Po nocy spędzonej na powstrzymywaniu Niny przed podpaleniem materaców zmęczone stanęłyśmy do porannego apelu. W momencie otwarcia klapy podjęłam wysiłek złożenia meldunku, ale zamiast tego osunęłam się prosto pod nogi oddziałowej Krystyny. Wtedy po raz pierwszy miałyśmy okazję zobaczyć inną twarz funkcjonariuszki. Jednym ruchem podniosła mnie z podłogi, ułożyła na łóżku i po apelu wezwała pielęgniarkę.

Przejęte koleżanki opowiedziały jej o pilnowaniu piromanki, a zdenerwowana Nina zapewniała, że to przecież nie jej wina. Nie wiedziałyśmy, czy był to skutek czyjejś interwencji, ale jeszcze tego samego dnia kobietę zabrano do Miejskiego.

– Czyli jednak można było – stwierdziła Marta.

– Dziwne w tym wszystkim jest zachowanie oddziałowej.

– Może nie jest taka zła...

– Nie, nie jest zła – powiedziałam w zamyśleniu. – Ale ma potrzebę okazywania władzy, oczywiście na tym swoim małym odcinku, bo tak jest najłatwiej.

– Ale miałyśmy ciężki tydzień – westchnęła Józka.

– Jeszcze się nie skończył – zauważyłam.

Dzień później zjawił się Wydział Spraw Beznadziejnych. Funkcjonariusze przywitali mnie nieco zdezorientowani.

– Co pani chce uzupełniać w prokuraturze?

– Coś, co muszę, chociaż się boję.

Gdy dotarliśmy na miejsce, zdecydowanym krokiem weszłam do gabinetu prokuratora, usiadłam na krześle i poczekawszy, aż sekretarka wpisze do protokołu wszystkie formalności, wygłosiłam moje oświadczenie.

– Chciałam uzupełnić zeznania dotyczące Joanny G. Około miesiąc przed zabójstwem zaczęłam podawać jej leki psychotropowe, głównie dostarczany przez Marcina lexotan, aby przygotować Joannę psychicznie.

– Czy Joanna wiedziała o tym?

– Nie, pokruszone leki wrzucałam jej najczęściej do zupy.

– Nie zorientowała się?

– Nie, dziwiła się tylko, że jest bardziej senna niż zwykle.

– Czy otrzymała też dawkę leków w dzień przed morderstwem?

– Tak, nawet podwójną. W związku z tym nie do końca była świadoma tego, co się dzieje, zwłaszcza że piła później alkohol.

Prokurator przez chwilę przyglądał mi się wnikliwie.

„Musi mi uwierzyć – myślałam. – Zresztą Marcin naprawdę miał takie pomysły, więc nie jest to całkowite kłamstwo".

– Czy to wszystko?

– Tak.

Prokurator polecił sekretarce zakończyć protokół i wyszedł na korytarz porozmawiać z policjantami. Po chwili wrócił do gabinetu i dając mi protokół do podpisu, znowu obrzucił mnie uważnym spojrzeniem. Zakłopotana wstałam, pożegnałam się i pospiesznie wyszłam.

– Co pani zrobiła? – spytał komisarz.

– To, co musiałam.

– I musiała pani zrobić to z pominięciem nas?

„To oczywiste, że ty wyciągnąłbyś ze mnie prawdę" – pomyślałam i nie odpowiedziałam na pytanie.

– Jest pani strasznie blada – zauważył. – Papierosa?

– Chętnie.

– Tu nie wolno palić, chodźmy na schody przeciwpożarowe.

Paliliśmy w milczeniu.

– Lepiej? – uśmiechnął się komisarz.

– Tak.

– Jedziemy na komendę.

– To nie koniec?

– Koniec, ale co będzie pani siedzieć w A. i nudzić się.

W gabinecie na ósmym piętrze komendy zastaliśmy liczne grono policjantów. Pochyleni nad ilustrowanym czasopismem, liczyli coś z przejęciem.

– Sumują cyfry z daty swoich urodzin – wyjaśnił komisarz w odpowiedzi na moje pytające spojrzenie – żeby znaleźć swoją cyfrę.

– Numerologia?

– Tak. Pani cyfra to 3 – zakomunikował komisarz, przeliczywszy moją datę urodzenia.

Osunęłam się na krzesło i zapaliłam kolejnego papierosa. Chwilę przypatrywałam się policjantom przez kłęby dymu, wspominając Józkę wróżącą z kart.

– Jesteście drugą stroną medalu, lustrzanym odbiciem więziennego świata.

– To zupełnie zrozumiałe – uśmiechnął się komisarz.

Zaciągnęłam się papierosem i patrząc prosząco w stronę komisarza, zaczęłam mówić.

– Czekałam miesiąc, tak jak postanowił prokurator, ale miesiąc minął, a moja mama nie przyszła, dlaczego?

– Istnieje obawa, że może ostrzec Marcina.

– Przecież ostrzegły go już telewizja i gazety, które rozgłaszały tę sprawę po konferencji prasowej prokuratora z Brudnowa.

– Tak, ale teraz wszystko przycichło. Policja nie poczyniła żadnych kroków, więc Marcin może pomyśleć, że zagrożenie minęło. Czekamy na jego powrót.

– Znam dokładną datę jego przylotu. Godziny nie pamiętam, ale wiem, gdzie bukował bilet. Tam to wszystko można sprawdzić.

– Sprawdzimy.

– Muszę zobaczyć się z mamą, to bardzo ważne. Obiecuję, że nie będzie próbowała ostrzec Marcina.

– Posłucha pani?

– Jestem tego pewna.

Komisarz zamyślił się, patrząc na mnie z powagą.

– Proszę... – wyszeptałam.

Westchnął z rezygnacją.

– Dobrze – zdecydował – biorę to na siebie. Ale pod jednym warunkiem: spotka się pani z mamą tutaj, na komendzie, w naszej obecności. Zgoda?

– Zgoda. Dla niej też będzie lepiej, jeśli nie zobaczy murów i krat.

Uśmiechnął się w odpowiedzi.

– Zawiadomimy ją i przyjedziemy po panią.

W A. czekał na mnie ocenzurowany przez prokuraturę list od matki. Prosiła o podpisanie pełnomocnictwa dla adwokata. Czytając list, z przerażeniem uświadomiłam sobie, jak mój czyn wpłynął na życiową sytuację mojej matki, że ta stara, chora kobieta musi zmagać się nie tylko z lękiem o los jedynego dziecka, ale i z reakcją otoczenia. Przypomniały mi się wszystkie chwile, w których zrobiłam matce przykrość, a czasem wręcz źle ją traktowałam. Wszystkie słowa, których nie można było cofnąć i czyny, których nie dało się wymazać z pamięci.

Chcąc chociaż na chwilę zagłuszyć poczucie winy znów poprosiłam wychowawczynię o rozmowę. Zaczęłam od spraw praktycznych.

– Wywaliłam adwokata, który został prawdopodobnie podstawiony, ale przez to, że rodzina wynajęła go jako pełnomocnika, chyba straciłam szansę na przyznanie mi adwokata z urzędu.

– Joannie już go przyznano.

– No właśnie, nie wiem co robić. Czy zna pani jakiegoś dobrego prawnika?

– Przypadkiem znam, chociaż nie osobiście. Na karnym jest kobieta, która siedzi za zabójstwo – adwokatka wybroniła ją z dziesięciu lat wyroku w pierwszej instancji na trzy w wyniku apelacji. Jest przy tym niedroga i bardzo solidna. Mogę zapytać tę kobietę o adres kancelarii.

– Bardzo panią proszę, muszę kogoś znaleźć.

Po południu dostałam adres adwokatki. Nie mogłam zabrać kartki z adresem na przesłuchanie, więc nauczyłam się go na pamięć. Z niecierpliwością czekałam na funkcjonariuszy z Wydziału Spraw Beznadziejnych.

Dwa dni później już byli.

– Mama na panią czeka – oznajmił komisarz, kiedy wsiadałam do samochodu.

Jechałam cała w nerwach. Nie bałam się o siebie, miałam pewność, że mama będzie mnie wspierać bez względu na okoliczności. Bardziej martwiłam się o to, w jakim ona jest stanie.

Czekała na parterze komendy. Na mój widok wstała z krzesła, energicznym krokiem podeszła do mnie i nie zwracając uwagi na policjantów, objęła mnie i mocno przytuliła.

– Nie martw się, kochanie, wyciągniemy cię z tego. Masz pozdrowienia od Marcina – szepnęła mi do ucha.

Przez chwilę nie reagowałam, ciesząc się poczuciem bliskości. Potem odsunęłam matkę na wyciągnięcie ręki, uśmiechnęłam się do niej i pogłaskałam po twarzy.

– Mamo, ja się przyznałam. Pojedziemy z panami na górę i porozmawiamy.

W pokoju komisarza usiedliśmy przy biurku.

– Panowie będą przy rozmowie – zaczęłam łagodnie. – Nie chcę niczego przed nimi ukrywać.

Matka siedziała w milczeniu.

– Czy Marcin B. kontaktował się z panią? – zapytał po chwili Leszek.

Mama zakłopotana utkwiła we mnie pytające spojrzenie.

– Po pani minie widzę, że tak – uśmiechnął się komisarz.

Skinęłam głową, zachęcając ją do odpowiedzi.

– Marcin nie kontaktował się ze mną bezpośrednio – odezwała się w końcu. – Ale kilkakrotnie dzwoniła jego mama i przekazywała wiadomości od niego.

Policjanci popatrzyli na siebie porozumiewawczo.

– Nie chcemy wykorzystywać pani do żadnych rozgrywek – zaczął komisarz. – Dla dobra śledztwa mamy tylko jedną prośbę.

– Słucham.

– W razie ewentualnych rozmów z Marcinem B. i jego matką proszę się zachowywać naturalnie, tak jak zwykle, i nie informować o naszym dzisiejszym spotkaniu. Niech uważają, że nie ma pani kontaktu z córką i nie wie, co się dzieje.

– Tak będzie najlepiej – powiedziałam. – I nie kontaktuj się więcej z adwokatem. Czy to Marcin go podsunął?

– Matka Marcina dała mi jego adres.

– Tak myślałam i dlatego go wyrzuciłam.

– Jak się czujesz?

– Teraz dobrze, ale będę musiała iść do szpitala w lipcu. To tylko drobny zabieg – dodała pospiesznie, nie chcąc mnie martwić.

Nie uwierzyłam i panika ścisnęła mi serce. Tak bardzo martwiłyśmy się jedna o drugą, że wręcz utrudniało to normalny kontakt. Policjanci siedzieli w milczeniu.

– Co z Silverem?

– Jest bezpieczny. Kiedy policja go przywiozła, byłam w szpitalu. Ojciec zamknął go na balkonie i pił... Pies wył całą noc, aż w końcu sąsiadka zadzwoniła do szpitala i zawiadomiła mnie, że chyba stało się coś złego. Wyszłam ze szpitala na własne żądanie. Silver tak się ucieszył na mój widok, że skoczył i mnie przewrócił. To dla mnie zbyt silny i ruchliwy pies, więc trzeba mu było znaleźć nowy dom. Wziął go nasz znajomy, który ma duży dom z ogrodem. Nie martw się, ma tam bardzo dobrze. Potem przyszedł twój list, nie mogłam się załamać, musiałam działać. Matka Marcina poleciła mi adwokata, resztę znasz...

Słuchając jej relacji, ze wszystkich sił starałam się zachowywać naturalnie. Bałam się, że inaczej ją wystraszę albo zdenerwuję.

– Mamo, mam do ciebie prośbę.

– Oczywiście, kochanie.

– Mogę dostać kartkę i długopis? – zwróciłam się do policjantów.

Leszek podał mi papier i pióro. Napisałam adres kancelarii, którą poleciła mi wychowawczyni. Podałam kartkę matce.

– Tu jest adres adwokatki. To niedaleko stąd. Chciałabym się z nią spotkać.

– Wynająć ją dla ciebie?

– Przyślij ją do mnie, zobaczę się z nią i zdecyduję.

– Zadzwonimy tam i umówimy panią – zaproponował komisarz matce.

– Czeka na panią – powiedział po krótkiej rozmowie telefonicznej

– Będziemy musiały kończyć – zaczęłam bardzo spokojnie – ale nie martw się, wkrótce się zobaczymy. Prawda? – utkwiłam spojrzenie w policjantach.

– Prawda – przytaknął Leszek, a po nim pozostali.

Objęłam mamę serdecznie.

– Wszystko będzie dobrze – szeptałam – musiałam tak postąpić. To wszystko było zbyt potworne, musiałam to z siebie wyrzucić. Przepraszam.

– Niech cię Bóg ma w swojej opiece.

I przytuliła mnie na pożegnanie.

– Pojadę z panią – Marek chwycił kluczyki leżące na stole. – Poczekam przed kancelarią, a później odwiozę panią na dworzec.

Przypomniałam sobie moje pierwsze przesłuchanie i to, jak bardzo Marek mnie wtedy nie znosił.

Po ich wyjściu całkiem opadłam z sił. Milczałam, starając się pozbierać przed powrotem do więzienia.

– Pani mama to dzielna kobieta – zauważył komisarz.

– Szkoda tylko, że ma takie dziecko – westchnęłam.

– Czasem trzeba osiągnąć dno, żeby się odbić – usiłował pocieszyć mnie Leszek.

– Dno już osiągnęłam, i co?

– I najwyższy czas na odbicie.

Minęło kilka dni. Nie mogąc znaleźć sobie miejsca, znów napisałam kartkę, prosząc o spotkanie z panią psycholog.

– Po co do niej chodzisz? – dziwiła się Agata. – Z każdej takiej rozmowy wracasz przygnębiona.

– Nie wiem, ciągnie mnie do tej kobiety.

– Uważasz, że jest dobrym psychologiem?

– Nie mam pojęcia, nie znam się na tym. Uważam, że jest niesamowitym człowiekiem.

– Żeby ci tylko nie zaszkodziła – mruknęła Agata z troską.

Uśmiechnęłam się lekko. Dwa dni wcześniej opuściła nas Marta, która skorzystała z możliwości dobrowolnego poddania się karze i od tej pory cała uwaga Agaty koncentrowała się na mnie. Dzieliła się ze mną wszystkimi frykasami, które kupował jej Adrian, dbała, aby nigdy nie brakowało kawy i wody mineralnej – dwóch produktów, bez których ciężko byłoby mi żyć. W zamian, choć nigdy nie była to dosłowna wymiana, prowadziłam korespondencję koleżanki, tą oficjalną do prokuratury i prywatną do Adriana. W więziennych warunkach żyłam więc w miarę dobrze, choć bez pomocy z zewnątrz. Martwiło mnie, że nie mogę podzielić się tym, co mam z Aśką. Szybko jednak dotarły do mnie roznoszone przez kalifaktorki albo sprzątające korytarz wieści, że Aśka radzi sobie równie dobrze jak ja, a jej hafty robią furorę w areszcie.

„No tak – pomyślałam – Aśka, korzystając z wyjazdu na wizję lokalną, lepiej się zaopatrzyła. Zabrała nie tylko kosmetyki, ale mulinę w różnych kolorach, kanwę i wzory. Myśli trzeźwiej niż ja".

Tą ostatnią myślą podzieliłam się z psycholog. Wesoły uśmiech zniknął z twarzy kobiety.

– Trudno mi rozmawiać z panią o Aśce czy z Aśką o pani, byłoby to nieetyczne. Mogę powiedzieć tylko jedno: pani w tym waszym trio była pośrodku hierarchii: Marcin na górze, Aśka na dole. Pozornie była więc pani w lepszej sytuacji niż Aśka, tylko że w tym układzie Marcin przyciskał panią od góry, a Aśka skubała od dołu. Proszę się nad tym zastanowić.

– To prawda – potwierdziłam. – Aśka zawsze na kimś się opierała, była bierna i niezaradna.

– Niezaradna? Miała taką metodę na życie i lepiej na tym wychodziła niż pani. Do czasu aż wsparła się na niewłaściwej osobie. Ale – zmieniła temat – słyszałam, że widziała się pani z mamą, to bardzo dobrze.

Opowiedziałam jej krótko o tym spotkaniu.

– Mam wyrzuty sumienia, że skróciłam jej życie – rzuciłam na koniec.

– Myślę, że jest inaczej: pani je przedłużyła.

Nie wiedziałam, co odpowiedzieć.

– To nie jest pochwała pani czynów. Proszę pomyśleć: stary człowiek odsunięty przez życie na boczny tor nagle czuje się ważny i potrzebny. Owszem, przeżywa tragedię, ale mobilizuje się fizycznie i psychicznie.

– Doceniam to, co pani mówi. Ale gryzie mnie, że nie byłam dobrą córką. Ostatnio nie układało się między nami najlepiej.

– Musi pani zaakceptować matkę taką, jaka jest. Wtedy będzie wam łatwiej się porozumieć.

– Dziękuję.

– Nie prawię pani komplementów. Wymagam tylko tego, co jest na miarę pani sił.

Tym razem wyszłam od psycholog podniesiona na duchu. Czekałam spokojnie na rozwój wydarzeń i nie trwało to długo. Dzień później miałam gościa. Oddziałowa Kasia stanęła w drzwiach z wesołym uśmiechem.

– Proszę się ubrać, widzenie z adwokatem.

Szłam do małego pokoiku widzeń pełna obaw. Od tego spotkania w dużej mierze zależała moja przyszłość.

Czekała przy biurku. Wstała na powitanie i wyciągnęła do mnie rękę. Patrzyłam w milczeniu, z niedowierzaniem na niedużą blond kobietkę w okularach, która zupełnie nie przypominała stereotypowego prawnika.

– Pani mama prosiła mnie o zajęcie się pani sprawą – odezwała się pani mecenas spokojnym głosem. – Ale przed podjęciem decyzji chciałam tu przyjść i porozmawiać.

– Szukam adwokata, który zaangażuje się w sprawę – wypaliłam spontanicznie.

Zmierzyła mnie szybkim spojrzeniem.

– Już go pani znalazła – stwierdziła po chwili.

– Ile to będzie kosztowało?

– Sprawa jest trudna...

– Ile?

Padła kwota.

– W tej cenie zawiera się kompleksowa obsługa – wyjaśniła.

– To bardzo tanio.

– Cieszę się, że pani tak uważa. Podpisze pani pełnomocnictwo?

– Oczywiście.

– Przejdę się z nim do prokuratury, zapoznam z materiałami, które mi udostępnią i przystąpimy do pracy.

Byłam tak pochłonięta kolejnymi spotkaniami, że czas mijał mi niepostrzeżenie. Zimna, kapryśna wiosna przechodziła powoli w upalne lato. Na spacerniku było coraz goręcej. W ciemnej, podobnej do bunkra celi nadal niezbędne były ciepłe ubrania, ale na trójkątnym skrawku spacernika zwanym popularnie trójkątem bermudzkim zaczęły królować letnie bluzki. Znowu znalazłam się w kłopocie, nie miałam czego na siebie włożyć. Wystosowałam co prawda list do prokuratury prosząc o wydanie części moich rzeczy i zabezpieczenie reszty, ale jedyną odpowiedzią było stwierdzenie, że przy przekazywaniu jakichkolwiek przedmiotów z domu w Brudnowie musi być obecna właścicielka, czyli Joanna G., pozostająca obecnie w ścisłej izolacji. Wobec tego poprosiłam policjantów Wydziału Spraw Beznadziejnych o przywiezienie kilku rzeczy z mojej szafy. Byli jak zwykle niezawodni – zjawili się z paczką ubrań, którą zostawili na bramie zakładu.

– Ma pani wyznaczone badanie u psychologa – przy okazji komisarz przekazał mi wieści. –Ponieważ muszę wyjechać na jakiś czas, zawiezie tam panią Leszek. Spotkamy się po wakacjach.

Skinęłam głową spokojnie, ale gdzieś głęboko w środku poczułam niepokój. Czym innym były pogawędki z panią psycholog w A., a czym innym badanie, które kojarzyło mi się z wiwisekcją.

Humor poprawiły mi przywiezione przez policjantów rzeczy. Z lekkim oszołomieniem oglądałam kolorowe bluzeczki na ramiączkach z cekinami i szarosrebrną koktajlową suknię do kostek z głębokim dekoltem.

„Ale wybrali ciuchy – myślałam z rozbawieniem – w sam raz na tutejszy spacernik".

– Jaka ładna sukienka – oddziałowa Kasia oglądała ubrania razem ze mną.

– Ładna, tylko nie na tutejsze warunki.

– Męski gust – zaśmiała się, mając świadomość, kto zostawił paczkę.

Sukienkę oddałam do magazynu, a ozdobne bluzeczki dałam Agacie. Ale najpierw musiałam się skonsultować.

– Pani wychowawczyni – zaczęłam – chciałam zrobić mały przekręt i dać Agacie dwie bluzeczki.

– Wie pani, że to zabronione?

– Wiem, dlatego przyszłam z tym do pani. Agata bardzo mi pomaga, chciałabym się jakoś odwdzięczyć, a bluzki jej się podobają.

– I wciąga mnie pani w łamanie regulaminu?

– A kogo innego mogę wciągać? Przede wszystkim panią.

– Nie mogę tego zalegalizować, ale mogę udzielić rady.

– Słucham.

– Oddziałowe mają dobrą pamięć wzrokową, zapamiętują, kto jakie nosi rzeczy. Można położyć bluzki na półce Agaty i poczekać na przeszukanie celi, które przypada średnio raz na dwa tygodnie. Przeszukań nie robi się z kartą magazynową, gdzie są odnotowane wszystkie rzeczy. Widząc więc bluzki na półce Agaty, oddziałowe zapamiętają je jako jej własność.

W przyszłości zdarzyło mi się wykorzystywać tę metodę niejeden raz.

Tego dnia wsiadłam do policyjnego samochodu w okropnym nastroju. Leszek od razu zauważył, że coś jest nie tak.

– Zawiozę panią – powiedział łagodnie – poczekam i zaraz wrócimy.

Dojechaliśmy pod Miejskie. Żołądek skurczył mi się z przerażenia na widok ponurego gmaszyska. Leszek poprowadził mnie do środka, a potem mrocznymi, wilgotnymi korytarzami na ostatnie piętro, pod gabinet psycholog. Umówiliśmy się, że wróci za godzinę.

Niewysoka kobieta miała ostry makijaż i ciężką biżuterię. Siedziałyśmy chwilę w milczeniu, taksując się wzajemnie wzrokiem. Patrzyła na mnie bez sympatii. Czułam kompletną pustkę w głowie i suchość w ustach.

Psycholog bez zbędnych komentarzy rozłożyła przede mną testy do wykonania. Co prawda niespecjalnie się starałam, ale zaskoczyło mnie, że nie jestem w stanie poprawnie złożyć kolorowych obrazków, tak bardzo trzęsły mi się ręce. W dalszej części badania – polegającej na uzupełnianiu zdań i gry skojarzeń – z trudem udało mi się zebrać myśli w jakąś sensowną całość. Widząc, że nie nawiąże ze mną normalnego kontaktu, a w moim stanie jakiekolwiek testy nie mają sensu, psycholog przepytała mnie z mojej sprawy. Odpowiadałam, niemal szczękając zębami. Odetchnęłam z ulgą, gdy w drzwiach pojawił się Leszek.

– No i jak? – spytał z uśmiechem.

– Inteligencja przeciętna – stwierdziła psycholog – nic ciekawego.

– Chodźmy już – poprosiłam.

– Jak się pani czuje?

– Okropnie.

– Planujemy zatrzymać Marcina, jeśli wróci do kraju. Dam pani znać, jak poszło – powiedział, gdy wróciliśmy do A., na pożegnanie.

Zaczęły się wakacje. Dzięki trosce wychowawczyni spacer został przedłużony do dwóch godzin. Przylegająca do niewielkiego, trójkątnego kawałka zieleni blacha nagrzewała się w pełnym słońcu. Gorąco i duchota obezwładniały do tego stopnia, że całkowicie straciłam ochotę na chodzenie ułożonymi z płyt ścieżkami dookoła spacernika. Usadawiałyśmy się na dwóch ławkach na środku placyku i wystawiałyśmy do słońca blade, zmęczone twarze. Wyjście z ciemnej zimnej celi na trzydziestostopniowy upał było wręcz fizyczną rozkoszą. Wkrótce zapanowała moda na opalanie.

A do nas trafiła nowa lokatorka, wzbudzająca wśród mieszkanek celi numer 18 emocje z powodu swego skrajnego feminizmu. Bawiło mnie wysłuchiwanie wymiany zdań między Agatą, tradycyjnie wychowaną pół-Cyganką, a nowo przybyłą, wysportowaną trzydziestoparolatką, wyglądającą przynajmniej na dziesięć lat mniej. Swoją niezgodę na więzienne życie nowa manifestowała od samego rana, zaczynając od solidnego kopniaka wymierzonego w klapę.

– Nie mogę znieść tego miejsca – powtarzała.

– Z takim nastawieniem długo tu nie przetrwasz – odpowiadałam. – Załamiesz się..

– Wszystko mi jedno.

Obserwowałam ją, zachowując dystans. Z jednej strony Anka – bo tak miała na imię – budziła moje życzliwe zainteresowanie z powodu żywiołowego charakteru, z drugiej zaś irytowała mnie cechą, którą później określiłam jako „syndrom inteligenta w więzieniu". Spotykałam się z tym zjawiskiem wielokrotnie, w większym lub mniejszym nasileniu. Kiedy do więzienia trafia przeciętnie nawet inteligentna osoba, która wiodła do tej pory w miarę normalne życie, uważa się zwykle za kogoś lepszego od reszty i zaczyna zadawać sobie pytanie: „Co ja tu robię, wśród tych ławkowców i peronowców – bezdomnych, alkoholików i narkomanów? Dlaczego mnie to spotkało? Jestem przecież normalna, mądra, ładna, dlaczego ja?". Obsesyjnie powtarzane, pytania te prowadziły nieraz do załamań i totalnego zgorzknienia.

– Każde życiowe doświadczenie może nas czegoś nauczyć – tłumaczyłam.

– Tu niczego się nie nauczę – stwierdzała Anka.

– Dlaczego?

– Bo tu nie ma niczego ciekawego.

– Są ludzie.

– Ludzie... – parskała Anka z pogardą.

Z takim samym nastawieniem podchodziła do konserwatywnych poglądów Agaty.

– Mój facet zaczyna dzień od pójścia do sklepu po bułki i zrobienia mi śniadania – mówiła Anka z dumą.

– A ty gotujesz mu kiedykolwiek? – pytała Agata.

– On od tego jest.

– To cię kiedyś rzuci.

– Niech rzuci, znajdę następnego.

– Nie kochasz go?

– Kocham, ale mam swoje zasady.

– Dziwna ta twoja miłość.

Spoglądały na siebie spode łba i każda obstawała przy swoim zdaniu.

Ale czasem bywało z nią miło.

– Chyba nie pójdziemy na spacer – westchnęłam pewnego dnia, patrząc na zachmurzone niebo.

– Przecież jest ciepło – zaprotestowała Anka. – Chodźmy, nie bądźmy piecuchami.

Poszłyśmy we dwie, mimo deszczu, który padał najpierw delikatnie, by po chwili przejść w rzęsistą ulewę.

– Ciepły, letni deszcz – zaśmiała się. – Chodź – pociągnęła mnie – schowajmy się pod drzewem.

Stanęłyśmy pod szerokimi liśćmi jedynego na spacerniku drzewa. Wyciągnęłam ręce do nieba i tańcząc wokół pnia, śpiewałam:

– *I'm singing in the rain, I'm singing in the rain.*

Dołączyła do mnie Anka i zmoknięte, ale zadowolone biegałyśmy po spacerniku, goniąc się jak dzieci. Nie myślałyśmy o tym, że z wieżyczki śledzi nas zdumiony wzrok strażnika. Kiedy wracałyśmy do celi, zaczepił nas młody oddziałowy.

– Jeśli tak zachowujecie się na spacerze, to co robicie w celi?

– Naparzamy się fikołami dla rozrywki – odparła Anka beztrosko.

Zachichotałam, a oddziałowy cofnął się przezornie na bezpieczną odległość.

W doskonałych nastrojach wróciłyśmy do celi, gdzie po obiedzie urządziłyśmy konkurs tańca z miotłą przy wtórze muzyki wygrywanej na plastikowych talerzach. Wieczór rozpoczął się w równie wesołej atmosferze. Po apelu zmęczona Józka poszła spać, a ja, Anka i Agata zasiadłyśmy razem, paląc na spółkę papierosa.

– Jaki był twój pierwszy raz? – spytała Agata Ankę. – Ciekawa jestem, jak to robią feministki?

Anka z wrażenia zakrztusiła się dymem, po czym zaśmiała się cicho.

– Podobał mi się chłopak ze szkoły średniej i chciałam zrobić to z nim. Kiedy moi rodzice wyjechali na weekend, przyszedł do mnie i było nam całkiem przyjemnie. Oczywiście z zabezpieczeniem.

– Długo byliście razem?

– Nie, szybko się rozstaliśmy. A ty? – spytała Anka Agatę, podając jej papierosa. – Jak to robią Cyganki?

Agata wypuściła dymek w milczeniu.

– Rodzina wydała mnie za mężczyznę starszego ode mnie. Mój pierwszy raz był niezbyt przyjemnym obowiązkiem. Dopiero z Adrianem mogłam docenić te sprawy.

Obie spojrzały na mnie, podając mi papierosa.

– Mój pierwszy raz był dziwaczny – zaczęłam z żalem w głosie. – Byłam zupełnie zielona, a mój partner dużo starszy. Przyszłam do niego zdenerwowana sytuacją w domu. Tłumaczył, że chce mnie tylko po przyjacielsku uspokoić, po czym wciągnął do łóżka. Kiedy zaczął się do mnie dobierać, spytałam, czy to nie grzech, ale nie stawiałam zbyt wielkiego oporu, nie chciałam go stracić. Kochałam go.

– Nie brzmi to za fajnie – skomentowała Anka.

– Czy to ten zamordowany? – spytała po chwili Agata.

– Tak, był jedynym mężczyzną w moim życiu.

Następnego dnia była niedziela. Namówiona przez Józkę poszłam na mszę świętą w tutejszej kaplico-świetlicy. Pod krzyżem wiszącym na centralnej ścianie ustawiono stolik przykryty białym, haftowanym obrusem. W niewielkiej walizeczce ksiądz przyniósł ze sobą proste, skromne naczynia liturgiczne i mszał. Stół pingpongowy odsunięto pod okno i grupka kobiet zasiadła na krzesełkach. Na dźwięk tak dobrze znanych, choć zapomnianych słów i melodii, coś poruszyło się we mnie. Kiedy zabiłam Andrzeja, poczułam, że Bóg mnie opuścił, że sobie poszedł. Ja wtedy odwróciłam się od świata, ukarałam samotnością i żyłam bez nadziei. Teraz, słuchając powracających do mnie z przeszłości słów modlitwy, serce ścisnęło mi się z żalu i tęsknoty. Za Bogiem, za światem. Za życiem.

– Największym nieszczęściem człowieka jest utracić łączność z Pierwotnym Źródłem Siły – mówił w kazaniu niepozorny ksiądz.

Osunęłam się na kolana, opierając o stół, łzy same płynęły niepowstrzymanym strumieniem. Ból był tak wielki, że zaćmił skrępowanie. Było mi absolutnie obojętne, co pomyślą koleżanki, które dyskretnie obrzucały mnie zdumionymi spojrzeniami. Nagle zapragnęłam porozmawiać z tym cichym, skromnym księdzem, ale zabrakło mi odwagi.

Po mszy, wyczerpana, ale podniesiona na duchu poszłam razem z koleżankami na zajęcia kulturalno-oświatowe odbywające się na terenie należącym do oddziału karnego. Cała grupka została przeszukana i dyżurny wychowawca odprowadził nas do drugiego skrzydła pawilonu. Żelazna krata dzieliła długi, parterowy budynek na część należącą do oddziału V – aresztu śledczego oraz tę mieszczącą oddział IV – karny.

Przekroczywszy kratę, znalazłyśmy się w długim oświetlonym korytarzu bez okien, za to z normalnymi drzwiami po obu stronach. Przez przysłonięte firaneczkami małe szybki w górnej części drzwi widać było siedzące w pokojach kobiety. Na czas wyjścia śledczaków – jak mówiło się na nas – miały pozostać w salach. Przez drewniane drzwi na środku korytarza wyszłyśmy na spacernik oddziału karnego.

Zobaczyłam spore boisko do siatkówki z przylegającym do niego trawnikiem, otoczone wysokimi drzewami. Budynek oddzielała od boiska wyłożona kostką droga z wąskim chodnikiem, która z jednej strony prowadziła pod blaszaną bramę, a z drugiej na niewielki trawniczek, gdzie na wbitych w ziemię słupkach rozpięto sznurki na pranie. Przysiadłyśmy niepewnie na drewnianych ławeczkach, napawając się spokojem i domową niemal atmosferą.

– Może pochodzimy? – zaproponowała Anka.

Wolnym krokiem przemierzałyśmy uliczkę wzdłuż budynku.

– Fajnie tu mają – stwierdziła Agata.

Ukradkiem zaglądałyśmy w okna.

Godzina minęła w mgnieniu oka, trzeba było wracać.

– Czy przyjdziemy tu jeszcze? – spytałam oddziałową.

– Zajęcia kulturalno-oświatowe odbywają się w soboty i w niedziele, ale każda z trzech grup śledczych musi w nich brać udział.

– Czyli jedna grupa na godzinę raz na tydzień.

– Dokładnie. I tylko wtedy kiedy jest ładna pogoda.

Ładna pogoda utrzymywała się przez cały lipiec i początek sierpnia. Możliwość wyjścia na otwarty teren była prawdziwym błogosławieństwem dla śledczaków, udręczonych ciasnotą... Osadzone w areszcie, choć z punktu widzenia prawa niewinne, przebywały w znacznie gorszych warunkach, niż ich skazane towarzyszki po drugiej stronie budynku, na oddziale karnym.

Powoli zaczął do mnie docierać ponury sens określenia „areszt wydobywczy". Nigdy nie dociekałam kwestii winy moich koleżanek, ale wstrząsnęło mną spostrzeżenie, że zanim udowodniono tym kobietom popełnienie przestępstwa, zamknięcie i beznadzieja doprowadzały je do stanu, w którym wiele z nich gotowych było przyznać się do stawianych zarzutów, niezależnie od stopnia winy, byleby tylko opuścić to ponure miejsce.

W te upalne dni najbardziej martwiłam się o zdrowie mamy. W końcu moje nieustanne napięcie zwróciło uwagę wychowawczyni.

– Czy ma pani jakieś problemy? – zagadnęła mnie.

– Moja mama miała zgłosić się do szpitala na operację nerki. Twierdziła, że to nic groźnego, ale strasznie się boję. Nie mam żadnej możliwości sprawdzenia, jak ona się czuje.

– Numer telefonu do mamy jest w aktach? – spytała.

– Tak.

Dzień później wychowawczyni poprosiła mnie do siebie.

– Pani mama jest już po operacji, czuje się dobrze i powoli wraca do zdrowia.

Wracając ze spaceru dowiedziałam się, że znowu przyjechała do mnie policja. Niemal pobiegłam, z bijącym sercem, do pokoju widzeń. Tym razem przyjechał Leszek.

– Co się stało?

– Wczoraj Marcin został aresztowany na lotnisku.

– Jak pan go ocenia?

– Typ gwiazdora.

– Nie rozumiem.

– Najpierw usiłował potraktować nas z góry, a potem rzucił się na nas z pięściami.

– Marcin jest twardy.

– Ależ skąd, jest nieprawdopodobnym tchórzem.

Popatrzyłam na niego z powątpiewaniem.

– Czy dojdzie do konfrontacji między nami? – spytałam.

– Myślę, pani Weroniko, że najlepsza konfrontacja jest na sali sądowej.

– Muszę się do niej przygotować.

– Pani jest już przygotowana, tylko musi się pani uodpornić.

Wróciłam do celi rozważając te słowa.

– Masz dziwną minę – zauważyła Anka.

– Aresztowano mojego przyjaciela Marcina.

– Jako wspólnika?

– Tak.

– To dobrze czy źle?

– Nie wiem, chyba dobrze.

– Boisz się?

– Chyba tak. Marcin jest inteligentny. I bezwzględny.

– Może zacząć cię oskarżać?

– Na pewno, a umie robić dobre wrażenie i ma dar przekonywania.

Nie wspomniałam, że przede wszystkim panicznie boję się jego dezaprobaty, osądu i wzgardy. Przez całe lata przywykłam traktować zdanie Marcina jak niepodważalną, niepodlegającą dyskusji świętość. Przekonanie to zakorzeniło się we mnie tak głęboko, że każde działanie niezgodne z jego wolą wywoływało we mnie niemożliwy do opanowania lęk. Jedyną bronią, jaką dysponowałam, było przekonanie, że walczę o coś ważnego, istotniejszego niż mój własny los. Starałam się nie myśleć, że przystojny, czarujący, błyskotliwy Marcin zniszczy mnie – brzydką, samotną i nieumiejącą się odnaleźć, a wraz ze mną zniszczy prawdę, która nigdy nie wyjdzie na jaw. Wiedziałam, że Marcin będzie przedstawiać mnie jako niezrównoważoną mitomankę.

Moje rozmyślania przerwał głos Agaty.

– Gdzie go poznałaś?

– Na studiach.

Opowiadając koleżankom naszą historię zobaczyłam znowu siebie w wieku dwudziestu trzech lat, kiedy z opóźnieniem dostałam się na studia i wyrwałam z domowego piekła alkoholu, przemocy i depresji. Wtedy spotkałam Marcina, który od razu zwrócił moją uwagę dziwacznym strojem (nosił wtedy arafatkę) i zachowaniem. I o dziwo on też zwrócił na mnie uwagę. To było jak w bajce o Kopciuszku – zakompleksiona, brzydka okularnica i wspaniały, trochę tajemniczy, trochę nieobliczalny chłopak. Nie mogłam uwierzyć, że taka osoba chce spędzać ze mną czas, że interesuje go, co myślę, że chce opowiadać mi o sobie.

Czy byliśmy parą? Nie, nigdy. Nigdy nie było między nami nic erotycznego. Może ja byłam za bardzo zahamowana i stłamszona. Ale Marcin też nigdy nie dał mi do zrozumienia, że interesuje się mną w ten sposób. Czy byłam w nim zakochana? Na pewno wtedy bym tego tak nie nazwała, ale tak. Uwiódł mnie intelektualnie i wkrótce nie mogłam bez niego żyć. Bez naszych rozmów – o filozofii, sztuce, jego podróżach i życiu wśród innych kultur, bez jego rozgorączkowanej obecności, bez jego rad i szalonych pomysłów. Był dla mnie najmądrzejszym, najbardziej fascynującym, najbliższym człowiekiem na ziemi.

Wydawało się, że on też nie może beze mnie żyć. Robił sceny, gdy chciałam wyjechać do domu, trzaskał drzwiami i krzyczał. Zadręczał mnie opowieściami o kolejnych miłosnych podbojach, o swojej nieszczęśliwej miłości do jednej z jego wykładowczyń, kobiety mającej męża i dziecko. Wysłuchiwałam tych opowieści, nie dając sobie prawa do zazdrości. Czułam się za niego odpowiedzialna. Gdyby nie ja, może jakiś szalony pomysł strzeliłby mu do głowy i zrobiłby jakieś głupstwo. Tego bym nie zniosła.

W okresach względnej równowagi psychicznej Marcin po swojemu opiekował się mną. Powoli z zaniedbanej, zakompleksionej dziewczyny wydobył ze mnie kobietę. „Kto widział blond Tatara?" – mówił, nawiązując do moich wschodnich rysów twarzy i namówił mnie do przefarbowania włosów na czarno. Zabierał mnie na zakupy i mówił mi, że jestem piękna. A ja tak bardzo chciałam mu wierzyć.

Fatima, uboga Syryjka, wniosła w życie Marcina miłość i oddanie. Ale Marcin zniszczył i ją. Nauczył ją życia ponad stan za pieniądze uzyskiwane z jego ciemnych interesów. Zamknął w złotej klatce i oczekiwał, że będzie zachowywać się jak arabska żona, a sam znikał na długie miesiące. W obcym kulturowo świecie, zamknięta w domu Fatima popadła w melancholię i depresję.

Marcin stanowił moje jedyne oparcie, kiedy w osamotnieniu przeżywałam koszmar toksycznej miłości do Andrzeja. Był też dla mnie jedynym autorytetem, tak wielkim, że zasiane przez niego ziarno – myśl o zbrodni – wydało krwawe owoce. Wtedy nie zdawałam sobie sprawy z tego, co było jasne dla policjantów z Wydziału Spraw Beznadziejnych – że pewnego rodzaju wampiry potrzebują kogoś gorszego, brzydszego, głupszego u boku, aby błyszczeć na jego tle, poprawiając sobie w ten sposób samopoczucie. Moją tragedią stało się to, że przyjęłam rolę tła. Teraz miałam wysunąć się na plan pierwszy i zmierzyć z moim dawnym autorytetem.

Kiedy upalne lato przeszło w jesień, na początku września odwiedziła mnie adwokatka.

– Pani Weroniko – zaczęła poważnie – byłam u pani mamy, czuje się bardzo dobrze, przywiozłam paczkę od niej. Poza tym zapoznałam się z dostępnymi materiałami sprawy. Prokurator wystosował wniosek o skierowanie pani na obserwację psychiatryczną, sąd zapewne przychyli się do tego, a wynik tej obserwacji może nam pomóc.

– Co mam robić?

– Nic. Dać się poznać i mówić prawdę.

To samo usłyszałam od komisarza, gdy funkcjonariusze z Wydziału Spraw Beznadziejnych w pełnym składzie zjawili się, by zawieść mnie do prokuratury. Dowiedziałam się tam, że pojadę do G.

– Dlaczego do G.? – spytałam policjantów.

– Bo Aśka jedzie do Miejskiego, a prokurator uważa, że będzie lepiej, gdy zbadają was dwa niezależne od siebie zespoły lekarskie. Akurat w G. zwolniło się miejsce.

– Kto mnie tam zawiezie?

– Zapewne pojedzie pani transportem ogólnopolskim.

Nie pytałam o nic więcej, poczułam za to znajomy skurcz żołądka.

Z wyjazdu do G. zadowolona była pani psycholog.

– Pani potrzebne są nowe bodźce – podsumowała.

– Ale to będą bodźce nieprzyjemne.

– Nie szkodzi. Ważne, że będzie się coś działo, że nauczy się pani czegoś nowego.

– Jeśli będzie to w takim stylu jak badanie w Miejskim, to dziękuję bardzo.

– Nie każdy jest zarozumiałym bufonem, a zmiana, chociaż chwilowa, jest pani potrzebna.

Następnego dnia wezwała mnie wychowawczyni.

– Policja zawiozła Aśkę do domu, żeby mogła przywieźć trochę rzeczy, również dla pani na drogę.

Przekazała mi spakowane przez wspólniczkę ciepłe swetry, spodnie i buty.

– Przynajmniej nie zmarznie pani w transporcie.

– Dziękuję, myślę, że jestem gotowa. Chciałabym jeszcze zrobić zakupy przed wyjazdem, dostałam trochę pieniędzy od mamy.

Udało mi się kupić niezbędne kosmetyki i przygotować do wyjazdu, dostałam też wiadomość, że Aśkę przewieźli już do Miejskiego. Dwa dni później wychowawczyni stanęła w progu celi.

– Jutro pani wyjeżdża. Wszystkie rzeczy zabiera pani ze sobą. Powodzenia.

Mówiąc to, wsunęła mi do ręki podłużne pudełko i wyszła. Po otwarciu go zobaczyłam małą różyczkę wyhaftowaną na kawałku płótna kolorową muliną.

O piątej rano obudziła mnie delikatnie oddziałowa Maria.

– Włączyłam prąd, żeby mogła pani zrobić sobie coś ciepłego do picia.

– Dziękuję – odpowiedziałam. – Jestem prawie gotowa.

Pijąc wrzątek małymi łykami czułam, jak nieprzyjemny skurcz w żołądku ustępuje. Jednak gdy minęła szósta, a nikt po mnie nie przyszedł, zaczęłam się coraz bardziej denerwować. Odbył się apel, a ja dalej czekałam. Współlokatorki próbowały pocieszyć mnie i uspokoić.

– Wyskoczyły ci jakieś krosty – zauważyła Agata, chcąc odwrócić moją uwagę od czekającej mnie podróży.

– Trudno, teraz nic na to nie poradzę.

– Weź maść.

Gdy pakowałam tubkę, klapę otworzyła oddziałowa Krystyna, pełniąca dzienną służbę.

– Idziemy – rzuciła krótki rozkaz.

Uściskałam koleżanki i opuściłam celę numer 18. Na świetlicy oddziałowa zrewidowała mój bagaż i mnie. Po przeszukaniu zostałam skierowana na dziedziniec, gdzie czekał nieoznakowany samochód. Rozsuwane drzwi były otwarte, jeden z foteli w środku zajmowała młoda dziewczyna, drugi czekał na mnie.

Przednie fotele zajęli strażnicy – masywna blondynka i jej szczupły kolega. Zamknięto drzwi i samochód powoli wyjechał przez bramę na zewnątrz.

Gdy A. znikło mi z oczu, zwróciłam się do dziewczyny:

– Gdzie jedziesz?

– Do L. W nocy wyjechałam z I. W lodówie pełno było facetów i tylko ja jedna.

„Lodówa" – przeszył mnie dreszcz niepokoju na wspomnienie wielkich, zamkniętych samochodów transportowych, o których do tej pory tylko słyszałam.

Nie pytałam o nic więcej. W milczeniu obserwowałam jak samochód wjechał na tak dobrze znaną mi trasę do L. Gdzieś w połowie drogi, tam w oddali, leżało Brudnowo.

„Tam jest moja matka. Zaraz ten mikrobus stanie na przystanku, a ja będę mogła do niej pójść, jak robiłam to dziesiątki razy, wracając tą drogą" – pomyślałam.

Do rzeczywistości przywrócił mnie wjazd do L. Samochód stanął przed komendą. Strażnicy poprowadzili nas schodami w dół, prosto na tutejszy dołek. Zamknięto nas w jednej z cel, bliźniaczo podobnej do tej znanej mi już z dołka, gdzie trafiłam zaraz po aresztowaniu. Ciemne, zakratowane pomieszczenie z dwiema podobnymi do trumien drewnianymi skrzyniami miało jednak tę zaletę, że – w przeciwieństwie do tamtych – było czyste i ciepłe. Przysiadłyśmy w ciszy na skrzyniach. Młoda dziewczyna uśmiechnęła się słabo.

– Weronika – przedstawiła się.

– Też Weronika – odpowiedziałam.

Zanim zdążyłyśmy nawiązać bliższy kontakt, w okutych metalem drzwiach stanął strażnik.

– Panie przygotują się do dalszej drogi.

– Jak to dalszej? – zdziwiła się dziewczyna. – Miałam być dowieziona do L. na sprawę. Proszę sprawdzić: Weronika S.

Mężczyzna zrobił zdziwioną minę, wyciągnął jakieś dokumenty i zaczął je sprawdzać.

– Weronika S. jedzie do Z., Weronika K. do G. Proszę się przygotować.

Dziewczyna była bliska płaczu.

– Do Z., po co do Z.? – powtarzała.

– Nie denerwuj się, może na miejscu wszystko się wyjaśni.

– Może, ale jestem strasznie zmęczona po tej koszmarnej, całonocnej jeździe.

Wyjęłam z torby czekoladę, którą dostałam od Józki na drogę i wcisnęłam dziewczynie do ręki. Drzwi otwarły się i wywołano nasze nazwiska. Wyruszyłyśmy słabo oświetlonymi korytarzami w stronę wyjścia. Światło dnia oślepiło nas na wewnętrznym dziedzińcu i nie od razu zauważyłyśmy lodówę. Przypominające tira, białe, nieoznakowane pudło w środku przedzielone było na dwie części: teoretycznie męską i żeńską. W praktyce w wypadku dużego tłoku kobiety i mężczyźni często jeździli razem.

Drzwiami przy szoferce dostałyśmy się do wąskiego, długiego wnętrza. Usiadłyśmy naprzeciwko siebie na dwóch drewnianych ławeczkach, podróżne tobołki upychając pod siedzenie. Mała, osadzona prawie pod sufitem szybka wpuszczała odrobinę światła. Stanąwszy na ławeczce, można było dojrzeć skrawek nieba i fragment ulicy. Jednak kiedy pojazd ruszył, nie dało się utrzymać równowagi i stać przy okienku. Zeszłam więc na dół i usiadłam, opierając się o dyktę, za którą słychać było męskie głosy.

– Długo byłaś w poprzednim więzieniu? – spytałam towarzyszki.

– Pół roku – ożywiła się dziewczyna. – Pracowałam w kuchni. A teraz przez ten wyjazd wszystko przepadło: praca, przepustki, wszystko.

– Jak tam jest?

– Bardzo dobrze. Jeśli chodzi o warunki, to chyba najlepsze kobiece więzienie. Cele umeblowane normalnymi meblami, bardzo dobre jedzenie, wyjścia do miasta. I praca, również na zewnątrz.

– A kadra?

– Rozsądna, logiczna. Jak jesteś w porządku, to i oni są w porządku. Czekaj, gdzieś mam zdjęcia.

Dziewczyna wygrzebała z siatki kopertę ze zdjęciami. Zadziwiona oglądałam zadbane kwietniki, trawniki i niewielkie boisko.

– Budynków nie wolno fotografować – wyjaśniła Weronikaa. – A tu masz wnętrze mojego pokoju.

Rzeczywiście był to prawdziwy pokój, chociaż w celi. Skromnie, ale przytulnie urządzony.

– Widzisz – pożaliła się dziewczyna. – A teraz nie wiem, co ze mną będzie.

Dojechałyśmy do jakiegoś przystanku. Samochód stanął, otwarto drzwi i wywołano nazwisko młodej Weroniki.

– Czy to już Z.?

– Nie – odparł młody strażnik przy drzwiach. – Jesteśmy w T. Przesiądzie się pani do samochodu policyjnego i za godzinę będzie na miejscu.

Weronika wysiadła, a na jej miejsce weszła energiczna, uśmiechnięta trzydziestoparolatka. Wepchnęła liczne pakunki pod ławeczkę i umościła się na poduszce, którą ze sobą wiozła.

– Bożena jestem – przedstawiła się.

– Weronika.

– Gdzie jedziesz?

– Do G.. A ty?

– Daleko. Do W., ale przez G.

– Nie ma prostszej drogi?

– W G. jest centrala przesiadkowa, wszyscy jeździmy w ten sposób. Dojadę chyba za trzy dni.

– Ile?!

– Tyle jechałam poprzednio z W. do Z. Spędziłam tam pół roku na terapii alkoholowej.

– Byłaś w podróży przez trzy dni non stop?

– Nie, spałam gościnnie po innych kryminałach, ale przyjechałam na miejsce potwornie zmęczona. Masz dobrze, że jedziesz tylko do G. Na długo?

– Na badania. Sześć tygodni. Mam nadzieję, że potem wrócę do A.

– Ja wcale nie jestem zadowolona, że wracam. W W. jest okropnie.

– A w Z.?

– Na oddziałach terapeutycznych bardzo dobrze. Normalnie, ładnie urządzone pokoje, łazienki, świetlica – wszystko nowe. Pyszne jedzenie i miła atmosfera. Na innych oddziałach różnie, pewnie słyszałaś?

– Słyszałam.

Nie nazwałyśmy głośno zjawiska damsko-damskich związków miłosnych, rozkwitających w Z., ale też w innych kryminałach.

– Sama wiesz – kontynuowała Bożena. – Tam siedzi dużo kobiet z długimi wyrokami, często za głowę. Coś muszą robić z emocjami.

„Ciekawe, co ja zrobię ze swoimi emocjami po kilku latach?" – pomyślałam.

– Słyszałam o tamtejszym teatrze – powiedziałam na głos.

– Tak, dziewczyny robią bardzo ciekawe przedstawienia, wystawiają je poza zakładem i cieszy się to dużym zainteresowaniem. Chodzą też na zewnątrz do pracy z chorymi dziećmi, ale nie wiadomo, czy to się nie skończy, bo jedna z kobiet uciekła przy tej okazji. Szkoda.

– Zawsze podróżujesz z poduszką? – zmieniłam temat.

– To prezent od oddziałowej, przydaje się podczas długich podróży.

Nie zauważyłyśmy nawet, kiedy minęły dwie godziny. Lodówa podjechała pod kolejny dołek, tym razem na komendzie w G. Po otwarciu drzwi najpierw wypuszczono mnie i Bożenę, później kilkunastu mężczyzn.

Korytarz w podziemiach był karykaturą dworca autobusowego. Przed drzwiami stało kilka samochodów transportowych, a przy stoliku obok wejścia siedziało dwóch funkcjonariuszy z wielką księgą i kierowało wchodzących do poszczególnych cel, zaś wychodzących do poszczególnych aut. Kolejne cele, osobne dla mężczyzn i kobiet, miały naklejone kartki z docelowymi miejscami podróży, a przed zamkniętymi klapami leżały tobołki. Wszędzie kręcili się ludzie, niemal jak na prawdziwym dworcu, tyle tylko, że z obstawą.

– O, tu jest W., kobiety – Bożena wskazała celę, do której ją skierowano. – Muszę iść, trzymaj się.

– Na razie.

Stanęłam przy stoliku, podałam nazwisko i zostałam skierowana do policyjnej suki, do której dołożono jeszcze starszego mężczyznę i młodego chłopaka, obu w kajdankach. Samochód ruszył, przez małe zakratowane okienka próbowałam dojrzeć ulice G., ulubionego miasta mojej matki. Niestety w tych warunkach nic nie było widać. Skupiłam uwagę na rozmowie współtowarzyszy podróży.

– Jak się komuś nie podoba, to w mordę – pouczał młodego stary wyga. – Mówię ci, kurwa, w ryj.

Młody patrzył z uznaniem na doświadczonego więziennego wyjadacza. Odwróciłam się do okienka.

Samochód wjechał na obszerny dziedziniec – zdołałam zauważyć tylko kompleks budynków wzniesiony prawdopodobnie w epoce stalinizmu.

„Równie ponure jak Miejskie – pomyślałam – ale Miejskie jest przynajmniej stylowe".

Zakład w G.

W G. najpierw trafiłam do przebieralni.

– Proszę zmienić rzeczy – pielęgniarka podała mi pasiastą więzienną pidżamę.

– Muszę?

– Taki jest wymóg.

Przebrałam się, po czym przeszłam do pokoju obok na wstępne lekarskie oględziny.

– Od jak dawna ma pani problemy z cerą? – zapytała lekarka.

– Z cerą? – ze zdumieniem dotknęłam twarzy.

Poczułam pod palcami rozpaloną skórę, pokrytą ropnymi wrzodami.

– Jeszcze rano miałam zaledwie kilka małych krostek.

– Wobec tego zapiszemy panią do dermatologa.

Lekarka patrzyła na mnie uważnie.

– Co się dzieje? – spytała. – Dlaczego się pani trzęsie?

– Bo jestem w szpitalu – wyjąkałam przez łzy. – I zabrano mi ubranie.

– Proszę się nie denerwować, tu jest jak w niebie.

– Zdecydowanie wolę więzienie niż szpital – odpaliłam bez namysłu.

To zakończyło dyskusję. Dostałam karty magazynowe ze spisem otrzymanych rzeczy do podpisu – koce, pościel, ręczniki oraz plastikową zastawę. Niosąc to wszystko w rękach wraz z torbą z kosmetykami i jedzeniem, powlokłam się za strażnikiem na górę. Na piętrze oddziałowy otworzył okutą żelazem klapę i wpuścił mnie do środka. W szpitalnej sali, za podwójną kratą, siedziało na łóżkach pięć kobiet. Gdy stanęłam w progu, podniosły z ciekawością głowy.

– Kogoś zajebała? – rzuciła na powitanie starsza, chuda blondynka siedząca na łóżku pod oknem.

Wszystkie tobołki wypadły mi z rąk. Przerażona patrzyłam na nią bez słowa.

– Nie rób takiej miny – stwierdziła młoda, pulchna kobieta na środkowym łóżku. – Tu każda kogoś zajebała. Pytanie tylko kogo?

– Właśnie – przytaknęła chuda blondynka. – Za kogo jesteś? Za dziecko?

Dopiero teraz dotarł do mnie sens zadawanych mi pytań.

– Nie. Za faceta.

– Masz na to jakieś białko?

Wyciągnęłam z torby dokumenty. Chuda kobieta spojrzała na podsunięty jej papier.

– W porządku – kiwnęła głową. – Irena jestem. Pomogę ci pościelić łóżko, bo musisz być zmęczona.

Kiedy Irena słała mi łóżko, rozejrzałam się po skromnie umeblowanej sali. Większą część powierzchni zajmowało sześć łóżek ustawionych po trzy w dwóch rzędach naprzeciwko siebie, przy każdym z nich stała biała szpitalna szafka. Niewielki stolik z krzesłami dopełniał całości umeblowania.

W kącie znajdowała się umywalka z ubikacją. Kącik sanitarny obudowany był dwoma półokrągłymi murkami sięgającymi nieco powyżej pasa, tak że osoba korzystająca z ubikacji była doskonale widoczna zarówno dla koleżanek z sali, jak i dla wchodzących do pomieszczenia strażników.

– Dziurę pośrodku zasłaniamy folią – wyjaśniła Irena widząc moje spojrzenie. – I pilnujemy, żeby klawisze nie wchodzili, gdy ktoś korzysta z ubikacji. Przyzwyczaisz się.

Ale ja nigdy nie przyzwyczaiłam się do tego rozwiązania i nie zdołałam pozbyć stresu, przez co problemy żołądkowe miałam przez cały czas pobytu w G.

– Skąd przyjechałaś? – spytała młoda, pulchna kobieta.

– Z A. Mam na imię Weronika – dodałam.

– Beata – przedstawiła się kobieta. – To jest Natasza – wskazała kobietę po swej prawej stronie – a to Mariola – pokazała w lewo.

Kiwnęłam głową na przywitanie. W tym momencie do sali weszła młoda, otyła dziewczyna w szlafroku i zajęła szóste łóżko pomiędzy kącikiem higienicznym a przydzielonym mi miejscem. Żadna z kobiet nie zareagowała na jej wejście, nie odezwała się do niej, ani ona do nikogo. W swej naiwności pomyślałam, że widocznie jest chora i nie wolno jej zaczepiać. Zresztą po kolacji zmęczenie wzięło górę i poszłam spać.

Ranny apel wyglądał tutaj jak w Miejskim: około siódmej strażnicy weszli na salę, przeliczyli leżące w łóżkach kobiety i wyszli. Jakieś pół godziny później zjawili się kalifaktorzy ze śniadaniem i gorącą wodą.

– Nabierz sobie wody na herbatę, bo później nie będzie – poinstruowała mnie Irena. – Tam wisi kartka z godzinami wydawania gorącej wody: cztery razy dziennie.

Po śniadaniu przystąpiłyśmy do mycia i sprzątania, należało przygotować się do obchodu.

– Dziś pewnie zajmą się tobą – stwierdziła Beata. – Ale to nie potrwa długo, tylko kilka dni, potem dadzą ci spokój.

Marne to było pocieszenie, więc dalej nerwowo czekałam na obchód. Koło dziewiątej, tak jak w każdym innym szpitalu, salę wizytował ordynator w asyście lekarzy i przełożonej pielęgniarek. Zatrzymał się chwilę przy mnie, potraktował jak obiekt badawczy, wydał kilka dyspozycji i wyszedł. Po czym zaczęła się seria wizyt lekarskich.

– Zaczyna pani przekwitać – stwierdził dermatolog, obejrzawszy moją twarz.

– W ciągu doby? Wczoraj rano było wszystko w porządku.

– Proszę się nie wymądrzać – warknął, wręczając mi maść.

Po konsultacjach u neurologa, internisty, ginekologa i okulisty, trafiłam do ordynatora na badanie psychiatryczne.

– Proszę usiąść – wskazał mi miejsce na krześle naprzeciwko kilku studentów, którzy obserwowali mnie jak owada nabitego na szpilkę.

– Jak długo pan G. był pani kochankiem? – lekarz przeszedł od razu do rzeczy.

– Piętnaście lat – wyszeptałam z trudem przez zaciśnięte gardło.

– Proszę o tym opowiedzieć – zażądał.

Kilkakrotnie nabierałam powietrza, usiłując zmusić się do mówienia.

– Nie mogę... – wydusiłam po chwili ciszy, patrząc wymownie na studentów.

– Dlaczego?

– Nie jestem w stanie rozmawiać o tym z mężczyzną.

– Woli pani z kobietą?

– Tak.

– Dobrze – stwierdził ordynator. – Wobec tego nie będziemy pani dłużej męczyć.

Po powrocie na salę zastałam koleżanki szykujące się na spacer.

– Chodź z nami – powiedziała Beata.

– Jestem okropnie zmęczona.

– Chodź – Irena wzięła mnie za rękę i delikatnie pociągnęła za sobą. – Zobaczysz, odprężysz się trochę.

Spacerników było tu kilka, każdy za zamkniętymi żelaznymi drzwiami, zaś pomiędzy nimi rozmieszczono wieżyczki strażnicze. Kawałek murawy z niewielką ławeczką mógłby wyglądać całkiem przyjemnie, gdyby nie druty rozpięte ponad naszymi głowami.

– To na wypadek gdybyśmy nauczyły się fruwać – stwierdziłam.

– Ciii... – wysyczała Irena. – Bo kogutkowy słyszy.

– No to co? – zdziwiłam się.

– Masz zdecydowanie zbyt cięty język – pouczyła mnie starsza koleżanka. – Czy u was to tolerowano?

– U nas chyba to się podobało, przynajmniej niektórym. Wychowawczyni zachęcała nas do rozmowy, bo uważała, że z myślącymi można się dogadać i nie sprawiają problemów.

– Dziwna wychowawczyni. Rozmawia i dogaduje się, zamiast wrzasnąć – Beata była zdumiona.

– Wrzasnąć też potrafi.

Koleżanki słuchały mej opowieści jak bajki o żelaznym wilku. Być może wcale by mi nie uwierzyły, gdyby nie fakt, że nie sprawiałam wrażenia zastraszonej ani załamanej i starałam się, choć z różnym skutkiem, pogodnie znosić to wszystko.

– Tutaj raczej nikt nie będzie się z tobą dogadywał, a wychowawczyni to zwierzę. Pamiętaj o tym – doradziła poważnie Irena.

– Postaram się – odpowiedziałam.

– I druga sprawa – kontynuowała starsza blondynka. – Zauważyłaś pewnie, że nie odzywamy się do Doroty, która śpi obok ciebie.

– Zauważyłam.

– To dzieciobój – rzuciła z pogardą Beata. – Trzeba ją tępić.

– Tak nie można – łagodziła Irena. – Ale przyznam, że mnie wkurza.

– Ja też zabiłam – odezwałam się jakimś obcym, metalicznym głosem. – Nie mam prawa nikogo potępiać.

– Ja też, ale chłopa, a nie bezbronne dziecko – zaperzyła się Beata. – Sama mam dzieci.

– Mord jest mordem – obstawałam przy swoim.

– Śni ci się czasem? – cichym pytaniem Irena przerwała spór.

– Często, bardzo często.

– I we śnie jest dobry dla ciebie?

– Taki jak nigdy za życia.

– Tak – smutno pokiwała głową. – Oni zawsze wracają we śnie lepsi niż za życia.

Zaczynałam powoli zdawać sobie sprawę, że pobyt w G. będzie dla mnie olbrzymim obciążeniem, a liczyć mogę tylko na wsparcie koleżanek. Znalazłam się jednak w potrzasku z powodu Doroty. Nie chciałam jej ostentacyjnie bronić, ale nie mogłam też dołączyć do nagonki. Starałam się więc zachowywać wobec wszystkich normalnie, zwyczajnie, po koleżeńsku.

Oparcie znalazłam w Irenie, boleśnie doświadczonej przez los, choć niemającej w sobie śladu zgorzknienia. Jej historia była aż do bólu banalna. Uboga krawcowa i mąż alkoholik znęcający się latami nad rodziną. Próby wyrwania się z piekła: Błękitna Linia, interwencje policji – wszystkie bezskuteczne – i coraz większa brutalność prześladowcy. Przez lata maltretowana kobieta, ofiara, która gdy jej dziecku grozi niebezpieczeństwo, przeradza się w kata, chwyta leżący na stole nóż, by raz na zawsze zakończyć gehennę. Nieudolny adwokat z urzędu nie umiał jej bronić, bezduszny sąd nie dostrzegł okoliczności łagodzących i Irena została skazana na dwanaście lat więzienia. Można zapytać – czy to zemsta, czy sprawiedliwość? Czytając schematyczną, niedbale napisaną apelację nie wierzyłam własnym oczom.

– Chyba napisałabym to lepiej – stwierdziłam.

– Umiesz pisać takie pisma? – spytała Irena.

– Pracowałam jako sekretarka w firmie – wyjaśniłam. – Mój... – zająknęłam się – facet był prawnikiem. Nauczył mnie wielu rzeczy.

– Napisałabyś mi prośbę o ułaskawienie do prezydenta?

– Napiszę, ale sądzę, że to nic nie da. Tu jest apelacja – wskazałam dokumenty Ireny. – A gdzie kasacja?

– Nie było kasacji.

– Jeśli istniały podstawy prawne do złożenia odwołania, a adwokat nie dopełnił tego obowiązku, to tym samym naruszył przepisy.

– Nie wiem, o czym mówisz, ale czy możesz się tym zająć?

– Spróbuję, ale muszę mieć kodeks, najlepiej z komentarzem.

– Spytaj wychowawczynię, pewnie przyjdzie jutro, żeby przeprowadzić z tobą rozmowę.

Nazajutrz, gdy wychowawczyni pojawiła się na sali, by załatwić formalności, spytałam o możliwość pożyczenia kodeksu.

– Po co to pani?

– Chciałam napisać kilka pism.

– Pani?

– Tak, ja. Czy to coś złego?

– No cóż, mogę udostępnić pani kodeks karny.

– A kodeks postępowania karnego też?

– Niech będzie.

Mając oba kodeksy z komentarzem zagłębiłam się na tyle, na ile mogłam, w szczegóły sprawy Ireny. Świadoma własnej niekompetencji wszystkie napisane przez siebie pisma – do rzecznika praw obywatelskich o przywrócenie terminu kasacji, samą kasację i prośbę o ułaskawienie skierowaną do prezydenta – wysłałam do swojej adwokatki. Długo nie czekałam na odpowiedź. Jakieś dwa tygodnie później dostałam dokumenty z naniesioną korektą. Przy okazji znowu naraziłam się wychowawczyni.

– Przepraszam, dlaczego ten list jest otwarty? – spytałam, odbierając kopertę.

– Został przez nas ocenzurowany – odpowiedziała zdziwiona.

– Przecież według artykułu 8 paragraf 3 kodeksu karnego wykonawczego moja korespondencja z obrońcą nie podlega cenzurze – stwierdziłam.

– Widocznie zaszła pomyłka – wyraźnie zdenerwowana wychowawczyni zabrała kodeksy i pospiesznie opuściła salę.

Wzruszyłam ramionami, list nie zawierał niczego niezwykłego i więcej było zdziwienia niż pretensji w moim pytaniu. Ucieszyłam się bardzo z dokumentów, które zaraz wręczyłam Irenie.

– Proszę, masz wszystko przygotowane.

– Dlaczego nie spotkałam cię wcześniej? – chlipała.

– Nie wiem, czy to coś da. To tylko próba.

Sympatia koleżanek była dla mnie wsparciem w momencie, gdy czekał mnie największy wysiłek. Wkrótce po rozmowie z ordynatorem zostałam poproszona na spotkanie z psychologiem. W przeznaczonym do tego rodzaju badań specjalnym pokoju czekała na mnie kobieta w średnim wieku.

– Podobno nie chciała pani rozmawiać z mężczyznami? – spytała.

– Nie chciałam.

– A ze mną pani porozmawia?

– Myślę, że powinnam, bo potrzebuję pomocy. Psycholog w A. powiedziała mi, że czas przed procesem nie jest dobry na prowadzenie terapii, a jej zadaniem jest przede wszystkim utrzymanie mnie w dobrym stanie psychicznym.

– I znakomicie jej się to udało – stwierdziła psycholog. – Ale my powinnyśmy porozmawiać o tym, co się stało.

Spuściłam głowę, czując znowu rosnące napięcie.

– Jaki jest pani dom? – zaczęła psycholog.

– Ja nie mam domu. Bo tego koszmarnego miejsca nie można nazywać domem.

– Czy dom zawsze panią przerażał? Czy kiedykolwiek było inaczej?

– Nie wiem, chyba było. Jak byłam bardzo mała jeszcze nie rozumiałam tego, co dzieje się w rodzinie – kontynuowałam. – Kochałam mamę i wysokiego, przystojnego tatę, z którego byłam dumna. Bałam się tylko chwil takich jak moja Pierwsza Komunia, kiedy zaczynała się libacja kończąca się zwykle krzykami i płaczem. Z czasem lęk coraz bardziej narastał, byłam chorobliwie nieśmiała i znerwicowana. Po przeprowadzce do Brudnowa było tylko gorzej. Mój ojciec awansował, został kierownikiem państwowej stolarni. Wie pani, co to znaczyło w socjalizmie?

– Co?

– Morze alkoholu. Jednymi drzwiami wychodził komendant milicji, drugimi wchodził ksiądz proboszcz. Przychodzili dyrektorzy okolicznych zakładów i inni ważni ludzie. Każdy potrzebował gwoździ, desek, belek, okien, drzwi, parkietów.

Każdy w dowód wdzięczności przynosił alkohol. Milicja nie chciała interweniować, ksiądz zalecał jedynie modlitwy, nikt nie był w stanie albo też nie chciał nam pomóc. Stopniowo sensem życia moich rodziców stawała się nieustanna walka ze sobą. Dla mnie było to piekło. Pamiętam przerażenie, jakim napawały mnie nocne powroty ojca. Nasłuchiwałam każdego dźwięku czekając, aż przejdzie w krzyk, w trzaskanie drzwiami z których wylatywały szyby, w tłuczenie przedmiotów, w rękoczyny, wyzwiska i płacz. Gdy miałam trzynaście lat zachorowałam. Napady drgawek jak przy padaczce zostały mi na całe życie. Rodzice leczyli mnie u wszystkich możliwych lekarzy przez wiele lat, ale nie przyszło im do głowy, że przyczyną mojego stanu mogą być nasze domowe problemy. Dorastałam karmiona psychotropami, pochłaniałam chciwie kilogramy książek i tworzyłam w wyobraźni własne światy.

– Kiedy poznała pani Asię?

– W szkole średniej. W stanie wojennym wprowadzono wymóg noszenia przy sobie legitymacji szkolnej. Tak się złożyło, że obie z Aśką zapomniałyśmy ich zabrać i nauczyciel matematyki wyrzucił nas z lekcji. Zbliżyłyśmy się wtedy do siebie. Obie byłyśmy uważane za dziwaczki, wyobcowane, żyłyśmy w swoim świecie. Aśka niedawno straciła matkę, która zmarła na raka i zaczęła traktować mnie jak wsparcie, autorytet, co bardzo mi pochlebiało. Pewnego dnia zaprosiła mnie do domu. Pamiętam to jak dziś: siedziałyśmy z Aśką w kuchni przeglądając jakieś gazety. I wtedy wszedł jej ojciec, przywitał się i usiadł, żeby porozmawiać. Rozmowa ciągnęła się jakieś cztery godziny, wyszłam zauroczona. Tak się zaczęło.

– Co?

– Uległam fascynacji. Wydał mi się błyskotliwy, inteligentny, opiekuńczy i czarujący. Wtedy nie widziałam, że za jego pozorną inteligencją stoi zamknięty umysł, za opiekuńczością – despotyzm, za urokiem – manipulacja. Stopniowo podporządkowywał mnie sobie, a ja szłam za nim z klapkami na oczach.

– Fascynacja, czy miłość?

– Zakochałam się, ale nie tak normalnie, jak kobieta w mężczyźnie. On był dla mnie wszystkim: autorytetem i sensem życia. Był dla mnie opoką i dawał poczucie bezpieczeństwa. Był jedynym mężczyzną w moim życiu... Zwierzałam mu się, więc wiedział o mnie wszystko. Starałam się spędzać z nim każdą wolną chwilę, bo nic poza nim się nie liczyło.

– A on?

– Miał romanse z innymi kobietami i wcale się z tym nie krył. Czy mnie kochał? Kiedyś powiedział, że tak, ale usłyszenie tego raz na piętnaście lat to dla kobiety trochę za mało.

– Jak pani sobie to tłumaczyła?

– Tym, że bronił się przed uczuciem ze względu na różnicę wieku. Nie przeszkadzało mu to jednak korzystać z przyjemności fizycznych w tym „niby-związku".

– Dlaczego „niby-związku"?

– Jak nazwać układ utrzymywany w tajemnicy przed całym otoczeniem przez piętnaście lat? Nie chciał się do mnie przyznać i wyraźnie oświadczał, że nie życzy sobie żadnych problemów. Raz odeszłam od niego. Niestety zrobił wszystko, abym wróciła. Przyjechał za mną do Krakowa, był dobry, czuły, delikatny – jak nigdy dotąd. Rok później zerwał z kochanką i zaproponował mi wyjazd do uzdrowiska. On mieszkał w sanatorium, ja wynajęłam pokój w hotelu. Był to jedyny miesiąc w moim życiu, kiedy byłam naprawdę szczęśliwa. Ale po powrocie znowu wszystko wróciło do normy, to znaczy traktował mnie zależnie od humoru. Wyczerpywało mnie życie na nieustannej huśtawce emocjonalnej.

– A co na to wszystko Joanna?

– Kiedy się domyśliła, dała mi do zrozumienia, że nie ma nic przeciwko naszemu romansowi.

– Dlaczego?

– Moje zaangażowanie dawało jej nadzieję, że zawsze będę jej pomagać i ją wspierać. Ojciec zadbał, by uważała się za kompletnie bezwartościową, więc nie wierzyła, że można cokolwiek robić dla niej samej, z przyjaźni. Zawiodła, z trudem skończyła szkołę średnią, o studiach nawet nie marzyła, nie wyszła za mąż, nie umiała znaleźć dobrej pracy. Według ojca była kompletnym zerem bez ambicji. Nie to co brat – wykształcony, próbujący swych sił w biznesie. To ja miałam mu zrekompensować nieudaną córkę. I ja też go zawiodłam. Przerwałam studia, nie obroniłam napisanej już pracy magisterskiej, mimo dobrych wyników w nauce nie chciałam nawet próbować kariery uniwersyteckiej.

– Skoro tak go pani kochała, dlaczego nie chciała pani spełnić jego oczekiwań?

– Z dzisiejszej perspektywy sądzę, że miałam tę samą skazę co Aśka. Nie miałam nawet minimalnego poczucia własnej wartości, nie czułam się na siłach spełniać jego wymagań. Przerażały mnie snute przez niego wizje kariery, którą miałam zrobić. Przeszłam w życiu zbyt wiele, byłam zbyt znerwicowana i bardziej nadawałam się na terapię. Przede wszystkim potrzebowałam spokoju, poczucia bezpieczeństwa i stabilizacji. Z nim nie miałam tego nawet w minimalnym stopniu.

– A pani bliscy? Znajomi? Wiedzieli?

– Nawet gdy zamieszkaliśmy razem, oficjalnie uchodziłam jedynie za przyjaciółkę jego córki, której wspaniałomyślnie udzielił schronienia, bo była w trudnej sytuacji. Zwracałam się do niego „proszę pana". Nigdy nie byłam pewna, czy kiedyś nie nadejdzie dzień, że wyrzuci mnie ze swego domu i życia jak niepotrzebny śmieć, czym wielokrotnie mi groził. Przestawało mieć jakiekolwiek znaczenie, że poświęciłam mu najlepsze lata swej młodości, nie pomagało bezgraniczne oddanie, sprawne prowadzenie domu i firmy.

– Skąd pani brała pieniądze?

– Nigdy nie wzięłam od niego ani grosza. Zarabiałam korepetycjami z angielskiego albo dostawałam pieniądze od matki. Parę razy w ciągu tych lat kupił mi niedrogie prezenty na imieniny. Nic więcej.

– Czy coś zmieniało się w waszej relacji na przestrzeni kolejnych lat?

– Starzał się i młodsza kochanka przestawała być potrzebna, a wręcz zaczynała ciążyć, co dawał mi odczuć na każdym kroku. Coraz trudniej było mi znosić narastający chłód i znudzenie, obojętność i wzgardę. Aż powiedział coś, czego nigdy nie powinien był mówić: „Wiem, że mogę cię zniszczyć". – mówiłam z coraz większym trudem, wstrząsały mną nerwowe dreszcze, których nie mogłam opanować.

– Tak powiedział?

– Tak. Nie powinno mnie to zdziwić. Ale ja wtedy poczułam bunt. Potworny bunt.

Z trudem wróciłam na salę, padłam na łóżko i zasnęłam niespokojnym, pełnym koszmarów snem. W nocy poczułam znajome skurcze w lewej nodze, później w całym ciele. Wstałam powoli i niespokojnie krążyłam po celi, aby zapobiec atakowi. Wstrząsające mną drgawki nasiliły się nad ranem. Na porannym obchodzie ordynator polecił podać mi uspokajający zastrzyk.

– Nie trzeba – mówiłam – samo przejdzie.

Dostałam relanium, skutki były opłakane. Leżałam półprzytomna, otumaniona, czując nerwowe drżenie. Następnym razem zdecydowanie nie wyraziłam zgody na podanie środków uspokajających.

– Wobec tego nie dostanie pani żadnych leków – zapowiedziała pielęgniarka.

– Trudno – odparłam.

Dotrzymała słowa: nie dostałam leków przeciwbólowych przy wyjątkowo bolesnej miesiączce ani nawet tabletek na żołądek.

Z badaniem tomografem komputerowym było jeszcze gorzej. Rano poszłam do gabinetu zabiegowego, gdzie pielęgniarka usiłowała założyć mi wenflon. Gdy któraś z kolei próba wkłucia się nie przyniosła rezultatu, zniecierpliwiona kobieta wepchnęła wenflon na siłę i zaczęła wpuszczać płyn. Poczułam ból w całej ręce, pociemniało mi przed oczami i bez słowa zsunęłam się ze stołka.

– Proszę natychmiast wstać! – zaczęła wrzeszczeć siostra. – Wypraszam sobie te histerie!

– Co tu się dzieje? – do gabinetu wpadł pielęgniarz.

– Zobacz, co ona wyprawia!

Mężczyzna jednym ruchem podniósł mnie z podłogi i ułożył na kozetce. Zauważył przy tym wciśnięty na siłę wenflon i siniejące ślady po licznych, nieudanych próbach wkłucia. Obrażona pielęgniarka wyszła. Z dużą wprawą pielęgniarz wkłuł się w żyłę i delikatnie założył wenflon.

– Zaraz będzie lepiej – pocieszył mnie.

Uścisnął mi rękę i wyszedł, wołając strażnika odpowiedzialnego za transport.

– Ostrożnie z nią – usłyszałam jego głos.

Funkcjonariusz wyciągnął kajdanki.

– Proszę pokazać, gdzie ma pani wenflon – polecił.

Bez słowa podciągnęłam oba długie rękawy oddanego mi z okazji badania dresu. Strażnik cofnął się zmieszany, utkwiwszy wzrok w posiniaczonych, obrzmiałych rękach.

– Nie będę zakładał kajdanek.

Pojechaliśmy do publicznego szpitala. W gabinecie zabiegowym okazało się, że krucha żyła nie wytrzymała. Trzeba było znowu wkłuć się i założyć mi wenflon. Niemal leżałam na stole, przy którym mnie posadzono i trzymałam na blacie wyciągnięte obie ręce. W końcu się udało i do żyły zaczął wpływać kontrast. Nie reagowałam, z bólu i osłabienia nie byłam w stanie podejść do tomografu. Jak przez mgłę pamiętam, że ktoś mnie uniósł i położył do środka maszyny. Po zabiegu funkcjonariusz zaniósł mnie do samochodu.

– Już po wszystkim – powiedział.

Gdy wróciłam z badań dowiedziałam się, że Irenę zabrano na operację. Zaniepokojone koleżanki zdenerwowały się dodatkowo, widząc moje wyczerpanie.

Następny dzień był dniem kąpieli. Perspektywa porządnego odświeżenia się poprawiła mi humor. Nieco zrzedła mi mina, gdy zobaczyłam obskurną łazienkę, do której zostałam zaprowadzona razem z Dorotą. Za wyposażenie służył zdezelowany prysznic i obtłuczona, zardzewiała wanna.

Pod prysznic weszłam w butach, wzdychając z nostalgią za schludną łaźnią w A.

– Mężczyźni też się tu myją? – spytałam Doroty.

– Też.

„Tak wygląda ich niebo – pomyślałam – dobre jedzenie i syf w łaźni".

Istotnie, jedzenie było pyszne. Po raz pierwszy od wielu miesięcy zobaczyłam bułki, mleko, kaszę gryczaną, którą uwielbiałam, czy prawdziwy miód. Ale nie byłam w stanie oceniać wszystkiego tylko na podstawie zawartości talerza. Odpychało mnie otoczenie wymagające tępego podporządkowania.

„W takich warunkach nie ma miejsca nawet na poczucie winy"– ironizowałam w duchu.

Z zamyślenia wyrwała mnie Dorota.

– Dziękuję, że ze mną rozmawiasz – zaczęła nieśmiało.

– Dlaczego miałabym nie rozmawiać?

– Wiesz przecież.

– Wiem – przyznałam. – Powiedz mi, jeśli chcesz: nie jest ci żal?

– Pewnie, że jest – Dorota zaczęła płakać. – Ale to wszystko było takie okropne, nie wiem, co się ze mną stało... To nie było pierwsze dziecko, tylko siódme, a tamtych przecież nie zabiłam, kocham je – szlochała.

– Siódme?... To ile ty właściwie masz lat? Bo zachowujesz się jak nastolatka.

– Trzydzieści. Pierwsze dziecko urodziłam w wieku szesnastu lat. Widziałam, że pisałaś pisma i doradzałaś dziewczynom. Może mnie też byś coś doradziła?

– Jasne.

– Pokażę ci dokumenty, może mi coś poradzisz?

– Postaram się.

Gdy koleżanki poszły na spacer i zostałyśmy same, Dorota podała mi plik dokumentów. Suchy policyjny raport zrobił na mnie wrażenie, którego nie mogłam długo wymazać z pamięci. „A wydawałoby się, że już nic nie powinno robić na mnie wrażenia" – pomyślałam.

Na początek przeczytałam opinię ośrodka pomocy społecznej, z której wyłaniał się smutny obraz wiejskiej biedy. Równie smutne było życie Doroty. Zaburzona w rozwoju umysłowym dziewczyna stworzyła patologiczną rodzinę ze skrajnie nieodpowiedzialnym chłopakiem. Jakoś wiązali koniec z końcem wyłącznie dzięki pomocy opieki społecznej i wsparciu krewnych. Trudną sytuację materialną pogorszyła jeszcze siódma ciąża, będąca owocem przymusu i szokiem dla Doroty. Opiekunka z ośrodka zaproponowała, by w tej sytuacji pozostawić niechciane dziecko w szpitalu zaraz po urodzeniu i oddać je do adopcji. Na tym kończyły się pomysły pracowników opieki społecznej.

Raport policyjny relacjonował dzień, w którym Dorotę chwyciły bóle porodowe. Była sama w domu. Bez niczyjej pomocy urodziła dziecko w ubikacji, wsadziła do wiadra wraz z łożyskiem, po czym przykryła je szczelnie folią i wystawiła na korytarz domu, pod schody. Wracającego po wielu godzinach nieobecności podpitego męża poinformowała, że już po wszystkim. Nie pytał o nic, nie próbował nawet. Pytała za to pracownica opieki. Nie zadowoliło jej mętne tłumaczenie, że dziecko jest w jakimś bliżej nieokreślonym szpitalu. W czasie przeszukania policja znalazła zwłoki. Dziecko zmarło z wyziębienia i braku powietrza, a dotąd niezainteresowany sprawą mąż został oskarżycielem posiłkowym.

Tyle suchych faktów – dalej była opinia psychiatry o częściowej niepoczytalności, niedorozwoju umysłowym i zaburzeniach psychicznych oskarżonej. Z ulgą oddałam Dorocie papiery.

– Myślę, że nie trzeba już nic robić w tej sprawie – powiedziałam łagodnie.

– Jesteś pewna?

– Tak.

Dorota schowała dokumenty i zajęła się pisaniem listu do pozostałych przy życiu dzieci, których zdjęcia ozdabiały jej szafkę. Starałam się nie myśleć o tym, co przeczytałam. Chcąc oczyścić umysł, zapytałam dwóch sympatycznych kalifaktorów o możliwość skorzystania z biblioteki.

– Mam klucze do szafy z książkami – stwierdził starszy z nich.

Wieczorem stanęłam naprzeciwko starej, rozpadającej się szafy w świetlicy. Kalifaktor otworzył kłódkę i wskazał jedną z półek.

– Te książki są do waszego użytku.

– A reszta? – spytałam zaskoczona.

– Reszta niestety nie. Takie są zarządzenia.

Przekładając zakurzone i czasem rozpadające się książki, trafiłam na pozycje o Atlantydzie.

– Wezmę te.

– Daleko uciekasz myślami.

– Jak najdalej się da.

Ucieszyłam się, gdy do sali wróciła Irena. Po operacji wydawała się jeszcze chudsza i bledsza niż zazwyczaj.

– Wiem, wiem – Irena pokiwała głową. – Lekarze twierdzą, że to chudnięcie ma podłoże psychiczne i nie ma na nie rady. Ale ty też schudłaś.

– Zauważyłam – westchnęłam. – Nie wiem dlaczego, bo okropnie się objadam.

– Pewnie z nerwów. Te rozmowy z psycholog dużo cię kosztują. To widać.

Jakby na potwierdzenie tych słów następnego dnia poproszono mnie na spotkanie z psycholog.

– Czy możemy kontynuować? – spytała kobieta na wstępie.

– Możemy.

– Mówiła pani o zabitym. Jak on miał na imię?

– Andrzej.

– Nigdy nie mówiła mu pani po imieniu?

– Nigdy nie mówiłam mu nawet na „ty", choć on tak zwracał się do mnie. Używałam formy bezosobowej, bo nie chciałam mówić „pan". Kiedyś Marcin nakłonił go, żeby przeszedł ze mną na „ty", ale nie był zbyt zadowolony i ostatecznie to się nie przyjęło.

– No właśnie, Marcin. Jego zdanie było dla pani, zdaje się, bardzo ważne. To pani poznała go z Asią?

– Na studiach zaprosiłam go na święta Bożego Narodzenia do domu moich rodziców, potem przedstawiłam Aśce i jej ojcu. W sylwestra mój ukochany zaproponował Marcinowi bruderszaft, a następnie wyszedł, chcąc zakończyć miły wieczór u swojej kochanki.

– Był już wtedy z panią?

– Tak, od dwóch lat. Chyba potrzebował odmiany.

– Czyli Marcin, w przeciwieństwie do pani, zwracał się do niego po imieniu?

– Tak.

– Nie miała pani żalu?

– Miałam, ale Marcin przekonał mnie, że to nie jego wina. Zresztą na początku starał się wyperswadować mi ten związek, a kiedy mu się nie udało, zaakceptował go. Byłam szczęśliwa, że dwie bliskie mi osoby polubiły się. Marcin stał się częstym gościem w domu Andrzeja. Zaczął tam odgrywać coraz większą rolę, do tego stopnia, że Andrzej bez protestu godził się na jego częste i długie wizyty nawet z żoną, której w gruncie rzeczy nie lubił i ignorował. Zaczął też dyrygować Aśką, zapatrzoną w niego i starającą się spełniać jego zachcianki.

– Czy Marcin był traktowany lepiej od pani?

– Tak, jak domownik. Kiedy moja sytuacja stawała się coraz trudniejsza, chwyciłam się pomysłu Marcina o założeniu sklepu kosmetycznego. Uważałam, że może dać mi niezależność, że zdobędę uznanie mężczyzny, którego kochałam. Ale sklep okazał się gwoździem do trumny. Założyliśmy go razem z Marcinem, ale on wkrótce się wycofał. Nudziły go kosmetyki i sprzedał swe udziały Aśce. Andrzej, który kupił dla córki ten sklep, oczekiwał, że będę go prowadziła z pełnym sukcesem. Bez dofinansowania na zakup towaru, bez reklamy, bez dobrej lokalizacji sklep padł, a ja zostałam obciążona odpowiedzialnością, chociaż razem z Aśką walczyłyśmy o jego utrzymanie.

– Dlaczego pani od niego nie odeszła?

– A dokąd? Do domu, którego okropnie się bałam? Byłam przekonana, że jestem nieudacznikiem, który do niczego się nie nadaje. Co miałam zrobić? Nie wyobrażałam sobie życia bez Andrzeja, ale nie mogłam wytrzymać z nim. Nie umiałam wymazać z pamięci, wyrzucić na śmietnik piętnastu lat mojego życia.

– I wtedy zjawił się Marcin z propozycją?

– Tak. Podsunął myśl, że należy się go pozbyć.

– Jak pani na to zareagowała?

– W pierwszej chwili stwierdziłam, że to zupełnie nierealny pomysł. Jednak Marcin coraz częściej o tym mówił, opracowywał szczegóły planu. Całymi dniami chodziłam po lesie i płakałam, niespecjalnie przykładając się do szukania grzybów, którymi w myśl pierwotnego planu mieliśmy otruć Andrzeja. Potem Marcin zmodyfikował plan, a ja przedstawiłam go Aśce.

– Dlaczego jej?

– Aśka z jednej strony bała się, że ojciec mnie wyrzuci, a ona zostanie bez żadnego wsparcia. Uważam zresztą, że nie zrobił tego tylko ze względu na nią. Miał mnie już dosyć. Byłam mu – czułam to – niepotrzebna i zbędna. Z drugiej strony Aśkę kusiła samodzielność. Całe życie żyła pod dyktando ojca, nigdy mu się nie sprzeciwiła, chciała więc chociaż raz zrobić coś dla siebie, po swojemu. Marcin kusił ją pieniędzmi, które chciał dla niej zainwestować na Bliskim Wschodzie, co zapewniłoby jej bezpieczeństwo finansowe.

– A zatem miała mieć pieniądze jako zabezpieczenie i panią jako wsparcie. Co działo się z waszą trójką potem, po morderstwie?

– Zbrodnia uzależniła nas od siebie. Zabicie człowieka, a potem długoletnia bezkarność, daje mordercy irracjonalne poczucie wyjątkowości, umacnia go w przekonaniu, że jest jednostką wybitną, ponad społeczeństwem.

– Tak było z Marcinem?

– Tak sądzę.

– A pani?

– Bez przerwy śniło mi się, że Andrzej wraca do mnie, cały we krwi. Zaczęłam znieczulać się alkoholem. Miałam wszystkie objawy ciężkiej depresji, ale żaden lekarz ani leki nie były w stanie mi pomóc. Panicznie bałam się ludzi. Próbowałam się otruć, ale przerażało mnie piekło.

– Wierzy pani w piekło?

– Nigdy przedtem nie wierzyłam.

– Czym ono jest według pani?

– Brakiem Boga. Pustką, gdzie nie ma miłości.

W następnym tygodniu na sali zaszły zmiany. Natasza i Beata po zakończonym okresie obserwacji wracały do swojego więzienia.

– W G. nie jest tak dobrze, jak tu – żaliła się Beata. – Ciężkie warunki i karanie za byle co.

– Może ci się uda i szybko wyjdziesz – pocieszałam ją. – Nic nie jest przesądzone, póki jesteś w areszcie śledczym.

Opuszczone przez koleżanki miejsca szybko zajęły dwie nowe, też oczywiście za głowę. Bogna była typem buntowniczki – wściekła na siebie i cały świat, przygnieciona poczuciem winy.

– Kogo Bóg chce ukarać, temu rozum odbiera – zwykła mawiać o sobie.

– Nie przerzucaj własnej winy na Boga – odpowiadałam. – Masz przecież wolną wolę.

– Gdybyśmy się nie upili i nie pobili z mężem – biadoliła dalej Bogna – to by żył.

– Teraz za późno na żale.

Tego typu rozmowy prowadziłyśmy całymi nocami. Obie dręczone wyrzutami sumienia, każda z ciążącą na sobie zbrodnią, siadywałyśmy w nocy na stojącym w kącie łóżku Bogny, szepcząc do świtu. Jej głębokie poczucie odpowiedzialności za swój czyn budziło mój szacunek. Starałam się walczyć z jej tendencją do autodestrukcji i poczuciem, że jest zupełnie bezwartościowa.. Jej życie z brutalnym, wiecznie pijanym mężem nie było łatwe i doszła w nim do takiego upadku, że sama sięgnęła po kieliszek. Zmęczona i schorowana w alkoholu szukała ukojenia.

– Jesteś taka mądra, a przecież tobie też rozum odebrało – atakowała Bogna.

– Może i mam wiedzę, ale zupełnie brak mi mądrości – odpowiadałam. – Wiedza i mądrość to dwie różne rzeczy, zrozumiałam to dopiero tutaj.

– Skąd w tobie tyle siły? – wtrącała się Lena, kolejna nowo przybyła towarzyszka niedoli.

– Od ludzi – tłumaczyłam.

Tego znerwicowana do granic możliwości Lena nie mogła zrozumieć.

– Nie dokuczali ci nigdy? – pytała. – Nie byli wredni, okrutni?

– Jasne, że byli, ale spotkałam też innych.

– Gdzie? W więzieniu?

– Ludzie są wszędzie. Nie przetrwasz bez ludzi.

To nie przekonywało Leny. Kiedyś przez przypadek uchyliłam rąbka jej tajemnicy. Myjąc się przy umywalce, rzuciłam ręcznikiem w stronę swego łóżka. Lena, widząc lecący przedmiot, zaczęła się spazmatycznie trząść i długo nie można jej było uspokoić. Widoczne na jej ciele sińce i blizny dopowiedziały nam resztę. Nic dziwnego, że Lena bała się wszystkich i wszystkiego. Nie miała odwagi nawet poprosić o pomoc. Żadne moje rady nie były w stanie przebić się przez tkwiące w niej pokłady strachu.

Wkrótce musiałam jednak zająć się własnymi problemami. Gdy strażnik zawołał mnie na widzenie adwokackie, czułam, że nogi uginają się pode mną z przerażenia. Niemal biegnąc przez dziedziniec, wpadłam bez tchu do pokoju, w którym czekała adwokatka.

– Pani mecenas – wydyszałam – czy coś się stało?

– Czy coś musiało się stać, żebym panią odwiedziła?

– Pomyślałam, że mama zachorowała – wyszeptałam, osuwając się na krzesło.

– U mamy wszystko w porządku, wybiera się do pani.

– Tutaj?

– Ordynator chce przeprowadzić z nią wywiad środowiskowy, ale niestety, nie będę mogła przywieźć jej samochodem. Postanowiła więc, że przyjedzie sama.

– Nie wiem, czy to rozsądne? Niedawno miała operację, jest październik, może się przeziębić.

– Mimo to chce przyjechać. Jest umówiona na czwartek, bo w weekend nie ma ordynatora.

Wróciłam na salę w całkiem niezłym nastroju.

– Moja mama przyjedzie w czwartek – oznajmiłam Irenie z entuzjazmem. – Będą z nią robić wywiad środowiskowy.

– Ale ty się z nią nie zobaczysz – koleżanka ostudziła mój zapał.

– Jak to nie zobaczę?

– Widzenia są w soboty, nie w czwartki.

– Przecież jest przepis mówiący o tym, że osoba przyjeżdżająca pierwszy raz z miejsca oddalonego powyżej stu kilometrów może mieć widzenie w dowolny dzień.

– Może w A., nie tu.

– Nie chodzi o mnie. Ale mama strasznie się zdenerwuje, jeśli mnie nie zobaczy.

Zgodnie z zasadami, postanowiłam zwrócić się do zwierzchników. Zaczęłam od wychowawczyni, która stwierdziła, że nic nie może zrobić. Ordynator odpowiedział urzędowym tonem, że nie ma wpływu na przepisy. Ostatnią deską ratunku była psycholog.

– Postaram się porozmawiać z ordynatorem – powiedziała. – Ale niczego nie obiecuję.

Następnego dnia psycholog rozwiała moje nadzieje.

– Przykro mi, nie udało się przekonać dyrekcji.

Kolejne dni były jednymi z najgorszych od momentu aresztowania. Miotałam się w poczuciu bezsilności, a lęk o mamę narastał. W przeddzień spodziewanego przyjazdu poważnie zasłabłam. Wydawało mi się, że umieram – ostatnią myślą zmąconego umysłu była paradoksalnie radość. Kiedy pod opieką koleżanek doszłam do siebie, rozpłakałam się z żalu, że jeszcze żyję.

W feralny czwartek przyszedł oddziałowy.

– Proszę się ubrać, idziemy na widzenie.

Nie wiedziałam, kto sprawił ten cud, ale byłam z całego serca wdzięczna za możliwość dwugodzinnego spotkania z mamą.

Zobaczyłam ją czekającą w niewielkim pokoju. Oddziałowy usiadł dyskretnie pod drzwiami. Po powitalnych uściskach wnikliwie się jej przyjrzałam. Rozczuliło mnie, że przygląda mi się równie uważnie.

– Jak to dobrze, że nie wyglądasz na osobę po ciężkiej operacji – odetchnęłam z ulgą.

– Czuję się całkiem nieźle – pocieszyła mnie. – Kochanie, musiałam wymusić na tutejszych funkcjonariuszach pozwolenie na widzenie.

– Mnie się nie udało. Jak ty to zrobiłaś?

– Odmówiłam wszelkich rozmów i wywiadów środowiskowych, a poza tym zasugerowałam, że widocznie coś przede mną ukrywają.

Uśmiechnęłam się, wyobrażając ją sobie w akcji.

– Oprócz tego – kontynuowała mama – przywiozłam ci paczkę z owocami. Przy wejściu pytali mnie o zawartość. Więc wymieniłam: winogrona, gruszki, granaty. A ten strażnik wydarł się na mnie: „Jaja pani sobie robi!”. Więc poinformowałam go, że granaty to owoce podnoszące iloraz inteligencji i że gdyby je jadł, to by więcej wiedział.

– Złośliwość rzeczywiście mam po tobie – chichotałam.

– Kochanie moje – spoważniała matka – muszę ci coś powiedzieć. Tydzień temu koło drugiej w nocy obudził mnie telefon. Nieznany głos oznajmił: „To ja, Weronika. Bardzo źle się czuję, boli mnie żołądek i jelita. Chyba nie dożyję rana”. Zdenerwowałam się i powiedziałam przez telefon, że przecież jesteś w szpitalu, więc powinnaś poprosić o pomoc. Ten ktoś powiedział tylko: „A bo to taki szpital”, po czym się rozłączył.

Ogarnęła mnie zgroza – kto mógł pastwić się w taki sposób nad starą, chorą kobietą? Ktoś, kto znał moje problemy zdrowotne, osoba, która kiedyś była mi bliska.

– Pomyślałam sobie, że to nie możesz być ty – stwierdziła matka spokojnie. – Bo nie chciałabyś mnie denerwować. Jednak na wszelki wypadek ustaliłam numer telefonu do G. i zadzwoniłam tutaj. Jakiś pan odebrał telefon i na moją prośbę sprawdził, czy wszystko w porządku. Poinformował mnie, że śpisz, a ktoś widocznie zrobił mi brzydki kawał.

– Nie mam dostępu do telefonu, nawet gdybym chciała zadzwonić – wtrąciłam.

– Wiem o tym, ale człowiek wyrwany ze snu w środku nocy raczej nie myśli logicznie. Ktoś widocznie na to liczył. Rano zadzwoniłam do prokuratury, skąd dostałam numer do komisarza. Skontaktowałam się z nim, sporządził notatkę służbową i powiedział, że się tym zajmie. Wierzysz mu?

– Czasem bardziej niż sobie – uśmiechnęłam się lekko.

– Coś ci przywiozłam. Powiedzieli mi, że mogę ci to dać.

Wyjęła z torebki i położyła na stole nieduży krzyżyk z czarnego onyksu na srebrnym łańcuszku.

Ucałowałam ascetyczny, pozbawiony figurki krzyżyk i założyłam go na szyję.

– Nigdy go nie zdejmę. Dziękuję ci, mamo.

– Musicie panie powoli kończyć – usłyszałam głos strażnika.

– Pójdę już – powiedziałam łagodnie. – Tak się cieszę, że cię zobaczyłam.

Objęłam mamę na pożegnanie.

– Co mam powiedzieć w tym wywiadzie środowiskowym?

– Prawdę.

Wracając do sali podśpiewywałam pod nosem.

– Za co siedzisz? – spytał oddziałowy.

– Słucham? – utkwiłam w nim ostre spojrzenie.

– Przepraszam panią – zmieszał się mężczyzna.

– Siedzę za głowę – walnęłam prosto z mostu.

– Nie wygląda pani na taką.

– Na morderczynię? Pozory mylą.

Podobnie jak w A., posługa religijna odbywała się tu na świetlicy. Ponure pomieszczenie bez okien, zabezpieczone dodatkowo kratami, paradoksalnie sprzyjało refleksji. Patrząc na prowizoryczny konfesjonał ustawiony z krzeseł przeżywałam dylemat: czułam, że nie jestem jeszcze gotowa.

Wszystkie siły zużywałam na roztrząsanie wspomnień, opowiadanie psycholog o przeszłości. Nigdy wcześniej ani później nie analizowałam tak szczegółowo swego życia, szukając przyczyny popełnionego zła. Od swych koleżanek na sali różniłam się tym, że nie byłam ofiarą przemocy bezpośredniej i nie działałam pod wpływem impulsu, a raczej pod presją z zewnątrz. Ale ich przeżycia były mi bardzo bliskie. Pamiętałam własny strach, który przeradzał się w agresję, huśtawki nastrojów, poczucie, że nigdzie na świecie nie ma dla mnie miejsca.

Któregoś razu zwierzyłam się psycholog z uczuć, o których nie mówiłam nikomu.

– Po mniej więcej roku od zabójstwa Marcin, mający wtedy liczne kontakty z Arabami i Afgańczykami, pokazał mi zdjęcie mężczyzny. Miał na imię Fadil, był Afgańczykiem i ekstalibem. Podobno przyjeżdżał do Polski kilkakrotnie. Nigdy go nie widziałam, choć rozmawiałam z nim przez telefon – wtedy jeszcze mój angielski był lepszy. Na podstawie opowieści Marcina wykreowałam w wyobraźni wizerunek człowieka, którego pokochałam. Była to miłość całkowicie bezinteresowna, niczego nieoczekująca. Po kilku miesiącach Marcin powiedział, że Fadil zginął na afgańskiej wojnie. Załamałam się. Musiałam mieć żałobę wypisaną na twarzy, bo znajomi zaczepiali mnie pytając „kto umarł?" Od tamtej pory już nic nie hamowało mego staczania się w pijaństwo. Dzisiaj dociera do mnie, że padłam ofiarą jakiejś strasznej manipulacji ze strony Marcina. I chciałabym dowiedzieć się prawdy o tym mężczyźnie i jego śmierci. Nie wiem, które z tych opowieści były prawdą. Nic już nie wiem... Nie rozumiem siebie...

– A ja doskonale to rozumiem – wtrąciła psycholog. – Stworzyła pani miłość idealną, która miała uleczyć wszystkie rany, również te związane ze zbrodnią. Musiała pani kochać bezinteresownie, aby zrównoważyć wyrządzone zło. Marcin podsunął pani obiekt i pomógł stworzyć iluzję.

– A więc nie kochałam go naprawdę?

– Ależ oczywiście, że kochała pani, ale czy naprawdę jego czy mit? Nawet nie wie pani, czy nie był wyłącznie wytworem czyjejś wyobraźni. A poza tym, nawet wielka miłość nie jest w stanie zagłuszyć wyrzutów sumienia, jeśli ktoś je ma oczywiście. Szukała pani lekarstwa na chorobę duszy.

– Co jest takim lekarstwem?

– Wzięcie odpowiedzialności za swój czyn i pokuta.

Spuściłam głowę, nie takiego podsumowania mego uczucia do Fadila oczekiwałam. Wydawało mi się, że psycholog zbagatelizowała sprawę. Musiało upłynąć sporo czasu, nim w pełni doceniłam sens jej słów..

– Pani Weroniko – stwierdziła kobieta łagodnie – to jest nasze ostatnie spotkanie. Myślę, że już wszystko zostało powiedziane.

– Czy da mi pani jakąś radę, wskazówkę na przyszłość?

– Dałam pani możliwość wypowiedzenia wszystkiego, co panią dręczy. Oczyściła się pani. To był najważniejszy krok. Nie muszę pani dawać żadnych rad. Z czasem dojdzie pani do swoich własnych wniosków. Nie musi pani nic specjalnego robić. Sama odczuje pani skutki oczyszczenia – dodała widząc moją niepewność.

Z OPINII SĄDOWO-PSYCHIATRYCZNEJ WERONIKI K.: Pacjentka przybyła na obserwację 5 października 2005 roku. Podaje podczas wstępnej rozmowy, że pojawiają się u niej krótkotrwałe omdlenia powiązane z utratą przytomności a później dreszczami. Zdarza się to przede wszystkim pod wpływem silnych emocji.

Od dzieciństwa mieszka w Brudnowie. Ostatnie lata mieszkała u koleżanki. Z domu wyprowadziła się przez alkoholizm ojca. W liceum poznała przyjaciółkę, z którą była bardzo emocjonalnie związana. Później poznała ojca przyjaciółki, który ją uwiódł i został jej kochankiem. To ten mężczyzna został przez nią zamordowany. Bardzo go kochała, ale po pewnym czasie zaczęły się kryzysy: on ją zdradzał a najbardziej nie znosiła jego milczenia, które czasami trwało nawet przez kilka dni. Cały czas mówiła do niego: per pan.

Co myśli o tym co się stało? O zabiciu człowieka? Twierdzi, że powinna od niego odejść ale nie miała na to siły. Jest przekonana, że zabójstwo Andrzeja G. jest jedną z wielu rzeczy w jej życiu, których nie rozumie - i nawet teraz po upływie prawie 6 lat od zbrodni nie potrafi do końca na te pytania odpowiedzieć.

O Marcinie B. mówi, że była to kolejna ważna osoba w jej życiu, która też w sposób bezwzględny wykorzystała jej naiwność i łatwowierność. Teraz nie ma złudzeń, że ta znajomość nie była dla niej niczym dobrym.

Spontanicznie opowiada o policjantach z Wydziału Spraw Beznadziejnych. „Swoiście się z nimi zaprzyjaźniłam" - stwierdza.

Osobowość zaburzona o typie bierno-agresywnym. W trakcie dokonywania zarzucanego jej czynu Weronika K. miała zachowaną zdolność rozpoznania znaczenia swego czynu, jak i zdolność pokierowania swoim postępowaniem. Weronika K. może uczestniczyć w czynnościach procesowych.

W celi nasza uwaga skupiła się teraz na Irenie, która wracała do siebie. Jej wyjazd odczułam jak bolesną stratę. W czasie pożegnania wyciągnęłam więc ze swych kosmetyków jedyną cenną rzecz, jaką posiadałam: odnaleziony przez komisarza podczas wizji lokalnej fluid Guerlaina.

– Chciałam dać ci to na pamiątkę – wręczyłam Irenie pozłacany flakonik.

– Ale to jest pewnie bardzo drogie.

– A więc warte ciebie.

Po wyjeździe koleżanki poczułam pustkę. Nie mogąc znaleźć sobie miejsca, poprosiłam o rozmowę z ordynatorem.

– Kiedy będę mogła wyjechać? – spytałam wprost. – Powiedziano mi, że wszystkie badania zostały zakończone.

– Transport odbywa się co dwa tygodnie. Albo pojedzie pani teraz, po pięciu tygodniach, albo dwa tygodnie później.

– Jeśli to możliwe, chciałabym jechać jak najszybciej.

– Zastanowimy się.

Czekałam w napięciu na decyzję. We wtorek wieczorem nie dostałam paragonu na wypiskę, choć posiadałam pieniądze na koncie. Przyczyna cofnięcia mi prawa do środowych zakupów mogła być tylko jedna – wyjazd. Ogarnęła mnie euforia. Cieszyłam się jak dziecko, że wracam do A., gdzie czułam się swobodnie.

Następnego dnia rano koleżanki pomogły mi spakować skromny dobytek.

– To prezent dla ciebie – powiedziała Bogna, podając mi reklamówkę pełną kosmetyków i słodyczy. – Każda dała coś od siebie.

– Wracaj szczęśliwie do tego swojego A. i napisz do nas – dodała Lena.

Żegnałam się z nimi ze łzami w oczach. To dzięki tym kobietom przetrwałam tutaj pięć tygodni. Pomyślałam sobie, że kiedyś, w przyszłości, chciałabym stworzyć spokojny kąt dla podobnych życiowych rozbitków. Myśl ta nie opuszczała mnie przez kolejne lata.

Przed południem przyszedł po mnie strażnik.

– Idziemy – padła krótka komenda.

Rozliczyłam się w magazynie, zdałam rzeczy skarbowe i odebrałam resztę swoich ubrań, po czym zamknięto mnie w małym pomieszczeniu przy dyżurce, gdzie odczekałam jakieś dwie godziny zanim trafiłam do policyjnej nyski. W środku spotkałam tego samego towarzysza podróży, z którym tu przyjechałam. Stary recydywista rozpoznał mnie od razu.

– I co, znaleźli jakiegoś fioła w głowie? – spytał na dzień dobry.

– Nie wiem.

– Miejmy nadzieję, że coś znaleźli, świrowi łatwiej się bronić – pocieszał mnie po swojemu.

Jechaliśmy w milczeniu ulicami G., aż zatrzymaliśmy się przed wejściem do znanego mi już dołka w podziemiach komendy. I znów strażnik zaprowadził mnie do klitki wyposażonej w „trumienne" skrzynie. Z czasem do celi zaczęły przybywać kolejne kobiety będące w drodze pomiędzy różnymi więzieniami. Zrobiło się tłoczno.

– Za głowę czy gospodarka? – zaczepiła mnie drobna, młodziutka blondynka.

– Za głowę – odpowiedziałam. – Skąd wiedziałaś?

– Po wyglądzie i ubraniu – zaśmiała się ze znawstwem. – Jadę do C., a ty?

– Do L., a stamtąd do A., wracam z badań.

– A ja wreszcie wracam do mego synka, nie widziałam go pół roku. Tyle musiałam siedzieć, żeby złożyć zeznania.

– Dziecko zostało tam samo na pół roku, bez matki? – dopytywałam się z niedowierzaniem.

– Jak wyjeżdżasz, twoim dzieckiem opiekują się inne skazane. Ale wreszcie wracam i mam nadzieję, że te suki dobrze się nim opiekowały, bo jak nie, to im pokażę.

– Urodził się w więzieniu?

– Tak, w więziennym szpitalu mają bardzo dobre warunki. Aż do wyjazdu cały czas miałam go przy sobie, ale może być ze mną tylko do trzeciego roku życia. Potem zaopiekuje się nim moja mama.

– Potem? To za co ty jesteś?

– Też za głowę. Może słyszałaś o tym, to była głośna sprawa: kumple mojego chłopaka związali i podpalili faceta.

Frajer nie chciał oddać kasy, no to się przekręcił. A teraz ja jestem tu, a mój chłopak w F. Cóż robić, życie...

Wyjęła z torby gruby mazak i podeszła do ściany.

– Moja herbatnica w drodze do W. zostawiła wiadomość, muszę odpisać. Siedzi za przyspieszenie sobie wdowieństwa – blondynka puściła do mnie oko.

W ten sposób dowiedziałam się jak powstają napisy na ścianach cel, które tak intrygowały mnie podczas pobytu na moim pierwszym dołku.

Weszła kolejna grupka więźniarek.

– Zróbcie jej miejsce – poprosiła starsza kobieta, sadzając swą młodszą towarzyszkę na drewnianej skrzyni. – Jest w piątym miesiącu ciąży, wymiotowała całą drogę, w końcu zasłabła, ale nikogo to nie obeszło. Te gnoje nawet się nie zatrzymały, żeby mogła trochę odpocząć, choć prosiłyśmy o to.

Młoda dziewczyna o poszarzałej ze zmęczenia twarzy osunęła się ciężko na wymoszczone ubraniami siedzisko.

– Tak nie może być – stwierdziła jedna z kobiet. – Trzeba kogoś zawiadomić. Przecież może stać się coś złego.

Jednak na pukania i zbiorowe nawoływania nikt nie reagował.

– Jak się czujesz? – spytała dziewczynę zadziorna blondynka.

– Słabo mi, duszno...

– Nic dziwnego, taki tu tłok, nawet okna nie można otworzyć – narzekały kobiety.

Blondynka pobladła z wściekłości i w jednej chwili pokazała, co potrafi. Pod naporem potężnego kopniaka zatrzęsła się klapa, a dziewczyna wrzasnęła przenikliwym głosem.

– Jak jej się coś stanie, będę świadkiem!

Swoje słowa poparła ponownym, mocnym kopnięciem. Poskutkowało, zaniepokojeni strażnicy szybko zareagowali.

– Co się dzieje? – stanęli w otwartych drzwiach, nie wchodząc do środka. – Pani źle się czuje? – wreszcie zainteresowali się młodą kobietą.

– Jest w ciąży – wyjaśniła blondynka – i nie jest w stanie jechać dalej w tych warunkach.

– Dlaczego pani nic nie powiedziała? – spytał dziewczyny strażnik.

– Zgłaszałam na każdym postoju i zaraz po przyjeździe.

– Zabierzemy panią do szpitala – zdecydował funkcjonariusz. – Proszę za mną.

– Dziękuję – szepnęła ciężarna dziewczyna w stronę blondynki.

– Nie ma za co, trzymaj się.

Obserwowałam tę scenę w milczeniu. Nie po raz pierwszy w tym dziwnym świecie widziałam, jak wśród tych pozbawionych skrupułów kobiet o ciemnych życiorysach zawiązuje się poczucie wspólnoty, kiełkuje współczucie.

Mijały długie godziny a ja byłam coraz bardziej znużona. Przed oczami przesuwały mi się kolejne grupki kobiet, które wchodziły i wychodziły z celi. Za każdym razem z ust strażników padały te same słowa.

– Osoby do L. muszą czekać.

Czekałam więc wraz z innymi kobietami, które miały jechać razem ze mną. Już dawno rozdzieliłam między głodne towarzyszki większość prowiantu, który otrzymałam w szpitalu, a resztę schowałam na drogę. Zmęczenie jałowym czekaniem w zimnie i półmroku wprawiło mnie w otępienie. Bezmyślnie przyglądałam się więc kolejnym twarzom i sylwetkom, odruchowo odnotowując w pamięci co bardziej charakterystyczne przypadki: wychudłą, zapadniętą twarz młodej dziewczyny w warkoczykach wyglądającą jeszcze na dziecko, twarz naznaczoną stygmatem raka wątroby. Zapamiętałam tę dziewczynę, choć nie byłam w stanie skojarzyć jej imienia ani celu podróży.

Kilka minut po siódmej wieczorem zapowiedziano nam, że mamy się zbierać do drogi. Przez jakiś czas ważyły się nasze losy – w lodówie pełnej mężczyzn nie było dla nas miejsca. Ostatecznie wsiadłyśmy do policyjnej suki, która ruszyła za lodówą, wioząc też dokumenty osadzonych. Mimo przenikliwego zimna panującego w samochodzie poczułam ulgę, kiedy ruszyłam wreszcie w podróż powrotną. Jechaliśmy szybko przez noc, niewiele widząc przez małe, zakratowane okienka. Po godzinie suka nagle wyhamowała i skręciła na jakiś dziedziniec.

– Jesteśmy – poinformował konwojent. – Pani wysiada – wskazał kobietę jadącą przez G. do Z.

– Zaraz odwiozą panią na miejsce – dodał drugi strażnik pocieszająco.

Po krótkim postoju ruszyliśmy dalej w stronę L.

– Dokąd jedziecie? – zadałam zwyczajowe pytanie, zwracając się do dwóch pozostałych towarzyszek podróży.

– Do I., i to z daleka – wyjaśniła młoda, rezolutna kobieta. – Najgorsze jest to, że miesiąc temu wzięłam ślub – głos jej się załamał i zamilkła.

– No to masz podróż poślubną, jakiej nie zapomnisz do końca życia – czarnym humorem starałam się rozładować atmosferę.

Zaczęła opowiadać o wynajęciu domu i podpisaniu – oczywiście w dobrej wierze – dokumentów z tym związanych. To był początek tragedii. Ta banalna historia potwierdziła tylko moje wcześniejsze obserwacje, że w więzienne tryby może dostać się każdy przeciętny obywatel zaplątany w gąszcz skomplikowanych, niezrozumiałych przepisów, które – świadomie lub nie – naruszy. Druga kobieta opowiedziała o tym, jak skradziono jej dowód osobisty, który później wypłynął przy okazji oszustwa. Niezależnie od tego, czy kobiety te mówiły prawdę, były zamieszane w drobne przestępstwa o niskiej szkodliwości społecznej. Mimo to więzienna machina traktowała je z taką samą bezwzględnością, a czasem nawet gorzej, niż mnie, oskarżoną o drastyczne morderstwo.

Dołek w L. okazał się wybawieniem. Mogłyśmy nie tylko skorzystać z ubikacji, ale też rozgrzać się w ciepłej celi. Padłyśmy na drewniane skrzynie marząc, aby zostawiono nas w spokoju. Było już dobrze po północy. Jednak nie dano nam porządnie odpocząć. Kilkanaście minut później otrzymałyśmy polecenie gotowania się do dalszej drogi. Tym razem do policyjnej suki oprócz nas trzech wsadzono także dwóch chłopców ze Śląska. Według więziennych przepisów byli nieletni, czyli nie mieli ukończonych siedemnastu lat. Masywna blondynka, którą zdążyłam już poznać pięć tygodni temu, znajdowała szczególną przyjemność w pokrzykiwaniu na chłopców, chcąc za wszelką cenę okazać im władzę.

– A wy dokąd? – spytałam chłopaków z ciekawością.

– Do N. – odpowiedział starszy z nich, uśmiechając się nieśmiało. – Za handel złomem i bimbrem.

– A cóżem miał robić, proszę pani – wtrącił nerwowo młodszy. – Ojciec zmarł, w domu matka i rodzeństwo, z czego żyć?

Z żalem patrzyłam na chłopców, którzy swym zachowaniem tak dalece odbiegali od stereotypu młodego bandyty. Co się z nimi stanie, gdy ich edukacją zajmą się starsi, bardziej doświadczeni kryminaliści?

– Przed wami długa droga.

– To nic, najgorsze, że to babsko tak się wydziera. Nawet wody nam nie dali.

Wyciągnęłam resztę zachowanego prowiantu wraz z butelką wody mineralnej i spontanicznie wcisnęłam do rąk młodszemu z chłopców.

– Bierzcie, ja nie potrzebuję, bo już jestem prawie na miejscu.

Ale to „prawie" okazało się bardzo problematyczne. Zamiast w stronę przedmieść samochód wjechał do centrum, pod znaną mi komendę. Całe towarzystwo zostało przeładowane z suki do lodówy i ruszyło dalej w drogę. Był już środek nocy, a lodówa kierowała się powoli w stronę A.

– Witamy z powrotem – powiedział do mnie dowódca, gdy wysiadłam na dziedzińcu.

– Nareszcie – roześmiałam się i pokiwawszy młodym na pożegnanie, poszłam za dowódcą na oddział. Gdy zobaczyłam znajomą postać oddziałowej Marii, nieomal rzuciłam jej się na szyję z radości.

– Cieszę się, że pani wróciła. Chce pani z powrotem do osiemnastki?

– A kto tam teraz jest?

– Nie ma Agaty, ale jest młoda Anita, no i pani Józia.

O drugiej przekroczyłam znowu próg celi numer 18 ze złudnym poczuciem, że dotarłam do kresu podróży.

Przed rozprawą

W celi numer 18 coś mnie zaniepokoiło. Schludne do tej pory pomieszczenie wyglądało teraz jak cygański tabor. Wszędzie leżały porozrzucane rzeczy, mokre ubrania rozwieszone w zimnym i wilgotnym pomieszczeniu nie miały szans porządnie wyschnąć. Zajęłam jedyne wolne kojo, dawne łóżko Agaty.

Nowe koleżanki – Arleta, Anita i Franka – odnosiły się do mnie z dystansem i wyraźną wrogością. Sytuację wyjaśniła mi dopiero Józka, gdy przysiadłyśmy osobno na spacerniku.

– Po twoim wyjeździe przeniesiono do nas Arletę. Przedtem była z Aśką. Zaczęła opowiadać okropne rzeczy…

Józka przerwała, czekałam w milczeniu.

– Podobno Aśka opowiadała na celi, jak razem z tobą dusiła ojca, a potem z Marcinem go kroiła…

„Aśka publicznie opowiada takie rzeczy! To nie mieści się w głowie. Zawsze miałam ją za osobę skrytą i zamkniętą w sobie" – pomyślałam.

– I uwierzyłyście jej? – spytałam.

– Nie wiedziałyśmy, co o tym sądzić, ale jednocześnie w telewizji zaczęli nadawać programy na wasz temat. Wiesz, te wszystkie „Na Tropie Sensacji" i „Głośne Sprawy", wszystko o was – Józka patrzyła na mnie uważnie. – Mnie to nie obchodzi. Bóg was będzie sądził, nie ja... Ale Arleta strasznie na was szczuje, gdzie tylko może. Nie rozumiem tego, bo przecież ona sama też siedzi za morderstwo. Wiesz – zniżyła głos do szeptu – Arleta zabiła swoją babcię. Nożem podcięła jej gardło, a potem wbiła ten nóż w serce i to na oczach swojej trzyletniej córki, więc czemu was się czepia?

– Może właśnie dlatego.

Stanęłam przed ciężką próbą. Nagonkę rozpoczęła Anita, ostentacyjnie oddając mi bluzki, które kiedyś podarowałam Agacie.

– Agata kazała ci to oddać, nie chce mieć z tobą nic wspólnego – oznajmiła.

Od tego incydentu zaczęło się tak zwane dojeżdżanie. Bezustanne docinki pod moim adresem, roztrząsanie w grupie spacerowej sensacyjnych doniesień na temat mnie i Aśki, głośne domaganie się przywrócenia kary śmierci, co było szczególnie ciekawe, zważywszy, że pod zarzutem morderstwa siedziały z nami zarówno Arleta, jak i Franka. Na porządku dziennym były obelgi i poniżanie, w tym ulubiony więzienny chwyt, czyli wykluczenie ze wspólnych posiłków. Każdy dzień zaczynałam ze strachem, a kończyłam z ulgą, że mam go za sobą.

Zupełnie dla mnie nieoczekiwanie rękę podała mi Józka, która w trudnych chwilach pokazała zupełnie inną, nieznaną mi dotychczas twarz. Towarzyszyła mi na spacerach, broniąc przed izolacją. Gdy nie dopuszczano mnie do stołu, jadła ze mną posiłki na krześle, pocieszała i dodawała otuchy.

– Nie przejmuj się tak strasznie – mówiła. – Nie zwracaj na nie uwagi. Gdy okazujesz, jak boli cię to dokuczanie, sprawiasz im przyjemność.

Przypuszczam, że to właśnie ona opisała wychowawczyni co się dzieje, podczas gdy ja, zgodnie z więziennymi zwyczajami, nie powiedziałam nikomu ani słowa. Wychowawczyni była zbyt mądra, aby natychmiast interweniować. Nie chciała mi zaszkodzić. Próbowała pomóc mi inaczej.

– Dlaczego pani tak strasznie to przeżywa? – dopytywała się.

– Bo one w gruncie rzeczy mają rację – odpowiedziałam. – Nie umiem się bronić, bo wstydzę się swoich czynów i tego, kim jestem.

– Musi pani dać odpór, również ze względu na to, co może przynieść przyszłość.

– Nie potrafię.

– Wobec rozpoczynającego się remontu oddziału nie mogę was teraz rozdzielić – westchnęła. – Cele będą sukcesywnie opróżniane, część osób pewnie zejdzie na dół. Wy też zostaniecie przeniesione na czas remontu osiemnastki. Musi więc pani to przetrzymać.

– Spróbuję.

Mimo pomocy Józki zapadałam się w świat moich własnych koszmarów. Znikła cela numer 18 i znów staliśmy naprzeciwko siebie – ja i mój grzech. Coraz bardziej chudłam, nie mogąc nieraz przełknąć nawet kęsa.

– Co się z panią dzieje? – pytała psycholog. – Czy to emocje w celi wywołują taką reakcję?

– Nie, jednak nie o to chodzi – zaprzeczyłam. – Nie mogę dojść do siebie po badaniach.

Kilka dni później odwiedził mnie komisarz.

– Strasznie pani schudła – zauważył.

– W ogóle jest pani jakaś inna – dodał Leszek.

– Jestem tylko zmęczona.

Nie chciałam rozmawiać o badaniach, wszystko było zbyt świeże, zbyt bolesne. Zawieźli mnie do prokuratury, gdzie czekała pani mecenas.

– Przyszły dokumenty z obserwacji w G. – poinformował zwięźle prokurator. – Według nich nie ma żadnych podstaw do zastosowania artykułu 31 paragraf 2.

Popatrzył uważnie na adwokatkę, która wydawała się lekko zawiedziona.

Ale artykuł 31 paragraf 2 mówiący o częściowej niepoczytalności w momencie popełniania zbrodni, był mieczem obosiecznym. Nie było najmniejszego powodu do przedstawienia mnie jako osoby niepoczytalnej i tym samym do podważenia wiarygodności moich słów.

Badania w G. stały się początkiem poszukiwań prawdy, którą starałam się odnaleźć w sobie, ale też w książkach z pogranicza psychologii i psychiatrii. Chciałam zrozumieć siebie. „Osobowość bierno-agresywna" – tak zdiagnozowała mnie psycholog w G. Zaczęłam zgłębiać, co to właściwie znaczy i tak trafiłam na „Wampiryzm emocjonalny" Alberta Bernsteina. Już pierwsze zdanie mnie znokautowało: „wampiry pasywno-agresywne są spragnione aprobaty". Stanęły mi przed oczami sytuacje, w których tak strasznie pragnęłam akceptacji otoczenia, rodziny, znajomych, wreszcie Andrzeja czy Marcina, że gotowa byłam zrobić dla nich wszystko. Znów poczułam ból odrzucenia przez ukochanego człowieka, którego później zamordowałam. „Patologiczne dawanie może być również rezultatem wypaczającego wpływu dysfunkcyjnej rodziny" – twierdził Bernstein, a ja nie mogłam się z nim nie zgodzić. Funkcjonowałam nieustannie spalając się w dawaniu. Było ono moją walutą, za którą próbowałam kupić sobie odrobinę zainteresowania czy akceptacji. „Odtrąceni histrionicy są sfrustrowani i gniewni – analizował dalej autor. – Wszystko, co potrafią robić, to nadal dawać, cierpieć w milczeniu i dolewać coraz więcej oliwy do wewnętrznego ognia, który sprawia, że nie przestają płonąć gniewem. Można uważać wampiry pasywno-agresywne za ofiary sił pozostających poza ich kontrolą. Ale prawo natury mówi, że ofiary szukają sobie ofiar".

„Oto geneza mojej zbrodni" – pomyślałam gorzko. Jakie to banalne.

Punktem kulminacyjnym stał się dla mnie rozdział o osobowości narcystycznej – wierny portret Marcina. Cała groza sytuacji, która doprowadziła nas do zbrodni, zawarła się w jednym zdaniu, które było dla mnie niczym cios między oczy: „Wampir narcystyczny i pasywno-agresywny to spółka stworzona w piekle".

Zaczynałam powoli rozumieć, co stało się między nami – mną, Andrzejem, Marcinem i Aśką. Próbowałam pojąć dynamikę naszej relacji – mojej i Marcina – żeby uchwycić, w którym momencie zawładnął mną i stałam się narzędziem w jego ręku. Nie chciałam się w ten sposób rozgrzeszać.

Ale żeby pójść dalej, zostawić całe zło za sobą, musiałam najpierw zrozumieć. „Prawda nas wyzwoli" – powiedział komisarz i dopiero teraz zaczynała docierać do mnie powaga i mądrość tych słów.

W więzieniu, a szczególnie w areszcie śledczym, wszystko jest zmienne. Na początku zimy zmiany nie ominęły też celi numer 18. Odetchnęłam z ulgą, kiedy Franka wyjechała na obserwację do Miejskiego. Choć sama nie miała własnego zdania, była groźnym narzędziem w cudzych rękach. Jej agresja skutecznie obrzydzała mi życie. Kiedy więc Anita i Arleta zostały same, moja sytuacja nieco się poprawiła.

Wraz z rozpoczęciem remontu przeniosłyśmy się do celi naprzeciwko. Było to niewielkie pomieszczenie, do którego upchnięto pięć metalowych łóżek – dwa piętrowe i jedno wolno stojące – stół z taboretami i starą szafę na ubrania. Półki na żywność wisiały nad pojedynczym łóżkiem, telewizor stał na stole. Zabudowana pomalowanymi na zielono płytami pilśniowymi ubikacja wraz z umywalką tworzyły kącik higieniczny. Okno było zasłonięte pleksą, co sprawiało klaustrofobiczne wrażenie. W celi było ciemno, a ponieważ koleżanki niechętnie zapalały światło, większość czasu spędzałam, leżąc pogrążona w letargu. Ożywiałam się tylko przy świetle, kiedy mogłam czytać.

Atmosfera zmieniła się trochę, gdy zawitała do nas Krysia.

– Rozwalono naszą celę, a mnie przydzielono tutaj – oznajmiła na wstępie.

– Dlaczego was rozsadzono? – spytała Józka.

– Och, nic takiego. Dziewczyny z mojej celi podawały na chabecie papierosy do sąsiadek obok. Problem w tym, że po tej stronie śledczaka jest pleksa, nie zauważyły więc, że na dziedzińcu stoi dyrektor i wszystko obserwuje. Fajnie to musiało wyglądać z zewnątrz: chabeta zrobiona z miotły i kabla od anteny telewizyjnej z zawieszoną na niej reklamówką pełną papierosów jeździła od okna do okna. Ale oddziałowa nie doceniła naszej pomysłowości wpadła do celi, dała wszystkim kwity, a potem nas poprzenosili.

Obecność nowej koleżanki wpływała na mnie kojąco. Krysia przyglądała mi się uważnie, bez słowa komentarza i widziała, że większość czasu spędzam z nosem w książkach. Jednak mimochodem, bez specjalnych starań, zbliżyłyśmy się do siebie. Wtedy przystąpiła do działania.

– Widzę, jakie są układy w celi – oznajmiła mi pewnego dnia na spacerniku. – Ale nie możesz chować się w książkach i zamykać w sobie. Musisz walczyć, bo inaczej one psychicznie cię skopią.

– No to co mam robić?

– Choćby nie wiem jak było ci przykro i wstyd, nigdy tego po sobie nie pokazuj. Bierz wszystko z uśmiechem na klatę, czasem czarny humor to najlepsza obrona. Może powinnam zacząć zwracać się do ciebie: „Rzeźniczko z Brudnowa", żebyś się przyzwyczaiła?

– Możesz też mówić: „Krwawa Werko".

– Widzisz, bardzo dobrze.

– W ten sposób wyjdę na straszną sukę.

– Ale będziesz bezpieczna. Kto cię pozna, będzie miał własne zdanie, a wszystkich do siebie i tak nie przekonasz.

– Dlaczego to robisz?

– Bo nie lubię poniżania ludzi niezależnie od tego, co zrobili. A wokół ciebie aż się kłębi. W telewizji opowiadają o was niestworzone rzeczy. Musisz się uodpornić, to dopiero początek.

Jakby na potwierdzenie jej słów wracając ze spaceru natknęłyśmy się na prowadzoną z łaźni grupkę nowych, które na mój widok stanęły jak wryte.

– Już wiedzą – mruknęłam pod nosem.

– Autografy rozdajemy w piątki – palnęła Krysia na cały korytarz.

Towarzysząca nam oddziałowa zachichotała a nowe, nagle spłoszone, weszły pospiesznie do celi.

– Dobra lekcja – skomentowała psycholog, której opowiedziałam o tym zdarzeniu.

– Jak to zrobić, żeby być silną? – zapytałam naiwnie.

– Jest pani silna, tylko jeszcze pani o tym nie wie. A walka o przetrwanie jest świetnym lekarstwem na depresję.

Musiała mieć dużo racji, bo stopniowo poprawiał mi się nastrój. Przy następnej wizycie powitałam Wydział Spraw Beznadziejnych w dużo lepszym humorze.

– Pomyśleliśmy, że nudzi się pani w A. – uśmiechnął się komisarz.

– Chyba dobrze pomyśleliście.

Po drodze na komendę opowiadałam im o Marcinie i o moich przemyśleniach po lekturze Bernsteina.

– Boi się go pani? – spytał komisarz.

– Tak.

– I wycofa pani zeznania?

– Nie mogę – powiedziałam cicho, spuszczając głowę.

W samochodzie zapadło milczenie, zamyślony komisarz patrzył w dal. Po chwili spojrzał mi prosto w oczy.

– Wie pani, co zrobił Mojżesz, zanim został wielkim prorokiem?

– Nie... – wyjąkałam zdumiona.

– Zabił człowieka.

– Bardzo ryzykowne porównanie.

Kiedy dotarliśmy na komendę, okazało się, że czeka tam na nas prokurator.

– Chciałem zadać pani jeszcze kilka pytań – oznajmił. – Czy Marcin B. w roku zbrodni był ciężko chory?

– Na pewno nie.

– Nie odwiedzała go pani wtedy, w czasie choroby?

– Być może był przeziębiony i bardzo możliwe, że wtedy go odwiedzałam, ale na pewno nie była to ciężka choroba.

– Jest pani pewna?

– Całkowicie.

– Jaką sumę Joanna przekazała Marcinowi?

– Nie pamiętam kwoty w złotówkach, ale Marcin kupił za to trzydzieści tysięcy dolarów.

– Czy Joanna przekazała Marcinowi te pieniądze w pani obecności?

– Tak.

– Sporządzi pan protokół z przesłuchania? – zwrócił się prokurator do komisarza.

– Oczywiście.

– Za tydzień chcę wyznaczyć termin zakończenia dochodzenia – powiedział prokurator. – Będzie pani mogła zapoznać się z materiałami sprawy. Ile czasu pani na to potrzebuje?

– A ile mi pan daje?

– Jeden dzień.

– Żartuje pan.

– Ile czasu pani chce?

– Tydzień.

– Teraz to pani żartuje. Daję pani trzy dni.

– Dobrze – zgodziłam się na ten kompromis.

Tydzień później, gdy wybierałam się na czytanie akt, do celi weszła wychowawczyni.

– Chciałam was poinformować – zaczęła – że wszystkie cele po przeciwnej stronie korytarza są już po remoncie. Możecie się przeprowadzać, ale jest pewien problem. W siedemnastce mieszka wspólniczka pani Krysi. Jak wiecie, wspólniczki nie mogą być umieszczone obok siebie, więc albo wracacie do osiemnastki bez pani Krysi, albo przeprowadzacie się razem z nią do dziewiętnastki.

– Oczywiście, że z Krysią – odezwała się Józka, patrząc groźnie na Arletę i Anitę.

Przytaknęły niechętnie, a ja skinęłam głową z uśmiechem.

– Wobec tego możecie się przenosić do dziewiętnastki – zdecydowała wychowawczyni.

Zanim wyjechałam, zdążyłam przenieść większość swoich rzeczy do nowej celi i ulokować je na górnym łóżku przy oknie, nad Józką. Pobieżnie obejrzałam nowe lokum, niemal identyczne jak osiemnastka. Zamiast betonowej popękanej wylewki na podłodze leżały płytki, wymieniono umywalkę i ubikację oraz odmalowano pomieszczenie. Do tego sprowadzał się cały remont – choć dobre i to.

– Ładnie ze strony wychowawczyni, że spytała nas o zdanie, choć przecież nie musiała tego robić – odezwała się Józka. – O resztę rzeczy się nie martw – zwróciła się do mnie – wszystkim się zajmę.

Spokojnie opuściłam więc celę i poszłam na spotkanie z policjantami.

– Wie pani, że Czajka dostała cztery lata? – zapytał mnie Leszek.

– Niech pan jej tak nie nazywa – odpowiedziałam – bardzo się cieszę z tego wyroku.

– My też – wtrącił komisarz.

– Kiedy przyjechałem ją aresztować – opowiadał Leszek – też zresztą po kilku latach od morderstwa, stwierdziła, że wreszcie skończył się koszmar. Sama nie miała odwagi go przerwać.

Poprzednią ofiarą Wydziału Spraw Beznadziejnych była kalifaktorka Ala – krucha, drobna, zawsze uśmiechnięta, delikatna i uprzejma. Niewiele miałam z nią do czynienia, mogłam tylko obserwować ją przy wydawaniu posiłków – obecność oddziałowej uniemożliwiała jakikolwiek kontakt. Czasem docierały do mnie słuchy, że jest źle traktowana przez niektóre koleżanki – myślałam wtedy o Arlecie. Ale Ala zawsze starała się być spokojna i opanowana. Dopiero wtedy, gdy po śledczaku rozeszły się wieści, że porzucił ją ukochany mąż, można było poznać po niej smutek i ból, choć starała się ukrywać go przed otoczeniem.

Wielokrotnie zastanawiałam się, co czuje.

Ofiara przemocy, która zabiła swego dręczyciela, a jego ciało zakopała w pobliskim lesie. Nie sprawiała jednak wrażenia istoty słabej. Podziwiałam jej wewnętrzną siłę. Nie było w niej ani agresji, ani nie ubolewała nad sobą. „Jak ona to robi, że jest w stanie jeszcze się uśmiechać?" – myślałam często. Z czasem, by przetrwać, sama musiałam się tego nauczyć, ale wtedy, na początku życia za kratami, Ala była dla mnie nieosiągalnym wzorcem.

– Naprawdę jesteście zadowoleni z wyroku Ali? – spytałam komisarza.

– Oczywiście – odpowiedział. – Była ofiarą przemocy i sąd uznał, że popełniła morderstwo w afekcie.

– Na śledczaku plotkują, że zapewne ktoś jej w tym pomógł – powiedziałam.

– Jest bardzo prawdopodobne, że biorąc całą winę na siebie, kogoś kryła. Kogoś, kogo kochała – komisarz znał tę hipotezę. – Dobrze, że tak się skończyło.

– Jesteście dziwnymi ludźmi – popatrzyłam na policjantów. – Dużym nakładem pracy doprowadziliście do jej aresztowania, a teraz cieszycie się, że uniknęła ciężkiej kary.

– Nie jest sztuką wszystko zniszczyć, ale odbudować coś na gruzach – komisarz się uśmiechnął.

Dotarliśmy na komendę. Dostałam do dyspozycji biurko i przyniesiono akta. Na wstępie Leszek wygłosił krótkie pouczenie.

– Co prawda kodeks gwarantuje pani tyle czasu, ile potrzeba do zapoznania się z aktami, ale proszę naprawdę się na nich skupić. Jednym słowem, ma pani czytać, a nie dyskutować.

– Postaram się.

– Pani ma podzielną uwagę – zaśmiał się komisarz.

Solidnie wzięłam się do pracy. Pierwszą rzeczą, na którą zwróciłam uwagę, była notatka służbowa. Stanowiła gruntowną analizę sytuacji, opisywała prawdopodobny przebieg wydarzeń. Była tak dokładna, jakby policjant przy tym był. Podpisano: komisarz.

WNIOSKI Z NOTATKI URZĘDOWEJ:
Andrzej G. nie żyje, a jego śmierć nastąpiła w warunkach przestępstwa. Brak zwłok daje podstawy do stwierdzenia, że zabójstwa Andrzeja G. dokonała osoba znajoma wywodząca się z najbliższego kręgu – rodzina, znajomi (w takim tylko przypadku dochodzi do ukrycia zwłok, w przypadku gdyby Andrzej G. zmarł z przyczyn naturalnych bądź też został zabity przez osobę niezwiązaną z nim emocjonalnie, z całą pewnością odnaleziono by jego zwłoki). Idąc dalej, wnioskować należy, że zabójstwa Andrzeja G. dokonała jego córka Joanna G. lub Weronika K. Bardzo prawdopodobne jest, że obie kobiety współdziałały ze sobą. Nie można wykluczyć, że bezpośredni udział w zabójstwie ma także Marcin B. Celem zabójstwa Andrzeja G. było przejęcie jego majątku. Do zabójstwa doszło najprawdopodobniej w dniu kiedy Joanna G. wypłaciła pieniądze z lokat terminowych – i o tym fakcie dowiedział się Andrzej G. Z dużą dozą prawdopodobieństwa należy założyć, że zwłoki Andrzeja G. zostały rozkawałkowane na terenie jego posesji w Brudnowie. Anonimowy list został sporzą-

`dzony przez Joannę G., Weronikę K. oraz Marcina B. Jego celem było uprawdopodobnienie śmierci Andrzeja G. i uznanie go przez sąd za osobę zmarłą. W efekcie pozwoliłoby to na przejęcie reszty majątku zamordowanego mężczyzny.`

`Sporządzający analizę wnioskują, aby w przedmiotowej sprawie wszcząć postępowanie przygotowawcze w celu procesowego udokumentowania okoliczności zaginięcia Andrzeja G. i udziału w nim poszczególnych osób wymienionych w treści analizy.`

Podniosłam głowę. Komisarz patrzył na mnie.

– Miał pan jasnowidzenie?

– Zdarza mi się.

– Znam pana i to mnie akurat nie dziwi.

Z powodu tej notatki prokurator wydał nakaz aresztowania, licząc na znalezienie jakiś dowodów podczas rewizji. Nie mogąc bezpodstawnie oskarżyć nas o morderstwo, uciekł się do podstępu i nakazał aresztowanie pod zarzutem, który wywołał moją szyderczą reakcję: pozbawienia wolności Andrzeja G.

Z drżeniem serca zabrałam się za czytanie zeznań Aśki. I już na wstępie przeżyłam szok. W pierwszym zeznaniu wzięła całą winę na siebie, nie wspominając w ogóle o mnie, czy o Marcinie. W milczeniu czytałam dalsze, tym razem prawdziwe zeznania. Aśka dokładnie opisywała przebieg zbrodni, równie dokładnie, jak ja. Nie obciążała mnie nadmiernie ani też nie broniła, ciągle podkreślając, że została nakłoniona do przestępstwa przez koleżanki. Taka była jej linia obrony. Dało się odczuć, że skupia się wyłącznie na sobie.

– A czego się pani spodziewała? – komisarz zauważył moje zdziwienie. – W takiej sytuacji każdy myśli o sobie.

– Nie każdy – odpowiedziałam, mając w pamięci swój ciągły żal i wyrzuty sumienia oraz zeznania złożone na jej korzyść.

– Ona tego nie umie.

– Wiem, to nie jej wina.

Niewiele na mój temat mieli do powiedzenia sąsiedzi. Tyle lat mieszkałam w domu Andrzeja, ale rzadko z kimkolwiek rozmawiałam, nie mówiąc już o bliższym kontakcie. Wielu z nich nie wiedziało, jak mam na imię, nazywali mnie czarną wroną nie tylko z powodu koloru włosów, ale także zamiłowania do czarnych ubrań. Towarzyszący mi przez całe życie wstyd był skuteczną barierą odgradzającą mnie od ludzi. Zauważyli tylko moją dominację nad Aśką. Nawet jeśli podejrzewali, jakie stosunki łączyły mnie z Andrzejem, głośno o tym nie mówili.

Tego dnia nie miałam już siły, aby zagłębiać się w wywody Marcina. Zmęczona wróciłam do A., zbierając siły do konfrontacji z jego słowami, zanim przyjdzie mi zmierzyć się z nim samym. Na sali sądowej.

Nazajutrz rozpoczęłam czytanie zeznań Marcina. Nie wiem, czego się spodziewałam, ale zaskoczył mnie ich poziom. „Marcin ma duszę wojownika", przypomniało mi się zdanie z zeznań Aśki, pod którym podpisałabym się kiedyś bez wahania.

Ale w leżących przede mną protokołach, nic na to nie wskazywało. Nie dziwiło mnie, że wszystkiemu zaprzecza.

Ale zaprzeczając pozwolił się złapać na kłamstwie i niekonsekwencji, co na wstępie podważyło jego wiarygodność. Byłam przekonana o jego wielkiej inteligencji, tymczasem tłumaczył się nieudolnie, wszystkiemu zaprzeczając. W protokołach miałam przedsmak tego, co działo się potem w sądzie – zobaczyłam żałosnego, wystraszonego kłamcę, plączącego się w zeznaniach.

Marcin kategorycznie twierdził, że w podanym przeze mnie i Aśkę terminie nie mógł być w Brudnowie z powodu ciężkiej choroby. Pamięta to dobrze, ponieważ rodzice wzywali wtedy do niego pogotowie. Nie umiał wytłumaczyć, dlaczego zarówno prywatne, jak i publiczne pogotowie zaprzeczyło takiemu wezwaniu. Problem polegał na tym, że początek i koniec grypy, na którą istotnie chorował, Marcin odnotował w swoim kalendarzu jakieś dwa tygodnie po podanej przez nas dacie zabójstwa. Kolejnym problemem Marcina był fakt, iż w kalendarzu, wbrew temu, co twierdził, pod wskazanymi przez nas datami znajdowały się wpisy: „Wyjazd do Brudnowa". Zaś w kolejnych dniach tego samego miesiąca figurowały zapisy: „Aśka i Werka. Spotkanie w restauracji". Potwierdzało to nasze słowa, że po pozbyciu się zwłok spotkałyśmy się z Marcinem w tym miejscu, żeby zdać mu relację. Skonfrontowany z własnymi zapiskami tłumaczył, już mniej kategorycznie, że miał zwyczaj zapisywać plany i zamiary, więc odnotowane wyjazdy do Brudnowa czy spotkania w restauracji mogły być jedynie niezrealizowanymi zamysłami.

Podobną niekonsekwencją wykazał się w sprawie pieniędzy. „Nie brałem od Joanny G. żadnych pieniędzy" – oświadczył. I znów skonfrontowany z własnymi zapiskami, w których odnotował fakt przyjęcia pieniędzy, zaczął kręcić. „Mówiąc, że nie brałem żadnych pieniędzy, miałem na myśli to, że wziąłem i oddałem" – tłumaczył, ignorując dość oczywistą uwagę prokuratora o odmiennym wydźwięku stwierdzenia „nie brałem" od „wziąłem i oddałem".

Przedstawiając Aśkę jako osobę niemal upośledzoną, kompletnie niezdolną do niezależnego myślenia i działania, twierdził jednocześnie, że była ona zdolna do samodzielnego inwestowania odebranych od niego pieniędzy. Jednak najbardziej złowrogą postacią w jego opowieści byłam ja.

Z jednej strony bojąca się wszystkiego mitomanka, alkoholiczka i lekomanka bez charakteru. Z drugiej: nieustępliwa, inteligentna i uparta manipulantka. Próbując wykreować mój wizerunek jako osoby całkowicie niezrównoważonej, nad której słowami nie warto się nawet zastanawiać, nie zauważył tej sprzeczności. Nie potrafił wytłumaczyć, jak pozbawiona własnej woli, godna jedynie wzgardy fantastka z nałogami mogła być jednocześnie groźnym przeciwnikiem. Dało się wyczuć, że jest na mnie zły, ale też zaskoczony moją przemianą w czasie śledztwa. Był tak bardzo przyzwyczajony do swej wyższości nade mną, że nigdy nie pojął, co takiego się stało, gdzie podziała się tamta uległa, zastraszona istota, którą nagle zastąpił ktoś całkowicie nieznany. Czytałam zeznania z mieszanymi uczuciami, a po zakończeniu lektury poczułam ulgę.

– Odczuwam niesmak – odpowiedziałam na pytające spojrzenie komisarza.

Zamknęłam akta.

Po powrocie do A. pomyślałam o tym, że po zakończeniu śledztwa już więcej nie zobaczę policjantów z Wydziału Spraw Beznadziejnych. Aresztowali mnie, przekonali do zrobienia pierwszego kroku w stronę prawdy, potem przez wiele miesięcy towarzyszyli mi na kolejnych etapach mojej drogi. Dzięki komisarzowi nauczyłam się sztuki przetrwania.

Zbliżały się święta Bożego Narodzenia, rozdzielono już w celach opłatki. Jadąc na ostatnie spotkanie na komendzie, zabrałam swój przydział. Miałam pewne trudności z przeniesieniem go pod czujnym okiem oddziałowej Helenki.

– Wie pani, że to zabronione – stwierdziła, wyciągając mi go z kieszeni podczas rewizji osobistej.

– Pani oddziałowa, to tylko opłatek, proszę.

– Z kim pani chce się tam łamać?

– Z moją adwokatką, ma być na komendzie – powiedziałam tylko część prawdy.

Ostatecznie Helenka wspaniałomyślnie przepuściła kontrabandę. Gdy znalazłam się na komendzie, wyciągnęłam go i przełamałam na dwie części.

– Przyjmiecie od mnie opłatek? – spytałam, wyciągając ręce w stronę komisarza i Leszka.

Trochę zaskoczeni wzięli go z powagą, bez zbędnych słów. Chwilę później pojawiła się moja adwokatka, uściskała mnie na przywitanie i od razu przystąpiła do rzeczy.

– Pani Weroniko, dzisiaj nie ma sensu, abym tu siedziała i czytała akta. Kiedy będą dostępne w sądzie, zrobię kopie, szczególnie tych ważniejszych dokumentów.

– Oczywiście – przytaknęłam.

Milczenie, jakie zapadło po jej wyjściu, przerwał Marek, który wpadł energicznie do pokoju.

– A, tu pani jest – zawołał na mój widok. – Chciałem się pożegnać.

Potrząsnął moją dłonią.

– Niech się pani trzyma... musi pani być dzielna.

Wzruszył mnie tym pożegnaniem. Takiego go zapamiętałam. Mam nadzieję, że się nie zmienił.

– Czas się zbierać – Leszek stanął w drzwiach.

Z komisarzem odwieźli mnie do A. Po drodze milczeliśmy. Kiedy samochód wjechał na dziedziniec zakładu i komisarz poszedł załatwiać formalności, stojący przy mnie Leszek wyciągnął rękę.

– Musimy się pożegnać. Proszę walczyć o siebie, będziemy trzymać kciuki. Nie wolno się pani załamać.

– Postaram się. I dziękuję za wszystko.

Wsiadł do samochodu i czekał na kolegę. Komisarz podszedł, stanął naprzeciw mnie i kompletnie ignorując spojrzenia oddziałowych, wziął mnie za rękę.

– Pani Weroniko – powiedział poważnie – teraz musi się pani bronić, musi pani – podkreślił z naciskiem.

– Będę się bronić – obiecałam.

– Do zobaczenia – puścił moją dłoń. – Jeszcze się spotkamy.

Tymczasem w więziennej rzeczywistości trwały przygotowania do Świąt. Wychowawczyni, rozdając kartki świąteczne i gałązki na stroiki, składała nam jednocześnie życzenia.

– Życzę wam siły, wytrwałości i jak najszybszego powrotu do domu – mówiła.

Z podobnymi życzeniami siły i wytrwałości wysłałam kartkę do mojej mamy, prosząc, aby w Wigilię o ósmej wieczorem odmawiała ze mną różaniec.

Pomimo Świąt, Arleta stawała się coraz bardziej agresywna. W samą Wigilię przesadziła, gdy kopiąc stołki rozpętała awanturę o karmienie sikorek, które przylatywały do okna. W końcu zainterweniowała oddziałowa Krystyna.

– Co tu tak głośno w tej celi?

Żadna z nas się nie odezwała, ale oddziałowa sama oceniła sytuację.

– Wy trzy – wskazała mnie, Krysię i Józkę – na świetlicę. A z wami sobie porozmawiam – zwróciła się do Arlety i Anity.

Siedziałyśmy na świetlicy dość długo, myśląc o tym, co dzieje się w celi. Aż w końcu w drzwiach stanęła oddziałowa.

– Możecie wracać.

Zaprowadziła nas do celi i stanęła w progu.

– Koleżanki chciały was przeprosić i przygotowały stół do wieczerzy wigilijnej, prawda?

– Tak – przytaknęła Anita, siląc się na uśmiech.

Oddziałowa zatrzasnęła klapę.

– Zaraz będzie kolacja, trzeba się przygotować – zaczęła pojednawczo Krysia.

To była moja pierwsza Wigilia w więzieniu. Osiem miesięcy po aresztowaniu. Rano podano jedynie skromne, postne śniadanie, więc wszyscy czekali na kolację, serwowaną w ten dzień między czwartą a piątą. Wigilia była starannie przygotowana i – jak na warunki więzienne – wręcz wystawna. Kalifaktorki przywiozły na wózku barszcz czerwony z fasolą, smażoną rybę, marynowane śledzie, kapustę z grochem, kluski z makiem i drożdżowe ciasto. Po odebraniu potraw przełamałyśmy się opłatkiem. Podeszła do mnie Anita.

– Chciałam cię przeprosić – powiedziała. – Nie powinnam była na ciebie tak naskakiwać. Przeżyłam szok, kiedy się dowiedziałam o mordowaniu, o krojeniu...

– Nikogo nie kroiłam – przynajmniej teraz mówiłam prawdę. – Nie chcę już o tym mówić. Życzę ci przede wszystkim jak najszybszego wyjścia stąd.

– Wzajemnie.

Podeszłam do Arlety.

– Życzę ci wolności i spokoju.

Krysia uwiesiła mi się na szyi, rozpaczliwie płacząc. Pogłaskałam ją po głowie.

– Nie płacz, już niedługo będziesz z rodziną, zobaczysz – pocieszałam ją.

Józka objęła nas obie.

– Będziemy się modlić o siłę do przetrwania.

Jedzenie było naprawdę bardzo dobre. Po wigilijnej kolacji Józka zaintonowała kolędy. Zawsze miałam mocny i dźwięczny głos, ale kiedy śpiewać zaczęła Krysia, umilkłam zasłuchana w jej niemal operowy sopran. Krysia śpiewała i płakała na zmianę, jakby cały swój ból powierzała kolędom. Nigdy nie przypuszczałam, że w tej pogodnej osobie może być tyle tęsknoty.

O ósmej, tuż po wieczornym apelu, usiadłam na swoim górnym łóżku i patrząc w okno odmawiałam różaniec z nadzieją, że moja mama odmawia go ze mną.

Mijały kolejne dni, zaczął się nowy rok. Wobec ciągłych awantur wychowawczyni zdecydowała się zabrać Arletę z naszej celi. Wszyscy, poza Anitą, odetchnęli z ulgą.

Wielką atrakcją dla aresztu śledczego była styczniowa wizyta biskupa. Kazano nam wysprzątać cele i przygotować się na przyjęcie hierarchy. Nie wiem, co by się stało, gdyby ktoś odmówił jego przyjęcia. W naszej celi oczekiwano tej wizyty z entuzjazmem. Czekałyśmy dość długo, aż wreszcie można było usłyszeć szczęk kolejno otwieranych klap. Otworzyły się i nasze drzwi, a do środka wkroczył szczupły, szpakowaty starszy pan w asyście dyrektora i wychowawcy od spraw kulturalno-oświatowych, który robił zdjęcia oraz naszego więziennego proboszcza. Kierownik ochrony i oddziałowi taktownie zostali na korytarzu. Po zwyczajowej modlitwie asysta się wycofała, a biskup wdał się w krótkie rozmowy z każdą z nas. Patrzyłam na niego z sympatią – ze sposobu bycia i wyglądu przypominał nieco kardynała Macharskiego. Przywitałam go z szacunkiem, gdy zwrócił się do mnie ze słowami pociechy, ale nie chciałam litości ani współczucia.

– Dla mnie – powiedziałam, całując go w pierścień – lepiej się stało, że tu jestem. Nie należy mnie żałować.

Przyjrzał mi się lekko zaskoczony i uśmiechnął się, widząc moją buńczuczną minę. Ale największa próba czekała go, gdy zwrócił się do Józki.

– Księże biskupie, za ojca tu jestem! – zawyła, rzucając mu się na szyję – Za ojca...

Szczupły, drobny mężczyzna zachwiał się pod ciężarem prawie stukilowej kobiety. Skoczyłyśmy z Krysią na pomoc i udało nam się oderwać ją od biskupa. Długo jeszcze szlochała, wspominając kamienicę, która wymykała jej się z rąk.

– Nieprędko wydarzy się druga taka atrakcja – podsumowała wizytę Krysia.

Następnego dnia przyjechała na widzenie moja adwokatka. Tym razem udostępniono nam małą, pustą widzeniówkę aresztu śledczego, gdyż pokój adwokacki zajmowała ekipa telewizji – robili wywiad z Alą. Nie słyszałam pytań ani odpowiedzi, lecz w pewnym momencie dotarł do mnie rozpaczliwy krzyk. Właściwie Ala nie krzyczała głośno, podniosła głos tylko o ton, ale była w nim taka rozpacz, że wydawało mi się, że to ściany krzyczą. Siedziałyśmy z adwokatką jak porażone. Drzwi otworzyły się i z pomieszczenia wyszedł jeden z reporterów. Popatrzył z ciekawością i po chwili błysk zrozumienia na jego twarzy podpowiedział mi, że mnie rozpoznał. Spojrzał ma mnie jak na świeże mięso i omal się nie oblizał.

– Pójdę już – pożegnałam adwokatkę i wzburzona wróciłam na oddział.

– Co się tam dzieje? – zagadnęłam oddziałową Helenkę.

– Wymusili na Ali zgodę na wywiad.

– Jak to wymusili?

– Stwierdzili, że z nią czy bez niej program i tak nakręcą, a od tego, czy wystąpi, będzie zależał jego ogólny wydźwięk, przychylny albo nie. Ma rodzinę, musi się liczyć z opinią publiczną, więc wystąpiła.

– Słyszałam, ile ją to kosztuje, a jeden z dziennikarzy chyba mnie rozpoznał.

– Do pani też się zgłoszą...

– Niech przyjdą – zapowiedziałam złowieszczo. – Ja nie mam nic do stracenia, mnie nie będą pokazywać jak małpę w cyrku za darmo, każę sobie zapłacić.

Helenka uśmiechnęła się przekornie.

– Rzeczywiście jest pani w stanie to zrobić, tylko proszę się nie rozmyślić.

Wiele lat minęło, zanim doszło do wywiadu, ale dowcipna oddziałowa Helenka nie miała już okazji tego zobaczyć ani skomentować po swojemu.

Tymczasem w celi sytuacja znowu uległa zmianie. Na mocy ugody prokuratorskiej Anita opuściła areszt śledczy dostając wyrok w zawiasach. Chwilowo zostałyśmy więc we trójkę. Nastroje nie były najlepsze, bo zima zaczęła dawać się we znaki. W naszym betonowym bunkrze zrobiło się potwornie zimno. Jeden niewielki kaloryfer, czasami ledwie letni, nie zdołał ogrzać pomieszczenia, gdzie nawet w lecie było chłodno. Nie pomagał nawet włączany w nocy piec akumulacyjny pracujący jedynie od jedenastej wieczorem do piątej nad ranem. Budziłyśmy się w potwornym zimnie i dzień spędzałyśmy leżąc w ubraniu pod kocami.

Powszechnie stosowanym sposobem na rozgrzanie były kładzione do łóżka butelki z gorącą wodą. Niestety ciepła woda była dostępna jedynie rano i wieczorem. Ulgę przyniosła zgoda na posiadanie własnej grzałki, którą Józka sprowadziła przez kantynę. Miałyśmy przynajmniej możliwość zagotowania wody na rozgrzewkę bez konieczności dzielenia się zakładową grzałką z innymi celami, jak było do tej pory. Mimo to zaczęłyśmy chorować, a bezradny doktor mógł jedynie serwować scorbolamid, bo polopirynę musiał oszczędzać na poważniejsze przypadki.

Organizm, osłabiony ubogą dietą, niemal pozbawioną nabiału, warzyw i owoców, brakiem witamin i jakiegokolwiek ruchu nie mógł poradzić sobie ze zwykłym przeziębieniem. Wszystko to powodowało, że spędzałyśmy dnie na wpatrywaniu się w okno, opatulone we wszelkie możliwe rzeczy i coraz bardziej przygnębione. Chcąc poprawić naszą sytuację wychowawczyni wywalczyła dla nas kołdry. Narożna cela numer 19 była najzimniejszym pomieszczeniem, pozbawionym jakiegokolwiek docieplenia z zewnątrz. Dyrekcja nakazała wydanie kołder, co zahamowało falę przeziębień.

Na tak niewesołą atmosferę trafiła nowa mieszkanka celi... Siedziałyśmy z Krysią na jej łóżku, tuląc się do kaloryfera, gdy klapa otwarła się i weszła, lekko utykając, wysoka, szczupła, młoda kobieta. Zajęła wskazane jej dolne łóżko pode mną, opuszczone wcześniej przez Józkę, która przeniosła się dalej od drzwi. Rozłożywszy swoje rzeczy, przedstawiła się.

– Bożena.

Patrząc na jej spokojne ruchy mimochodem zastanawiałam się, czy słyszała już gdzieś w radiu czy telewizji o mojej sprawie. Nic nie wskazywało na to, by była zainteresowana czymś innym, niż własną sytuacją. Przyjęła do wiadomości regulamin, prześliznęła po mnie spojrzeniem jako po starszej celi, którą znowu zostałam po przeniesieniu Arlety, po czym na nasze pytania odpowiedziała grzecznie: przyjechała z aresztu w T. najpierw do Miejskiego, a teraz tu.

Bożena tymczasem usiadła na łóżku, wyjęła nici nawinięte na dwie małe plastikowe łódeczki i zaczęła przeciągać je między palcami, tworząc piękny wzór.

– Nie lubię siedzieć bezczynnie – uśmiechnęła się, widząc nasze zdumione miny.

– Co to jest?

– Frywolitki, taki rodzaj koronek.

– Jak ty to robisz?

– Za pomocą tych czółenek – Bożena wskazała niebieskie łódeczki – robię węzły, trzymając nitkę między palcami.

Tak się zaczęło. Technika frywolitkowa pochłonęła mnie bez reszty. Od tej pory siedziałam na swoim górnym łóżku przy oknie, usiłując robić koronki. Bożena pożyczyła mi czółenko i udzieliła instrukcji, reszta należała do mnie. Moje pierwsze małe robótki zaniosłam psycholog i wychowawczyni. Przy okazji spytałam wychowawczynię o Alę.

– Czy stało się coś złego, że Ala, już po wyroku, wciąż jest na śledczym?

– Nie przyszedł do nas jeszcze oryginał prawomocnego wyroku – wyjaśniła.

– Lubi ją pani?

– Bardzo ją lubię i bardzo jej współczuję, ale... – tu spojrzała na mnie uważnie – ja tutaj przede wszystkim pracuję.

Bożena stała się moim błogosławieństwem. Zrównoważona i spokojna była doskonałym towarzystwem. Podziwiałam jej odporność – tęskniła bardzo za mężem i małą córeczką i jednocześnie pogodnie znosiła nasilające się bóle biodra. Miała skierowanie na wszczepienie endoprotezy stawu biodrowego, ale zanim poddała się operacji firma, w której pracowała, została uwikłana w aferę paliwową i Bożena zamiast do szpitala trafiła do więzienia. W zimnej celi bóle musiały się nasilać, nigdy jednak się nie skarżyła.

– Czy masz coś przeciwbólowego? – spytała Józka, widząc jej nietęgą minę.

– Na te bóle dają mi polopirynę – odpowiedziała Bożena.

– Polopirynę?

– Dobrze, że cokolwiek dają. W innym więzieniu lekarz stwierdził: „Ma pani zdrowe zęby, to niech je pani zaciska". I zaciskałam, nie było wyjścia.

Bożena była również oparciem dla coraz bardziej rozbitej Krysi. Obie miały wspólną pasję – gotowanie. Spędzały całe dnie na dyskusjach nad książkami kucharskimi wypożyczonymi z biblioteki, oglądały razem programy kulinarne w telewizji i organizowały kulinarne zajęcia kulturalno-oświatowe. Termin takich zajęć należało odpowiednio wcześniej ustalić z wychowawcą i osoby z jednej celi lub jednej grupy spacerowej mogły przez dwie godziny gospodarować na świetlicy.

Z oddziału karnego dostarczano nam kuchenkę elektryczną, garnek, patelnię i inne podstawowe sprzęty, a stół pingpongowy zamieniał się wtedy w ladę kuchenną. Bożena z Krysią smażyły racuchy, naleśniki i gotowały kluski. Ja spełniałam funkcję podkuchennej: przygotowywałam produkty, myłam, sprzątałam. Miałyśmy uciechę częstując potem wychowawczynię i niektóre oddziałowe (nie wszystkie przyjmowały poczęstunek), a największą frajdę sprawiało nam szmuglowanie naszych specjałów do zaprzyjaźnionych cel.

Gdy nie gotowały, Bożena i Krysia składały origami dla ozdoby naszej celi. Za to Józka robiła furorę jako domorosła wróżka. Uspokoiła się i przestała popisywać dziwnymi opowieściami. Wróżyła głównie Krysi, aby ją pocieszyć. Kwestia przesądów nabierała większego znaczenia, im dłużej się siedziało. Nie wolno było rozsypać soli, bo oznaczało to kłótnię. Trzeba było uważać na lusterka, bo stłuczenie go to nieszczęście. Buty należało ustawiać noskami do wyjścia, nigdy w drugą stronę. Dobrym znakiem była otwarta klapa od sedesu, jeszcze lepszym, kiedy oddziałowej upadły klucze – wtedy cały oddział nasłuchiwał, koło której celi to się stało. Co ciekawe, do wróżb karcianych uciekały się często bardzo pobożne kobiety, które po wysłuchaniu przepowiedni brały różaniec prosząc Boga, aby wróżba się spełniła. Nie wiem, czy rzeczywiście Józka miała talent, ale bezbłędnie przepowiedziała wysokość mojego wyroku i to wbrew początkowym ponurym prognozom.

Wróżby Józi podtrzymywały nas na duchu. Uważałam, że wszystko, co przynosi nadzieję, jest cenne. Bardzo ciężko było nam patrzeć na Krysię, która gasła z upływem czasu. Nie pomagały widzenia z kochającym mężem i córką, troska rodziny ani nasze starania. Za nieopatrznie zaciągnięte kredyty została oddzielona od maleńkiego dziecka, kiedy jeszcze karmiła je piersią. Najsmutniejsze były momenty, gdy zamykała się w ubikacji, aby ściągnąć pokarm, po czym wychodziła blada, ze łzami w oczach. Bożena starała się wtedy zająć ją czymkolwiek.

Jednego z takich ponurych dni rozpętała się burza w szklance wody. Od rana robiła nam kipisz oddziałowa Iwona, która była powszechnie lubiana, choć miała zwyczaj robić szybkie przeszukania. Cela wyglądała potem jak po przejściu tajfunu, ale nasze koronki leżały starannie odłożone na stole. Iwona, jako pedantka, zwróciła uwagę na koc, w którym Józka porobiła dziury. Nie pomogły tłumaczenia, że koc jest tak stary i ma tak rzadki splot, iż wystarczyło przesunąć poszczególne nici, aby powstały przerwy, które Józka wykorzystała do przeciągnięcia tasiemek, chcąc przymocować koc do łóżka.

– Spadał mi w nocy i było mi zimno, dlatego go przywiązałam – tłumaczyła.

Oddziałowa Iwona wypisała mimo to wniosek karny i zabrała koc jako dowód winy.

Pech chciał, że cały ten harmider sprowadził do celi wychowawczynię. Widząc Iwonę w akcji, usiłowała wycofać się pospiesznie. Było już jednak za późno, oddziałowa ją zauważyła. Porwała koc i podsunęła jej do obejrzenia.

– Popatrz, tu są dziury.

Biedna wychowawczyni była zażenowana, ale mimo wszystko nie straciła rezonu.

– Nie po to kończyłam studia, żeby oglądać dziury w kocu – odparła, po czym zwiała oddziałowej sprzed nosa. Wściekła Iwona pognała za nią, oczywiście razem z kocem. Wkrótce sprawa wylądowała u dyrektora, który darował Józce to wykroczenie.

A tymczasem w mój frywolitkowy świat wdarła się rzeczywistość. Prokuratura przysłała mi akt oskarżenia. Studiowałam go kilka dni, chcąc wychwycić wszystkie niekonsekwencje. Jego podstawą były zeznania naszej trójki, więc jego treść nie stanowiła dla mnie niespodzianki. Mój zdecydowany sprzeciw wywoływały tylko dwie kwestie: sprawa finansowego motywu, do którego nigdy się nie przyznałam i próba przedstawienia mnie przez prokuratora jako pasożyta żerującego na Andrzeju G.

„Cała moja ciężka bezpłatna praca – myślałam – w firmie, w domu i w sklepie to pasożytnictwo?"

W pierwszym odruchu chciałam złożyć według przysługującego mi prawa w ciągu siedmiu dni odpowiedź na akt oskarżenia. Po namyśle przyznałam jednak słuszność Leszkowi, który powiedział, że najlepszym miejscem konfrontacji jest sala sądowa.

Widząc mnie w nienajlepszym nastroju i chcąc nam wszystkim zrobić przyjemność, Bożena zaproponowała wspólne pieczenie placka.

– Nie mamy piekarnika, mąki ani jajek – stwierdziła Krysia.

– Ale mamy odpowiednie pudełko i mróz za oknem.

Zachęcona tym enigmatycznym stwierdzeniem przystąpiłam z koleżankami do produkcji więziennego placka. Potem przez wiele kolejnych lat wykorzystywałam przejęty od Bożeny przepis. Był bardzo prosty: owoce ułożone w plastikowym pudełku i zalane jogurtem rozmieszanym z galaretką. Jako urozmaicenie stosowałyśmy różne smaki galaretek i jogurtów, nakładane warstwami na siebie. Po zapełnieniu pudełka płynną masą należało wystawić je za okno, aby zastygła.

– Przejdzie przez kraty? – pytała Krysia, podając mi ostrożnie brytfankę.

– Tylko uważaj – denerwowała się Józka.

– Przez kraty przejdzie, ale tu nie ma parapetu i nie ma na czym postawić – powiedziałam, manewrując pudełkiem.

– Wsadź pudełko do reklamówki i przywiąż ją do krat – zadecydowała Bożena, podając mi siatkę.

Umocowałam placek za oknem i następną godzinę spędziłyśmy w oczekiwaniu, aż się nam „upiecze". W tej chwili cela była namiastką domu.

W pewnym momencie Józka przerwała ciszę:

– Słyszycie, co mówią w radiu?

Krysia wstała i pogłośniła betoniarę. Słuchałyśmy uważnie komunikatu lokalnego radia o aresztowaniu przez Wydział Spraw Beznadziejnych kobiety oskarżonej o udział w zamordowaniu męża.

– Coś dla ciebie – skomentowała Bożena, patrząc w moją stronę.

„Kolejna... – pomyślałam. – Pewnie niedługo do nas dołączy".

Zgodnie z przewidywaniami Krysi kilka dni później oddziałowa Ela przyprowadziła wieczorem do naszej celi wystraszoną, ładną brunetkę. Nie od razu zorientowałyśmy się, że to wspomniana w komunikacie radiowym następna aresztowana przez Wydział Spraw Beznadziejnych zbrodniarka.

Kobieta przywitała się bardzo grzecznie, przedstawiła jako Aniela i trzęsącymi rękami zaczęła ścielić łóżko.

– Poczekaj, pomogę ci – zaproponowałam. – Usiądź.

Zdenerwowana usiadła na stołku i za wszelką cenę usiłowała się uspokoić. Krysia zrobiła jej herbatę, za którą podziękowała z uśmiechem. Kiedy trochę ochłonęła, wdała się w pogawędkę.

– Słyszałyście może o tych trzech, co zabiły faceta w Brudnowie? – zaczęła bardzo przejętym tonem. – Cały areszt o tym mówi.

Krysia spojrzała na mnie pytająco, postanowiłam wziąć byka za rogi.

– Tak, słyszałyśmy – odpowiedziałam. – Jestem jedną z nich.

Zaskoczona kobieta starała się śmiechem pokryć swoje zmieszanie.

– O rany, ale się wygłupiłam. Przepraszam, głupio wyszło.

– Nie szkodzi.

– Za co jesteś? – Krysia usiłowała odwrócić ode mnie uwagę.

– Mój mąż zaginął, a po kilku miesiącach znaleziono jego ciało i oskarżono mnie o współudział w morderstwie – Aniela miała łzy w oczach. – A przecież nic nie zrobiłam…

– Słyszałyśmy o tobie w radiu. Aresztował cię Wydział Spraw Beznadziejnych.

– Tak, teściowa nasłała na mnie kilku takich dupków.

– Pamiętasz może nazwiska? – spytałam. – Znam ich, więc mogę skojarzyć.

Aniela podała jedno kompletnie mi nieznane nazwisko, innych nie pamiętała.

– Nie znam – przyznałam po chwili. – Może był przy Aśce...

– Co mówili w tym radiu?

– Niewiele, tylko komunikat o aresztowaniu.

– No właśnie, nawet oddziałowa, która mnie przyjmowała, spytała czy ten mąż był taki zły.

– A był?

– Był okropny. Znęcał się psychicznie i poniżał, ale nigdy nie chciałam, żeby stało mu się coś złego. Mam dwoje dzieci, a najstarsza córka jest teraz w ciąży.

– Ile masz lat?

– Jestem po czterdziestce.

– Nie wyglądasz.

– Wiem – roześmiała się. – Staram się.

Rozmowę przerwała kolacja, Aniela odebrała ją drżącymi rękami i próbowała zamieszać herbatę w kubku, rozlewając część na stół. Wyjęłam jej łyżkę z ręki.

– Lepiej ja to zrobię.

Po kolacji, w porze rozdawania leków, patrzyłam oszołomiona na garść tabletek zaserwowanych Anieli.

– Nie za dużo?

– Jestem bardzo chora – wyjaśniła. – Na serce, na ciśnienie, to wszystko z nerwów.

Aniela zrobiła na mnie wrażenie istoty całkowicie bezbronnej i bardzo wrażliwej. Lubiła otaczać się ludźmi, wiele potrafiła dla nich zrobić, zarówno z dobroci serca, jak i dla poklasku. Jej takt łagodził wiele napięć w celi...

W tych pierwszych dniach była jednak przygaszona, całymi godzinami leżała w łóżku, rozmyślając lub drzemiąc.

Oddziałowa Ela, która najwyraźniej ją polubiła, nie chciała, żeby Aniela się załamała i wzywała ją do sprzątania, co odnosiło zbawienny skutek. Któregoś dnia przyszedł do niej list. Czytała go z nerwowym napięciem.

– Od dzieci? – spytała Józka.

– Nie, od wspólnika.

– Czyżby coś ci groziło z jego strony? Bardzo nerwowo zareagowałaś.

– Absolutnie nie. Wręcz przeciwnie.

Wtedy to, najwyraźniej odczuwając potrzebę zwierzeń, opowiedziała mi po raz pierwszy swoją wersję wydarzeń.

– Zakochałam się w Janku, a on we mnie. Był przystojny, inteligentny, obyty w świecie, jeździł na Zachód. Nie to co mój mąż, który wiecznie włóczył się z kolegami, kręcił jakieś podejrzane interesy. Nie chciałam się rozwieść ze względu na córki. Co prawda starsza wyszła za mąż i miała własne życie, ale młodsza, ukochana córeczka tatusia, bardzo źle zareagowałaby na rozstanie. Nie mogłam jej tego zrobić. Jednak mąż zaczął coś podejrzewać i częściej bywał w domu. Tego pechowego dnia poszłam do mieszkania Janka. Mąż niepostrzeżenie poszedł za mną. No i doszło do awantury. Mirek, mój mąż, rzucił się na Janka, a ten, broniąc się, uderzył go pałką, którą akurat miał pod ręką. Kiedy Mirek upadł, podbiegłam do niego i stwierdziłam, że nie żyje.

– Jak to stwierdziłaś? Nie jesteś lekarzem.

– Nie, ale pracowałam jako pielęgniarka.

– I mogłaś stwierdzić śmierć bez żadnej wątpliwości?

– Tak, on nie żył. Wystraszyłam się, co teraz będzie. Janek kazał mi wracać do domu taksówką i powiedział, że sam zajmie się wszystkim. Na drugi dzień okazało się, że zamurował ciało w piwnicy domu, w którym mieszkał. Byłam w szoku, ale co miałam robić, poszłam na policję i zgłosiłam zaginięcie. Szukali go siedem miesięcy i pewnie by nie znaleźli, gdyby moja teściowa nie zwróciła się do Wydziału Spraw Beznadziejnych. W każdym razie sąsiedzi musieli mieć dziwne miny, gdy przyjechała policja i za pomocą specjalnego urządzenia wykryła zamurowanego w piwnicy trupa. Aresztowano mnie i Janka, a moja starsza córka za miesiąc ma rodzić.

– Co z młodszą? Pewnie ciężko to przeżyła...

– Jest w szoku, najgorsze, że zajęła się nią siostra męża i teraz pewnie będzie ją nastawiać przeciwko mnie i Jankowi.

Zdając sobie sprawę z tego, że w więzieniu wszyscy uważają się za niewinnych, nie komentowałam, nie chcąc sprawić przykrości. Była w podobny sposób jak ja uwikłana i bardzo jej współczułam. Cieszyłam się, że choć trochę odżyła i nie była już taka przygaszona jak na początku.

W końcu lutego dotarły do nas kolejne wiadomości. Najlepszą było to, że Krysia nareszcie mogła wrócić do domu, choć jej wspólniczka jeszcze jakiś czas pozostała w areszcie śledczym.

Żegnając się z nią, dziękowałam za wszystko, co dla mnie zrobiła, chociaż mam wrażenie, że w pełni doceniłam to dużo później.

Następne wieści nie były już takie wesołe. Na początku marca, niemal zaraz po narodzinach wnuczki, Aniela dowiedziała się, że ma wyznaczony termin obserwacji psychiatrycznej. Wkrótce również miała się odbyć moja pierwsza rozprawa. Najgorsza jednak nowina spadła na nas jak grom z jasnego nieba.

– Muszę się z wami pożegnać, przechodzę na oddział IV – oznajmiła przy obiedzie wychowawczyni. – Jak to, to pani już tu nie będzie? – świat mi się zawalił.

– Niestety, będzie inny wychowawca, tym razem mężczyzna.

– I do tego jeszcze mężczyzna! – niemal zawyłam.

Rozgoryczona udałam się na rozmowę z psycholog.

– Musi pani to zaakceptować – perswadowała.

– A czy mam inne wyjście? – burknęłam.

– Przyjęła to pani do wiadomości, ale nie zaakceptowała.

– Straciłam swoje oparcie – tłumaczyłam – a zbliża się rozprawa. Umieram ze strachu na myśl, że będę musiała opowiadać publicznie o tym wszystkim.

– Niech pani potraktuje to jak terapię grupową.

Niepocieszona wróciłam do celi. Dopiero Bożenie udało się nakłonić mnie do pogodzenia się z rzeczywistością.

– Nie bądź taką egoistką – rzuciła zniecierpliwiona moim biadoleniem. – Może na tamtym oddziale jest ktoś, komu ona jest bardziej potrzebna niż tobie.

Zawstydziłam się:

– O tym nie pomyślałam – z ciężkim sercem przyznałam rację koleżance.

Moje urodziny, pomimo przyjazdu adwokatki i mojej mamy, przebiegły w dość napiętej atmosferze.

– Przywiozłyśmy pani paczkę z owocami – powiedziała pani mecenas. – Mam nadzieję, że waga nie przekroczy dozwolonych pięciu kilogramów.

– Najwyżej coś odejmiecie, poza tym nie wiadomo, czy wszystko puszczą na bramie.

– Od czego to zależy?

– Lista zakazanych produktów wisi na ścianie przy kantynie. Bywa, że u jednej osoby coś zaakceptują, ale to samo u kogoś innego już nie przejdzie. Nawet nie usiłuję tego zrozumieć.

– A ubrania?

– W magazynie można mieć do dwudziestu kilogramów wszystkich rzeczy, a regulamin określa szczegółowo ilość i rodzaj ubrań trzymanych w celi.

– To chyba nie najgorzej?

– Dla człowieka wychodzącego tylko na godzinny spacer raz dziennie to aż nadto.

– Pójdę zrobić zakupy – zaproponowała pani mecenas. – A wy sobie porozmawiajcie.

Zostałam sama z mamą, adwokatka przeszła do sali widzeń oddziału karnego, gdzie znajdowały się kantyna i kiosk, w którym rodzinom śledczaków wolno było robić zakupy.

– Trzymasz się jakoś? – spytała matka.

– Nie jest źle.

Milczenie przerwał powrót adwokatki.

– Ale tu strasznie drogo – oceniła.

– Mają monopol, to zarabiają, szczególnie na papierosach. W innych zakładach można kupić tytoń, co wychodzi dużo taniej. Tu są dostępne tylko papierosy, więc palacze puszczają majątek z dymem. Dlatego ja przestałam palić.

Po godzinie moi goście wstali.

– Zobaczymy się w sądzie – powiedziała na koniec, żegnając się z nami, pani mecenas.

Zabrzmiało to złowrogo.

Tego dnia była piękna, słoneczna pogoda, więc z przyjemnością wyszłyśmy na spacer. Wracając po godzinie natknęłyśmy się na dziennikarzy, najwidoczniej robiących jakiś program na temat zakładu. Skierowali na nas kamery, co wzbudziło naszą złość. Oburzona i dodatkowo jeszcze bojowo nastawiona przez koleżanki niemal wpadłam do gabinetu wychowawcy.

– Witam panią, o co chodzi? – powitał mnie szczupły mężczyzna w okularach.

– Panie wychowawco, dziennikarze, korzystając z okazji, prawdopodobnie sfilmowali nas. Nie zgadzamy się na to i prosimy o interwencję.

Bez słowa komentarza wziął słuchawkę telefonu i zadzwonił do ochrony.

– Ochrona przejrzy taśmy, jeśli są na nich wasze twarze, zajmiemy się tym – powiedział po krótkiej rozmowie.

– Dziękuję. Nie chciałabym przeżywać większego szumu medialnego, niż ten, który mnie czeka…

– To już wkrótce, prawda?

Spojrzałam na niego podejrzliwie.

– Wiem – uśmiechnął się. – Nie jestem panią wychowawczynią.

– A na dodatek jest pan mężczyzną – palnęłam bez zastanowienia.

– To straszne – odparował.

– Prawda? – zaśmiałam się.

Proces

W dniu pierwszej rozprawy obudziłam się o świcie zlana zimnym potem. Śnił mi się duży, drewniany krzyż wyłaniający się z grobu moich dziadków, który wyciągał do mnie ramiona.

Po apelu zaczęłam się przygotowywać. Ubrałam dostarczone przez panią mecenas rzeczy i gładko przyczesałam świeżo ufarbowane włosy. Odrzuciłam pomysł koleżanek, żeby zrobić makijaż. Chciałam wyglądać schludnie, ale skromnie. Po rewizji oddziałowa poprowadziła mnie na dziedziniec, gdzie już czekała policyjna furgonetka. Usiadłam w tylnej części samochodu, na jednej z dwóch wąskich ławeczek. Przez otwarte drzwi widziałam Aśkę, którą zajęła miejsce z przodu, obok funkcjonariuszy z eskorty. Żelazna klapa zamknęła się i samochód ruszył. Przez zakratowane okienko widziałam fragmenty ulic, czasami mijaliśmy ludzi żyjących w swoim świecie, który wydawał mi się teraz tak odległy, jak inna galaktyka. Wreszcie samochód podjechał pod tylne drzwi sądu. Szpalerem ciekawskich policjantów poprowadzono nas – najpierw jedną, potem drugą – do sieczkarnika.

Było to długie i wąskie pomieszczenie, gdzie zobaczyłam szereg klatek pełnych ludzi. Dla mnie jednak przygotowano coś specjalnego – miniaturową celę, całkowicie odizolowaną od otoczenia betonowymi ścianami. Kontrolę nad zamkniętym delikwentem sprawowała tu jedynie kamera. Usiadłam i czekałam. Nie trwało to długo.

Dwóch konwojentów poprowadziło mnie do wyjścia. Wyprowadzono też Aśkę. Funkcjonariusze nerwowo formowali kordon w taki sposób, aby zapobiec kontaktom między nami. Gdzieś w oddali mignęła mi sylwetka Marcina, przywiezionego z aresztu. W końcu złożony z nas trzech oraz rozdzielających nas policjantów kordon ruszył korytarzem, a potem w górę schodami. Szłam w milczeniu, wyprostowana jak struna, ze wzrokiem utkwionym w dal. Mijaliśmy kolejne kondygnacje, aż wreszcie doszliśmy na właściwe piętro. I tam zaczął się horror. Spodziewałam się, że mogą czekać na nas media, ale to, co zobaczyłam, przeszło moje najśmielsze wyobrażenia.

Kiedy pojawiłyśmy się na korytarzu, rzuciła się na nas rozwrzeszczana horda, którą z trudem powstrzymał policyjny kordon. Dziennikarze przepychali się, żeby podejść jak najbliżej, by uchwycić najbardziej efektowne ujęcie. Przed oczami, niemal tuż przy twarzy, migały mi flesze aparatów, widziałam wyciągnięte do zdjęć telefony komórkowe. Cały ten szalejący tłum opętany był jedną myślą: dojść jak najbliżej i przyjrzeć się jak najdokładniej słynnym mordercom. W spirali podniecenia nie było miejsca nawet na potępienie moralne, liczyła się tylko sensacja. I news.

Jak przez mgłę widziałam brata Aśki, matkę i żonę Marcina, adwokatów, prokuratora. Na mnie czekała na korytarzu uśmiechnięta pani mecenas, skinęłam jej głową na powitanie.

Wprowadzono nas na salę, sędzia zajął miejsce. Dla oskarżonych i adwokatów przeznaczone były boczne siedzenia, ale mnie poprowadzono do małej ławki ustawionej na wprost ławy sędziowskiej, tuż przy barierce. Salę sądową szczelnie wypełniała publiczność. Rozprawa rozpoczęła się od kwestii formalnych – sąd odrzucił wniosek o wyłączenie jawności, ale jednocześnie nie zgodził się na prośbę jednej z telewizji o możliwość nagrywania procesu.

Potem odbyła się prezentacja adwokatów. Aśkę reprezentował aplikant adwokatki z urzędu, Marcin powołał dwóch obrońców. Największym zaskoczeniem okazał się reprezentant oskarżyciela posiłkowego, czyli brata Aśki – był aplikantem słynnego adwokata N. Zrobiło mi się zimno: znany adwokat, który wybronił Alę, stanął przeciwko mnie. Nie wróżyło to niczego dobrego, ale zacisnęłam zęby i postanowiłam walczyć.

Zakończywszy formalności, sąd przeszedł do części merytorycznej. Po odczytaniu aktu oskarżenia zeznania składali oskarżeni. Mnie powołano w pierwszej kolejności. Nie zdążyłam się więc jeszcze na dobre zdenerwować, a już musiałam zeznawać.

Wstałam z ławki, na której siedziałam pomiędzy dwoma konwojentami, podeszłam do barierki, uchwyciłam się jej desperacko jak liny ratunkowej i zaczęłam. Na początku nakreśliłam obraz stosunków w moim domu rodzinnym, okoliczności poznania Aśki i jej ojca, rosnącą zażyłość, która w pewnym momencie przerodziła się w coś poważniejszego.

Patrząc na sędziego i w zasadzie do niego kierując słowa, przeszłam w swej opowieści do momentu poznania Marcina i powstania naszego śmiertelnego tria. Trudno mi było wytłumaczyć na czym właściwie polegało nasze wzajemne uzależnienie.

– Kiedy zamieszkała pani w domu Andrzeja G.?

– Po przerwaniu, wzorem Marcina, studiów nie bardzo wiedziałam, co dalej. Nie chciałam wracać do rodziców. Andrzej G. zaproponował mi pracę sekretarki i pokój w jego domu. Z czasem oprócz pracy w kancelarii zajęłam się prowadzeniem domu, później także sklepu kosmetycznego. Mimo to byłam coraz gorzej traktowana, często poniżana w obecności innych.

– Mogła pani przecież odejść.

– Mogłam, ale nie potrafiłam bez niego żyć, a życie z nim było nie do zniesienia.

– Kto wymyślił plan zbrodni?

– Pamiętam ten dzień. Było lato. Marcin przyszedł do sklepu i wysłuchawszy moich żalów, stwierdził, że należy się go pozbyć.

– Jak pani na to zareagowała?

– Na początku wydawało mi się to nierealne, jak zły sen, ale Marcin namawiał, a w końcu przedstawił plan działania. Miałam zebrać trujące grzyby i podać Andrzejowi do zjedzenia.

– Co było dalej?

– Marcin wyjechał za granicę, a ja na przełomie lata i jesieni próbowałam znaleźć grzyby. Nie przykładałam się do tego szczególnie. Najczęściej chodziłam po lesie i płakałam. Obawiałam się też, co powie Marcin, kiedy wróci. Dlatego zebrałam garść jakichkolwiek grzybów i powiedziałam, że mogą być trujące.

– Wiedziała pani, że nie są?

– Tak, ale nie chciałam, żeby był na mnie zły. Przyrządziłam grzybowe risotto i zostawiłam Andrzejowi na obiad, podczas gdy Marcin, ja i Aśka pojechaliśmy do Krakowa.

– Joanna wiedziała o wszystkim?

– Wtedy jeszcze nie, ale kiedy nic się nie stało po tych grzybach, Marcin postanowił, że trzeba ją uświadomić. Powiedziałam Aśce wszystko. Zaakceptowała plan. Marcin myślał o upozorowaniu jakiegoś wypadku z piecykiem gazowym albo prądem, ale ostatecznie zrezygnował z tego. Namówił Aśkę, żeby uderzyła ojca młotkiem w głowę podczas snu.

– Doszło do tego?

– W nocy Aśka weszła do jego sypialni i uderzyła go, ale on obudził się, zorientował, że dzieje się coś dziwnego i zamknął drzwi do pokoju. Zapukałam, otworzył drzwi, a ja wytłumaczyłam mu, że Aśka źle się czuje. Następnego dnia przyjechał Marcin, któremu opowiedział o dziwnym zachowaniu córki. Nie miał żadnego śladu po uderzeniu, więc nic nie wzbudziło jego podejrzeń. Marcin potwierdził moją wersję, że Aśka jest pewnie chora.

– Jak doszło do wybrania pieniędzy z książeczek oszczędnościowych?

– Marcin namówił Aśkę, żeby wybrała pieniądze, które jej ojciec oszczędzał na kupno mieszkania dla niej. Mogła je wybrać tylko z tych książeczek, do których miała upoważnienie. Oprócz tego Aśka wyciągnęła wszystkie środki również z książeczek założonych przez ojca bezpośrednio na nią. Wszystko to oddała Marcinowi.

– Andrzej G. zorientował się?

– Nic mi o tym nie wiadomo. Sądzę, że do końca nic nie wiedział. Aśka przejęła też przysłany do domu aneks do umowy ze spółdzielnią mieszkaniową, a Marcin powiedział jej, żeby go nie podpisywała, tylko zniszczyła.

– Dlaczego?

– Przekonał Aśkę, że to bardzo zły interes i że należy się z niego wycofać.

– Kilka dni później uderzyła go pani łomem w głowę?

– Tak. Marcin tłumaczył, że w końcu on dowie się o wypłaconych pieniądzach i rozpęta się piekło.

– Czy zanim do tego doszło, przedstawił wam cały plan działania?

– Tak, to było w kawiarni.

– Jak zareagowałyście?

– Byłyśmy ślepo posłuszne.

– Proszę opowiedzieć, co się działo po uderzeniu łomem.

Starałam się jak najwierniej odtworzyć przebieg wydarzeń, podobnie jak na wizji lokalnej.

– Wszystkie ślady zostały zatarte?

– Tak. Pościel z łóżka i materac zostały spalone. Spaliłam również deski, którymi wyłożona była podłoga i folię z piwnicy. Także nasze ubrania i plecaki, w których wywoziłyśmy fragmenty zwłok, zostały potem spalone. Wszystkie narzędzia służące Aśce i Marcinowi do rozczłonkowania zwłok utopiłyśmy w rzece.

– Co było dalej?

– Po zgłoszeniu zaginięcia Marcin naciskał Aśkę, żeby wycofała wkład pieniężny ze spółdzielni mieszkaniowej. Przez znajomą, też członkinię spółdzielni, wiadomość ta doszła do ojca chrzestnego Aśki. Zaprosił ją na rozmowę w tej sprawie, ale poszedł z nią Marcin i podobno doszło do jakiejś nieprzyjemnej sceny. Nie było mnie przy tym. Kiedy Aśka podtrzymywała swoją decyzję, jej brat, który został powiadomiony o wszystkim, złożył w sądzie wniosek o ubezwłasnowolnienie siostry.

– Napisała pani odpowiedź na ten wniosek, prawda?

– Tak, a także odpowiedź na złożoną potem apelację i sąd oddalił wniosek. Wtedy brat złożył na policję doniesienie o popełnieniu przeze mnie i Marcina przestępstwa, które miało polegać na zmuszaniu Aśki do niekorzystnego rozporządzenia swoim majątkiem.

– Co policja na to?

– Umorzyła postępowanie z braku dowodów. W takiej sytuacji spółdzielnia mieszkaniowa musiała wypłacić wkład wraz z odsetkami za zwłokę.

– Czy ktoś ze spółdzielni próbował odwieść Joannę od tej decyzji?

– Tak, prezes spółdzielni, ale Aśka zawsze była w towarzystwie Marcina albo Marcin przychodził sam z pełnomocnictwem Aśki, więc niewiele wskórał.

– No właśnie, pełnomocnictwo. Dlaczego dawało Marcinowi tak szerokie uprawnienia do rozporządzania majątkiem Joanny?

– Nie wiem, w biurze notarialnym we dwoje weszli do gabinetu, a ja zostałam w poczekalni. Potem Marcin twierdził, że to standardowe pełnomocnictwo, które pozwala mu pomóc Aśce w sprawie ze spółdzielnią.

– Wypłacone ze spółdzielni pieniądze Joanna powierzyła Marcinowi?

– Marcin twierdził, że ulokuje je na koncie w szwajcarskim banku do czasu, aż Aśka zgromadzi resztę środków ze spadku i sprzedaży domu, a wtedy będzie je można korzystnie zainwestować.

– Po roku Joanna złożyła wniosek o uznanie ojca za zmarłego. To pani przygotowała ten wniosek?

– Tak, ale sędzia prowadzący sprawę stwierdził, że nie może wydać takiego orzeczenia przed upływem – wobec wieku zaginionego – minimum pięciu lat. Po tym okresie, w momencie uznania za zmarłego Andrzej G. miałby ukończone siedemdziesiąt lat, a więc byłby spełniony prawny warunek do uzyskania korzystnego dla nas orzeczenia.

– Z czego utrzymywałyście się przez ten czas?

– Opłaty za media pokrywały pieniądze z emerytury Andrzeja wpłacane na jego konto w banku, gdzie było złożone stałe zlecenie na regulowanie rachunków tego typu. Aśka pracowała, a ja dawałam lekcje angielskiego i dostawałam pieniądze od matki. Potem zaczęły się problemy. Aśka zaciągnęła trzynaście kredytów, a ja zaczęłam nadużywać alkoholu.

– Na co były te kredyty?

– Sama chciałabym wiedzieć. Zaczęłyśmy sprzedawać rzeczy z domu na spłatę długów. Marcin obawiał się, że stracimy wszystko. Prosiłam go wtedy, żeby przekazał część powierzonych mu pieniędzy, ale nie chciał się zgodzić, tłumacząc to troską o naszą przyszłość. W takiej sytuacji Marcin postanowił przyspieszyć uznanie Andrzeja G. za zmarłego. Napisał anonim, który przepisałam pod jego dyktando na kupionej specjalnie do tego celu starej maszynie do pisania. W liście tym, skierowanym na adres domu Aśki, jakiś nieznajomy opisywał, że był świadkiem wrzucania do rzeki zwłok, a na miejscu zdarzenia znalazł portfel z dokumentami z których wziął adres. Obawiając się zemsty zabójców milczał przez wiele lat, ale w końcu sumienie nie dało mu spokoju i przekazał wiadomość anonimowo. Wysłałyśmy ten list z Poczty Głównej w Krakowie, a kiedy doszedł na miejsce, zaniosłyśmy go na policję.

– Na anonimie nie było żadnych śladów?

– Nie mogło być. List pisałam w lateksowych rękawiczkach, portfel i jego zawartość zostały starannie wyczyszczone. Znaczek na poczcie naklejałam za pomocą poduszeczki i cały czas miałam na rękach skórzane rękawiczki, które potem wyrzuciłam.

– A maszyna do pisania?

– Maszynę utopiłyśmy z Aśką w rzece, tam gdzie korpus. Policja dostała poszlakę, że być może Andrzej G. nie żyje i przekazała sprawę do Wydziału Spraw Beznadziejnych. Sędzia wyznaczył termin posiedzenia o ponowne rozpatrzenie wniosku o uznanie Andrzeja G. za zmarłego.

– Ten wniosek też pani przygotowała?

– Nie, ja już byłam niezdolna do czegokolwiek, pogrążałam się coraz bardziej w alkoholu. Wniosek przygotował i sprawę prowadził wynajęty adwokat. Ale zanim doszło do rozstrzygnięć, Wydział Spraw Beznadziejnych nas aresztował i zdecydowałyśmy się zeznawać.

– Dlaczego zdecydowała się pani na to?

– Bo ktoś mi powiedział, że prawda mnie wyzwoli.

Moje zeznania w tym dniu dobiegły końca. Trzymając kurczowo barierkę, chwiałam się na nogach z wyczerpania. Zauważyła to moja adwokatka.

– Wysoki Sądzie, czy mogę podać pani Weronice K. wodę w plastikowej butelce? – spytała.

Sąd wyraził zgodę, puściłam barierkę i zatoczyłam się. Jeden z policjantów przytrzymał mnie, chroniąc przed upadkiem.

– Przepraszam – wyjaśniłam szybko – mam kurcz w nodze.

Nie była to prawda. Trzęsłam się na całym ciele i było mi słabo. Nie chciałam jednak, aby ktokolwiek pomyślał, że udawaniem choroby chcę wzbudzić litość.

Piłam wodę małymi łykami, modląc się w duchu o szybki powrót do A., gdzie paradoksalnie czułam się bezpiecznie. Kiedy nas wyprowadzano, skinęłam głową pani mecenas na pożegnanie. Policjanci znowu uformowali kordon, a ja znów szłam wyprostowana, patrząc w dal, przed siebie. Impet tłumu osłabł, a może to ja byłam zbyt zmęczona by zwracać uwagę na otoczenie. W sieczkarniku położyłam się na ławeczce, składając się prawie w scyzoryk i usiłowałam odpocząć. Ucieszyłam się, gdy usłyszałam, że wracamy.

Pierwszą osobą, która powitała mnie po powrocie, była wychowawczyni.

– Było ciężko? Dała pani radę?

– Chyba tak, choć było to koszmarne doświadczenie. Ale to nie koniec moich wystąpień.

– Jak to nie koniec, przecież zeznawała pani całą rozprawę? Tak mówili konwojenci.

– To były zeznania, a teraz przyjdzie czas na pytania sądu i prokuratury oraz stron. Zamierzam na wszystkie odpowiedzieć. Znowu zajmie to całą rozprawę, albo lepiej.

– No tak, powinnam wiedzieć, jak to wygląda, kiedy pani się rozgada. A teraz proszę iść i odpocząć.

Powlokłam się do celi z miłym uczuciem, że ktoś okazał mi troskę. Czułam potworny ból głowy, którego niczym nie dało się załagodzić. Padłam na łóżko i zamknęłam oczy, mając wrażenie, że całe pomieszczenie wiruje wraz ze mną. Koleżanki upewniły się tylko, czy wszystko w porządku i dały mi spokój. Z trudem zwlokłam się na wieczorny apel, a potem znów położyłam się bez słowa do łóżka. Całą noc dręczyły mnie niespokojne sny.

– Werka, całą noc uprawiałaś rodeo, miotałaś się bez przerwy, ale nie chciałam cię budzić – zauważyła rano śpiąca pode mną Bożena.

– Nie wyspałaś się przeze mnie…

– To nie ma znaczenia.

Kilka dni później czekała mnie następna rozprawa. Scenariusz był dokładnie taki sam, jak wcześniej – jazda zamkniętą suką, czekanie w sieczkarniku, przejście z konwojem na salę sądową. Jedynym odstępstwem było to, że publika nie reagowała już takim podnieceniem na nasz widok.

Choć sala nadal była pełna, zdjęcia robiono sporadycznie. Po zajęciu miejsc przystąpiono do drugiego aktu rozprawy. Tym razem miałam odpowiadać na pytania. Pierwszy zaatakował obrońca Marcina. Zasypał mnie gradem pytań o szczegóły, które miały udowodnić mi kłamstwo. Odpowiadając wspominałam podobne „seanse" u prokuratora.

– Jak zniszczyła pani łóżko? – pytał. – Było za duże, by zmieścić się w drzwiach.

– Porąbałam je siekierą w pokoju i spaliłam w piecu, ale to miało miejsce jakiś rok później.

– Porąbała pani? I na parkiecie nie było żadnych śladów? – udawał zdziwienie.

– Uderzałam siekierą w spojenia, a kiedy je rozszczepiłam, wyniosłam fragmenty, dokończyłam rąbanie w piwnicy i spaliłam drewno w piecu. Jestem córką stolarza...

– Jak duży był otwór pieca?

– Taki – narysowałam w powietrzu kwadrat.

– To znaczy ile miał centymetrów?

– Nie wiem, był taki – i powtórnie nakreśliłam identyczny kwadrat.

Nie jestem pewna, czy jego pytania miały jakikolwiek sens procesowy poza próbą złapania mnie na kłamstwie i niekonsekwencji. Ale wszystkie te próby przebił jego kolega. Zwrócił się do mnie z groźną miną.

– I ja mam pytanie.

Po czym zaczął gorączkowo przeglądać notatki. Trwało to jakiś czas.

– Czekamy, panie mecenasie – upomniał go sędzia.

– Już, już – mamrotał – tu miałem zapisane...

Najwyraźniej nie znalazł zapisanego pytania i w desperackiej próbie ratowania twarzy zdecydował się na improwizację.

– O czym rozmawiała pani z Marcinem B. w tamtym roku?

– Czy mam zreferować cały rok?

– To nie ma sensu – wtrącił sędzia ze zniecierpliwieniem. – Jeśli nie ma innych pytań, przejdźmy dalej.

Do akcji przystąpił aplikant adwokacki reprezentujący Aśkę. Młody, zaangażowany, błyskotliwy, choć zbyt pochopny. Jak było do przewidzenia, skoncentrował się głównie na moim zeznaniu o podawaniu Aśce leków. Spokojnie potwierdziłam swoje słowa, dodając mu poważny argument do jego linii obrony. Szczegółowo przepytał mnie na temat stosunków domowych w rodzinie G.

– Największą ofiarą całej tej sprawy jest Aśka – ośmieliłam się powiedzieć na zakończenie. – To ją spotkała najgorsza krzywda. Dla ojca i brata była nikim, a potem została wykorzystana przez Marcina.

Kiedy po młodym aplikancie do pytań przystąpiła moja adwokatka, nie przypuszczałam, jakie piekło mi zgotuje. Wychodząc z założenia, że należy przedstawić sądowi prawdziwy obraz mojego życia i związku z Andrzejem G., zdecydowała się poruszyć najbardziej bolesne i wstydliwe sprawy, o których opowiadałam jej podczas naszych spotkań w A. Do dziś nie wiem, w jaki sposób udało jej się wywrzeć na mnie tak potężną presję, że pod jej wpływem zaczęłam o tym mówić publicznie.

– Skąd pani wiedziała, że miał inną kochankę?

– Czasem kiedy był ze mną w łóżku, odbierał od niej telefony. Kiedyś umówił się ze mną, a potem poszedł do niej. Czekałam, tak jak chciał, u niego w domu całą noc. Wrócił nad ranem i powiedział, że tej nocy miał nas obie.

– Dlaczego nie przeszedł z panią na „ty"?

– Lubił, jak w sytuacjach intymnych zwracałam się do niego „proszę pana".

– Jak wyglądały jego imieniny lub przyjazdy rodziny?

– Na imieniny musiałam przygotować przyjęcie, ustawić wszystko na stole i wyjść do pokoju na górze. Nie pokazywałam się póki byli goście, udawałam, że mnie nie ma. Gdy przyjeżdżała rodzina musiałam wynieść się z domu i wrócić, jak już jej nie było.

– Czy kiedykolwiek wyjechaliście gdzieś razem przez te piętnaście lat?

– Tylko raz do uzdrowiska, gdzie nikt go nie znał. Wtedy był dla mnie bardzo miły. Poza tym nigdy nigdzie ze mną nie wychodził, bo się wstydził.

– Czego?

– Co ludzie pomyślą.

– A nie wstydził się tego, co robił?

Spuściłam głowę. Milczałam.

– Wiedział, jaka jest sytuacja w pani domu i że od dziesięciu lat zażywa pani leki psychotropowe?

– Oczywiście, wszystko o mnie wiedział.

– Wzięła pani od niego jakiekolwiek pieniądze przez te lata?

– Nigdy. Parę razy kupił mi drobne upominki na imieniny, ale nie przyszło mi do głowy oczekiwać od niego jakichkolwiek pieniędzy. Do uzdrowiska pojechałam na własny koszt i sama opłaciłam sobie hotel. Gdy mieszkaliśmy razem utrzymywał dom, ale ja sprzątałam, gotowałam, prałam, prasowałam, zajmowałam się chorym psem, prowadziłam firmę. Razem z Aśką malowałam ściany, robiłam przetwory. Uważałam, że pracuję na swoje utrzymanie.

– Dlaczego go pani zabiła?

– Znosiłam wszystko – złe humory, wyśmiewanie, upokarzanie, zdrady, ciągłe pretensje, tresurę psychiczną. Nigdy nie wiadomo było, w jakim będzie nastroju, czy będzie miły, czy znajdzie sobie pretekst do wyżywania się. Oddałam temu człowiekowi w zaufaniu całą młodość, wszystkie najlepsze uczucia, a na końcu oświadczył mi, że bez problemu może mnie zniszczyć. Coś we mnie pękło...

Nic więcej nie byłam już w stanie wykrztusić. Starczyło mi tylko sił, aby wyjść z sali z podniesioną głową i spokojnie dojść do policyjnej furgonetki. Kiedy zamknięto metalowe drzwi samochodu, położyłam się na ławeczce, zamknęłam oczy i usiłowałam opanować dreszcze, które wstrząsały całym moim ciałem. Do A. dojechałam półprzytomna. W celi padłam na łóżko i zasnęłam z wyczerpania, marząc, aby to się skończyło.

Proces nabierał tempa. Ostatni raz miałam składać zeznania kilka dni później. Tym razem pytania miał zadawać poprzez swego pełnomocnika oskarżyciel posiłkowy, którym był syn Andrzeja, a brat Aśki, Janusz. Wiedziałam, że adwokat, który wybronił Alę, był bardzo skuteczny, więc obawiałam się tej konfrontacji.

Na wstępie jednak sędzia oznajmił, że adwokat złożył pismo, w którym rezygnuje z reprezentowania oskarżyciela posiłkowego. Nie wiedziałam dlaczego, ale byłam wdzięczna losowi za ten niespodziewany zwrot. Z braku pełnomocnika Janusz G. pytania musiał zadawać sam. Nie wnosiły one niczego nowego do sprawy, raczej były próbą wybielenia obrazu ojca, jaki wyłaniał się z moich zeznań. Wyglądał na zmęczonego i załamanego. Sytuacja przerastała go i przygnębiała, szczególnie że jedną z oskarżonych była jego własna siostra. Smutno zabrzmiało jedno z zadanych mi przez niego pytań.

– Gdzie podziała się biżuteria mojej matki? Była pamiątkowa.

– Aśka dała ją Marcinowi do spieniężenia. Nie wiem, co Marcin z nią zrobił.

Pytania prokuratora miały dwojaki cel. Z jednej strony chciał doprecyzować szczegóły dotyczące samego przebiegu zdarzenia. Wspierając się na tych zeznaniach przy oskarżaniu Marcina musiał mieć pewność, że są rzetelne i prawdziwe. Z drugiej zaś usiłował podważyć wiarygodność motywacji, która popchnęła mnie do zbrodni. Nie bardzo rozumiałam ten prawniczy łamaniec. Uważałam, że albo mi się wierzy, albo nie.

– Mówiła pani, że Andrzej G. miał kochankę. Zna pani nazwisko.

– Znam, ale nie podam.

– Osłabia pani wiarygodność swoich słów.

– Trudno, nie mogę tego zrobić.

Nie zniosłabym w sądzie widoku tej kobiety, nie wytrzymałabym kolejnego poniżenia. Myślę, że ona zresztą też.

Sąd, na którego pytania przyszła teraz kolej, nie przywiązał wielkiej wagi do tego epizodu. Sędziego interesowało co innego:

– W zeznaniach wspominała pani, że był plan pozbycia się Joanny G. Jak szczegółowy?

– Nie mówiłam, że istniał jakikolwiek plan. Powiedziałam jedynie, że Marcin w złości, po alkoholu, rzucił taki tekst, to wszystko.

– Nie poczyniono żadnych kroków w tym kierunku?

– Absolutnie żadnych.

– A czy w sprawie pozbycia się brata Joanny i jego rodziny były podjęte jakieś kroki?

– Nie, Marcin rozmawiał tylko na ten temat z Aśką, ale nic z tego nie wynikło.

– Czy naprawdę wierzyła pani w opowieści Marcina B. o talibach?

– Tak, wierzyłam. Marcin rozmawiał o tym przy mnie z żoną, kłócili się o to, że on się naraża. Nie miałam powodu sądzić, że okłamuje własną żonę. Do dziś tego nie rozumiem.

Na tym zakończyła się ostatnia runda moich bezpośrednich zmagań. Wróciłam do A., myśląc, że nareszcie to nie ja będę się produkować. Teraz nadeszła kolej Aśki.

Aśka zastosowała jednak unik. Na wstępie rozprawy z kamienną twarzą oświadczyła, że odmawia składania zeznań, podtrzymuje jedynie swoje wyjaśnienia złożone na policji, oczywiście z wyjątkiem tych pierwszych, w których brała całą winę na siebie. Jednocześnie uchyliła się od odpowiedzi na pytania adwokatów Marcina.

Stawiała się tym samym w niezbyt dobrym świetle, ale najwyraźniej jej lęk przed konfrontacją okazał się silniejszy. Odpowiadając na pytania sądu i prokuratora w całej rozciągłości, niemal w każdym szczególe, potwierdziła moje zeznania dotyczące przebiegu zbrodni. Niezręcznie zabrzmiało, gdy zaczęła wycofywać się z motywacji finansowej, do której się pierwotnie przyznała. Sąd potraktował te wybiegi jako całkowicie niewiarygodne. Z największym zainteresowaniem słuchałam, gdy padły pytania mojej adwokatki. Siedziałam tym razem z dala od niej, wyjęłam przywieziony ze sobą zeszyt i zaczęłam notować ewentualne niekonsekwencje w odpowiedziach, do późniejszej konsultacji. Adwokatka starała się, ale nie udało jej się wydusić z Aśki ani jednego słowa na moją obronę. Aśka powtarzała te same sformułowania jak mantrę, nie zwracając uwagi, że nieraz nie ma to nic wspólnego z zadanym pytaniem. Nie atakowała mnie, ale nie miała też najmniejszego zamiaru powiedzieć niczego, co ułatwiłoby moją sytuację, choć mogłaby. Mój związek ze swoim ojcem skwitowała krótko – to nie była jej sprawa i nie interesowała się tym. Było to ewidentne kłamstwo. Podkreślała, że do mordu namówiły ją koleżanki. Znając jej wcześniejsze zeznania, nie byłam nawet zdziwiona. Koncentrowałam się tylko na wyłapywaniu sprzeczności w jej słowach.

Gdy skończyła, pod sam koniec rozprawy, zwróciłam się do siedzącej obok mnie policjantki.

– Czy mogę podejść do mojej adwokatki i podać jej notatki?

– Wykluczone. Zabraniam!

– Nie ma pani prawa zabraniać mi kontaktu z adwokatem. Zwrócę się do sądu ze skargą.

Funkcjonariuszkę zamurowało, ale zanim zdążyła zareagować, wtrąciła się siedząca niedaleko aplikantka.

– Proszę się nie denerwować – starała się załagodzić sytuację. – Zaraz poproszę panią mecenas.

Chwilę później adwokatka usiadła przy mnie, ignorując całkowicie osłupiałą strażniczkę.

– Tu są moje notatki – podałam jej zapisane kartki. – Bardzo proszę, niech nie sadzają mnie na przyszłość z dala od pani, źle się z tym czuję.

– Dopilnuję tego – obiecała pani mecenas, zabrała zapiski i wróciła na swoje miejsce.

Obrażona funkcjonariuszka postanowiła rozpocząć wojnę nerwów. Po zakończeniu rozprawy, gdy wyprowadzano nas z sali, rzuciła w moją stronę krótki rozkaz.

– Idziemy!

W ostatnim momencie zorientowałam się, jakie było jej zamierzenie – jeśli zaczęłabym iść w kierunku drzwi, nieuchronnie spotkałabym się z Marcinem twarzą w twarz. Nie miałam ochoty na konfrontację i nie chciałam dostarczać gapiom widowiska, cofnęłam się więc i usiadłam z powrotem na ławce.

– Nie idziemy – odpowiedziałam.

– Wydałam pani polecenie – oświadczyła kobieta podniesionym tonem.

– A prokurator wydał polecenie o izolacji – odparłam równie głośno, chcąc, aby mnie usłyszał.

Podziałało, funkcjonariuszka uspokoiła się na chwilę i wyszłyśmy z sali w ustalonej wcześniej kolejności, jedna za drugą. Jeszcze bardziej zirytowały mnie jej komentarze, które słyszałam w sieczkarniku. Chciała mieć wojnę nerwów, to będzie ją mieć – zdecydowałam, gdy zamknęły się za mną drzwi furgonetki. Miałam silny i dźwięczny głos, więc zaczęłam śpiewać.

I poczuł, że chwila wolności nadeszła,
Ta chwila, w której go wiodą…

Wydzierałam się na cały regulator kalecząc melodię ze spektaklu *Nocy listopadowej*, ale efekt przeszedł moje oczekiwania.

– Pogłośnij radio, trzeba ją zagłuszyć – usłyszałam wściekły głos kobiety.

Istotnie zagłuszyli mnie, robiąc z policyjnej suki dyskotekę na kółkach. Pod bramą w A. zdezorientowany strażnik na wieżyczce wrzasnął:

– Ściszcie to, do cholery! Co to za wygłupy?

Gdy ściszyli radio zaczęłam znowu swoje śpiewy i kontynuowałam póki drzwi się nie otwarły, a mnie niczym ducha poprowadzono na oddział. Nie minęło wiele czasu, a wylądowałam na dywaniku u pani psycholog.

– Słyszałam o pani zachowaniu, funkcjonariuszka się poskarżyła. Co takiego wywrotowego pani śpiewała?

– To tylko Wyspiański.

– Czy ma pani świadomość, że niszczyła pani poczucie własnej wartości tej kobiety?

– Odechce jej się szykanowania.

Opowiedziałam o zachowaniu policjantki.

– Ona to inaczej przedstawiła.

– To oczywiste.

Nie wiem, czy ten incydent miał wpływ na zmianę rodzaju przysłanej po nas na kolejną rozprawę furgonetki. Długie, blaszane, dźwiękoszczelne pudło, pozbawione okien, jedynie z kamerą do kontroli, przedzielone było na dwie części. Mnie i Aśkę umieszczono razem uznając, że po złożeniu przez nas niemal identycznych zeznań możemy być transportowane w ten sposób. Drugą część przeznaczono dla odebranego po drodze Marcina. Mimo że żadne dźwięki nie przedostawały się z samochodu na zewnątrz, w środku, między dwoma oddzielonymi od siebie częściami, słychać było każde słowo. Nie miałam nic do ukrycia, więc nie przejęłam się tym. Zapytałam Aśkę, czy przeczytała mój list.

– Żadnego listu nie dostałam – powiedziała.

– Został zatrzymany przez prokuraturę i znajduje się w aktach. Mogłaś go przeczytać podczas zapoznania się z aktami na zakończenie śledztwa.

– Chyba go przeoczyłam, tych papierów było tak dużo, a czasu niewiele. – Jak wypadłam w sądzie? – spytała po chwili milczenia.

– Ani mi nie zaszkodziłaś, ani nie pomogłaś, ale najważniejsze, że nasze zeznania się zgadzają. Zresztą nie mogło być inaczej, obie mówimy prawdę.

Ta rozprawa należała do Marcina. Zanim przystąpił do składania zeznań, złożył oświadczenie.

– Jadąc na rozprawę, słyszałem w samochodzie, jak Weronika K. pytała Joannę G, czy dostała jej list. Jest to dowód na to, że kontaktują się w A. i uzgadniają swoje zeznania.

W sądzie zawrzało. Również zgłosiłam chęć złożenia oświadczenia.

– List, o którym była mowa, został wysłany legalnie i zatrzymany przez prokuraturę. Znajduje się w aktach sprawy. Marcin po prostu niedokładnie podsłuchał.

– Czy podczas jazdy rozmawiała pani z Joanną G. o sprawie? – zapytał sędzia.

– Rozmawiałam. Skoro jechałyśmy razem, uznałam, że mi wolno.

Wywołało to kolejną falę wzburzenia, upomniano konwojentów. Gdy zamieszanie ucichło, Marcin rozpoczął zeznania.

Patrzyłam na niego i nie poznawałam niedawnego przyjaciela. Miałam przed oczami postarzałą twarz i masywną sylwetkę zamiast wysportowanego, zadbanego i czarującego młodzieńca. Groteskowe wrażenie potęgowały odrośnięte, zaczesane do tyłu tak, że odkrywały zakola, siwiejące włosy. Ubrany w szary sweter sprawiał żałosne wrażenie. Starał się jednak opanować i spokojnie przedstawić swoją wersję wydarzeń. Lekko drżącym głosem podtrzymywał z uporem, że nie wiedział o niczym, nie brał w niczym udziału ani nie układał żadnych przestępczych planów. Zapiski w terminarzu przedstawiał jako niezrealizowane plany spotkań i wyjazdów. Natomiast zmieniły się nieco jego wyjaśnienia dotyczące pieniędzy Aśki.

– Wziąłem je od Joanny, bo ona chciała zainwestować je razem ze mną w stadninę koni. Leżały jakiś czas u mnie w domu, a kiedy z planów nic nie wyszło, zwróciłem je Joannie przez Weronikę K. Świadkiem tego była moja matka, która nawet pytała Weronikę K., czy nie boi się jeździć z tak dużą kwotą.

– Dlaczego akurat stadnina? – pytał sędzia.

– Poznałem trenerkę koni i jej menedżera. Oni mieli zająć się stadniną, a ja zainwestować środki. Wynająłem halę wraz z okolicznym terenem i przekazałem pieniądze na remont.

– Ma pan jakieś pokwitowania?

– Nie mam, dałem pieniądze z ręki do ręki.

– Od Joanny G. bez pokwitowania, tu też bez żadnego potwierdzenia. Dziwnie pan załatwia interesy – skomentował sędzia. – A pamięta pan personalia tych ludzi?

– Nie znam nazwisk, tylko imiona: menedżer miał na imię Władysław, a trenerka Marta.

– To istotnie bardzo dużo – rzucił sędzia.

– Miałem umowę najmu hali i terenu, ale po jej rozwiązaniu przestała być potrzebna i ją wyrzuciłem.

– Twierdzi pan, że ma dość środków finansowych bez uciekania się do przestępstwa. Z czego pan żyje?

– Prowadzę za granicą interesy.

– Jakie?

– Różne. Poza tym jestem na utrzymaniu rodziny mojej żony.

– Czy lubił pan Andrzeja G.?

– Oczywiście, był moim przyjacielem.

– To dlaczego w pana zapiskach nie ma wzmianki o jego zaginięciu?

– Notowałem wybiórczo rzeczy dla mnie osobiście ważne.

– Czyli zaginięcie Andrzeja G. było dla pana mniej istotne niż początek i koniec grypy, które pan odnotował?

– Po prostu tego nie zanotowałem, nie zastanawiałem się dlaczego.

– A czym są pozostałe zapiski w terminarzach, pana doświadczeniami?

– Ależ skąd – Marcin pozwolił sobie na lekki uśmiech. – Po prostu piszę książkę.

– Czy pisał pan cokolwiek wcześniej?

– Nie.

– Czy jest gdzieś przygotowany tekst do druku?

– Nie. Tak sobie pisałem, dla siebie.

Potem przyszła kolej na moją adwokatkę.

– Może mi pan wyjaśnić, co oznacza zapis w terminarzu „Szukanie trupa" pod datą z maja w roku śmierci Andrzeja G.?

Zauważyłam poruszenie prokuratora, widocznie ten szczegół umknął jego uwadze. Marcin zmieszał się, ale nie stracił rezonu:

– Muszę sam siebie zganić za czarny humor. Policja w Brudnowie powiadomiła Joannę, że być może ciało jej ojca zostało ukryte przy ulicy A., i prosiła, aby to sprawdzić. Poszliśmy więc w tamten rejon, stąd ten zapis.

– W tym, jak to pan określiła, humorystycznym zapisku nie ma śladu zaniepokojenia losem zaginionego ani śladu współczucia, a przecież przyjaźnił się pan z Andrzejem G., prawda?

– Tak niemądrze mi się napisało.

Później, odpowiadając na pytania swoich adwokatów, Marcin bardzo szczegółowo opisywał mnie i Aśkę jako krańcowe niedorajdy, którymi opiekował się przez lata. Zaślepiony nienawiścią przedstawiał nas w jak najgorszym świetle, ale też mimowolnie potwierdzał większość faktów z mojego życia – traumatyczne przeżycia w domu rodzinnym, wieloletnie nadużywanie psychotropów, toksyczny związek z dużo starszym ojcem koleżanki, skłonność do popadania w zależność psychiczną, a wreszcie ciężką nerwicę i alkoholizm po zaginięciu Andrzeja. Nie wierzyłam w to, co słyszę – Marcin właśnie oddawał mi większą przysługę niż Aśka.

– Przecież on potwierdza okoliczności łagodzące – szepnęłam do mojej adwokatki.

– Nienawiść to miecz obosieczny – odpowiedziała cicho.

Po skończonych zeznaniach Marcina zgłosiłam chęć złożenia oświadczenia.

– Chciałam odnieść się do fragmentu zeznań dotyczącego stadniny – powiedziałam. – Ponieważ to ja pisałam dla Marcina umowę najmu hali z przylegającym terenem oraz przygotowałam rozwiązanie tej umowy, oba te dokumenty znajdują się w segregatorach zabranych przez policję z firmy Andrzeja G. Łatwo więc można sprawdzić, że Marcin chciał założyć stadninę rok wcześniej, kiedy jeszcze Andrzej G. żył, a Joanna nie dysponowała żadnymi pieniędzmi ze spółdzielni, więc nie mogła myśleć o jakichkolwiek inwestycjach.

Kątem oka zauważyłam zdenerwowanie obrońcy Marcina, wskazywałam wszak dowód na kolejne kłamstwo.

– Twierdzi, że jest na utrzymaniu rodziny żony – powiedziałam do pani mecenas. – W listach wysyłanych do mnie z Bliskiego Wschodu opisuje nędzę, w jakiej żyją oraz kolejne nieudane inwestycje.

– Gdzie są te listy? Nie ma ich przecież w aktach sprawy.

– Dałam je komisarzowi.

– Znajdę je – obiecała – mogą się przydać.

Po skończonej rozprawie konwój poprowadził nas z powrotem do sieczkarnika. Obojętnie patrzyłam na pożegnanie Marcina z rodziną i nie reagowałam na prowokacyjne uwagi jego żony na mój temat. Zaczynałam powoli przyzwyczajać się do faktu, że sądowe korytarze są sceną różnych dziwnych sytuacji. Przed powrotem do A. eskorta stanęła przed dylematem, jak najlepiej nas rozdzielić. Mieli tylko jeden samochód starego typu.

– Pojedziecie razem, ale jeśli będzie pani rozmawiać ze wspólniczką, może zapomnieć pani o paczkach do końca pobytu w A. – z satysfakcją groziła ta sama policjantka, co poprzednio.

– Nie zależy mi na paczkach. A poza tym bezprawnie ingeruje pani w kompetencje dyrektora zakładu karnego.

Starszy z konwojentów próbował łagodzić sytuację.

– W tyle samochodu są mężczyźni, może będzie pani wygodniej z przodu – pokazał na fotel przy funkcjonariuszach, gdzie zwykle wożono Aśkę.

– Jeśli mam wybór, wolę z tyłu.

Dla świętego spokoju pojechałam na ławeczce razem z mężczyznami, wygodny fotel zostawiając dla Aśki. I znów sytuacja się powtórzyła. Po powrocie do zakładu wylądowałam na dywaniku, tym razem u wychowawcy.

– Konwojentka skarży się na pani nieodpowiednie zachowanie.

– Tak? A o swoim mówiła?

– Ona nie, ale jej koledzy tak. Podobno chodziło o jakieś rozmowy z panią Joanną podczas jazdy.

– I co pan na to?

– Ja? – zaśmiał się wychowawca. – Powiedziałem, że ma pani prawo zaskarżyć ich za niewłaściwe formy konwojowania, które narażają wiarygodność pani zeznań.

Parsknęłam śmiechem.

– Tego się chyba nie spodziewali.

– Mieli dosyć dziwne miny – stwierdził. – Ale myślę, że ta kobieta nie będzie więcej pani konwojować.

– Dziękuję panu.

– Taka praca – odpowiedział wesoło.

Wraz z końcem zeznań Marcina limit rozpraw do Świąt Wielkanocnych został wyczerpany. Przerwa miała trwać do końca maja. Mogłam odpocząć po pierwszej rundzie zmagań i choć na chwilę zapomnieć o koszmarze czekającym mnie jeszcze w przyszłości.

Tego dnia wczesnym rankiem obudził nas niespodziewany prysznic.

– Co się dzieje? – skoczyłam na łóżku.

– Woda się leje – stwierdziła Bożena.

– Gdzie woda, jaka woda? – mamrotała zaspana Józia.

Okazało się, że przeciekająca przez sufit woda, zalała już środkowe, górne łóżko, z którego przelewała się na dół. Znalazłyśmy stare wiaderko po farbie używane czasami do sprzątania i ustawiłyśmy pod przeciekiem.

– Przydałyby się parasole – westchnęła Józia.

– Może płaszcze przeciwdeszczowe? – dodała Bożena.

– Nie dość, że na ścianach i suficie mamy grubą warstwę grzyba, to jeszcze prysznic do kompletu – westchnęłam ciężko.

– Nie narzekaj – skarciły mnie obie. – Zawsze może być gorzej. Lepiej bierz się do ścierania grzyba.

Wycieranie białego nalotu z sufitu i ścian należało do moich obowiązków. Ani Bożena z chorą nogą, ani Józia ze stukilową tuszą nie byłyby w stanie wspinać się po krawędziach łóżek. Obie miały astmę i pylący grzyb powodował u nich ataki kaszlu i duszności, dlatego należało dbać o systematyczne wycieranie wszystkich skażonych miejsc.

Po obiedzie zjawił się w celi na inspekcję drugi dyrektor. Drobny, niski, energiczny wszedł do środka, obejrzał przeciek na suficie.

– Proszę się nie martwić, to jutro zostanie załatane.

– A grzyb? – spytałam, usiłując kuć żelazo póki gorące.

– Jaki grzyb? Gdzie tu pani widzi grzyba? – ofuknął mnie dyrektor.

„Jak nie ma, to nie ma" – pomyślałam w duchu, nie wdając się w dyskusje ze zwierzchnikiem.

Dyrektor dotrzymał słowa i dzień później zaczęły się uszczelniające prace na dachu. Trochę trwało, aż w końcu sufit został uszczelniony i mieszkałyśmy w celi, co prawda w dalszym ciągu z grzybem, ale bez wodotrysku.

Tuż przed świętami dołączono do nas słynną babcię Jadzię, która została świeżo przywieziona z Miejskiego. Ze zdumieniem patrzyłyśmy, jak oddziałowa wprowadza do celi osiemdziesięcioletnią starowinkę o lasce..

– Babciu, a wy za co? – spytała głośno i wyraźnie Józka.

– Za tego skurwysyna, com mu łeb upierdoliła siekierą – odpowiedziała babcia równie głośno i wyraźnie.

Nie wiedziałyśmy, czy to żarty, czy prawda, ale ogarnął nas nerwowy, głupkowaty chichot.

– Pomogę pani z tobołkami – zaproponowałam, widząc, że jest jej ciężko.

– A nie zapierdolisz mi czegoś?

– Na pewno nie zapierdolę.

Stara kobieta nieufnie patrzyła mi na ręce. Układałam starannie na półkach dziesiątki węzełków i pakunków – cały majątek babci.

– A za co potraktowaliście dziadka siekierą? – dopytywała się dalej Józka.

– Maltretował mnie, stary skurwysyn, przez całe życie, potem bił córkę, w końcu miałam dość.

– I macie już wyrok, babciu?

– Tak, ale teraz się apeluję i jestem ciągle na śledczaku.

– Jak wysoki wyrok mogli dać w pani wieku?

– Dali mi osiem lat. Może byłoby mniej, ale jak sąd mnie spytał, czy żałuję, tom powiedziała prawdę, że nie, bo należało się skurwysynowi. A adwokat potem mówił: „Czemu pani nie żałowała, byłby niższy wyrok". To przecież gdybym wiedziała, że trzeba żałować, to bym żałowała. No i teraz ta apelacja, ale to nic. Wzięli mnie do Miejskiego do szpitala i wstawili rozrusznik serca, chcecie zobaczyć?

Babcia rozpięła bluzkę i z dumą zaprezentowała nam wypukłość pod skórą.

– Teraz czekam, żeby zabrali mnie do I. będę bliżej córki – powiedziała na koniec.

Babcia wniosła sporo urozmaicenia do naszej monotonii. Była bardzo barwną, ale również niesłychanie nerwową postacią, co przy jej rozruszniku i wielkiej miłości do kawy oraz cukierków z kofeiną, dawało mieszankę wybuchową. Najwięcej cierpliwości miała do niej Józka, która myła ją, prowadzała na spacery i pomagała we wszystkim, choć nawet ją czasami męczyło ciągłe rozdrażnienie staruszki. Przy czym babcia rzadko kiedy zwracała uwagę na otoczenie, kierując się własnymi zachciankami, jak rozkapryszone dziecko. Kiedyś o drugiej w nocy obudziło nas walenie laską i przekleństwa.

– Dlaczego, kurwa, nie ma prądu! – krzyczała babcia. – Chcę kawy!

Tłumaczenie, że prąd jest wyłączany przez oddziałowe i to od nas nie zależy, było daremnym trudem. Staruszka poszalała jakiś czas i nic nie wskórawszy, łaskawie poszła spać. Przez całe Święta Wielkanocne była jednak poirytowana, być może przeżywała to, że nie może ich spędzić z rodziną.

W Wielki Piątek szykowałyśmy się na wielkie przeżycie – telewizja nadawała *Pasję*. Na szczęście babcia w miarę szybko poszła spać i mogłyśmy spokojnie obejrzeć film. W pewnym momencie pech chciał, że babcia się obudziła.

– Co się tu, kurwa, dzieje? – warknęła w momencie ukrzyżowania.

Józka zatrzęsła się ze złości.

– Jak babcia może – niemal wrzasnęła. – Przy Jezusie z kurwami! Modlić się tu babcia powinna razem z nami, a nie bluzgać.

Staruszka chyba zrozumiała, że przesadziła i pomruczawszy chwilę pod nosem, poszła znowu spać.

W świąteczną niedzielę zaserwowano nam na śniadanie: doskonałe marynowane śledzie, a na obiad miał być rzadki tutaj rarytas, smażona ryba z ziemniakami i surówką. Jadzia zjadła kawałek śledzia, lecz gdy przyszła pora obiadu, zaczęła marudzić.

– Nie chcę – grymasiła.

– Musi pani odebrać – tłumaczyła cierpliwie oddziałowa Kasia. – Najwyżej pani kogoś poczęstuje – dodała, widząc nasze łakome spojrzenia utkwione w rybie.

– Nie chcę – powtórzyła babcia i wzięła talerz z rozmachem.

– Bożena – jęknęłam – ratuj rybę.

– Za późno – westchnęła Józia, gdy świąteczny specjał pacnął o podłogę..

– Chodźmy lepiej na spacer – zaproponowała po obiedzie Bożena, zwolenniczka ruchu w każdą pogodę.

Poszłyśmy we trójkę, a babcia Jadzia udała się w odwiedziny do zaprzyjaźnionej celi z naszej grupy spacerowej. Kiedy wróciłyśmy po godzinnym spacerze, czekało nas zaskoczenie.

– Pani Weronika K. do dowódcy – przekazał polecenie oddziałowy.

– Czy to prawda – spytał przyglądając mi się uważnie dowódca – że ta starsza pani Jadwiga wypija litry kawy dziennie?

– Prawda.

– Wie pani, że ona ma rozrusznik serca?

– Wiem, ale o kawie wszyscy wiedzą, przecież kupuje ją w kantynie.

– Właśnie źle się poczuła w sąsiedniej celi i koleżanki zgłosiły, że to może być od nadmiaru kawy. Mówiły, żeby porozmawiać ze starszą celi, czyli z panią.

– Pani Jadwiga pije rzeczywiście bardzo dużo kawy i przegryza cukierki z kofeiną, ale jednocześnie nie chce wracać do więziennego szpitala. Wolałaby wyjechać do I., bliżej rodziny.

– Ale my nie chcemy, żeby stało się jej coś złego.

– Rozumiem. My też się tego boimy.

– Koleżanki są na świetlicy – zakończył rozmowę dowódca. – Może pani do nich dołączyć.

Na świetlicy zdenerwowane małolaty z sąsiedniej celi opowiedziały mi o zdarzeniu. Józka powoli opanowywała chaos, uspokajała nastroje i włączyła telewizor, żeby obejrzeć świąteczną mszę z Watykanu. Wraz z pierwszymi słowami modlitwy do pomieszczenia wpadła babcia Jadzia.

– Która kurwa mnie sprzedała?! – ryknęła od progu.

– Ja – podniosła się odważnie jedna z małolat, będąca w dość zaawansowanej ciąży. – I proszę nie bluzgać przy moim nienarodzonym dziecku.

Staruszka obróciła się na pięcie, huknęła drzwiami i więcej jej w życiu nie zobaczyłam. Kiedy wróciłyśmy do celi, nie było już ani jej, ani jej rzeczy. A ja byłam niezmiernie wdzięczna dowódcy za interwencję.

Pod koniec miesiąca w Bożenę wstępowała coraz większa nadzieja. Kilkakrotnie składała drobiazgowe wyjaśnienia i prokurator był bliski decyzji o uchyleniu jej aresztu. Wreszcie wróciła z prokuratury uśmiechnięta, pełna otuchy.

– Zakończyłam składanie wyjaśnień i prokurator prowadzący sprawę obiecał, że trzydziestego kwietnia odbędzie się posiedzenie o uchylenie aresztu. Może na majowe święta będę w domu.

Ucieszyłyśmy się obie z Józką – nikt tak jak Bożena nie zasługiwał na odmianę losu. Ostatniego dnia kwietnia od rana siedziałam w oknie.

– Widzisz tam kogoś? – denerwowała się Bożena. – Zaraz po posiedzeniu mąż ma przyjechać dać mi znać. Pokazywałam ci go nieraz przez okno. Rozpoznasz go?

– Oczywiście. Nie denerwuj się, będę go wypatrywać. Przecież ty nie możesz wspinać się do okna z chorą nogą.

Około południa zobaczyłam męża Bożeny. Stanął na parkingu, wpatrując się w nasze okna. Wyciągnęłam lusterko kieszonkowe, ustawiłam je tak, aby mieć widok na wieżyczkę i w momencie, gdy strażnik patrzył w inną stronę, pokazałam się w oknie, kiwając do niego. Zrozumiał błyskawicznie – niedbałym, wolnym krokiem podszedł bliżej i stanął naprzeciwko mnie, po drugiej stronie ulicy.

– Czy ma się pakować? – zawołałam, obserwując jednocześnie strażnika w lusterku.

Radośnie kiwnął głową. Skinęłam mu dłonią na pożegnanie i skoczyłam do Bożeny z dobrą nowiną.

– Pewnie twój mąż przyjechał wcześniej, jeszcze przed kurierem wiozącym nakaz zwolnienia. Masz się pakować. Wychodzisz.

Rzuciłam się koleżance na szyję, śmiałam się, a łzy same spływały mi po policzkach. Nigdy nie żegnałam w ten sposób żadnej współtowarzyszki niedoli. Ona sama pewnie nie zdawała sobie sprawy, jak pozytywną rolę odegrała i to nie tylko w moim życiu. Józka wpadła w rozdzierający szloch.

– Drugiej takiej nie było i nie będzie.

Po wyjściu Bożeny zostałyśmy same z Józką i poczułyśmy się nieswojo.

– Nie martw się – pocieszała mnie – wkrótce wróci Aniela.

Kilka dni później dostałyśmy do celi egzotyczne towarzystwo. Dołączyła do nas młoda Cyganka rumuńskiego pochodzenia. Biedna, mieszkająca w barakach dziewczyna, umiała zarabiać w jeden sposób, który opanowała do mistrzostwa – żebrała przy kościołach. Znalazłszy we mnie wdzięcznego słuchacza, wprowadzała mnie z zapałem w tajniki zawodu.

– Musisz wyglądać skromnie – tłumaczyła. – Oczy spuszczone, mina zbolała, ale nie za bardzo, żeby nie wyszło fałszywie.

Siadała na podłodze, prezentując odpowiednią postawę.

– Nie możesz za bardzo nalegać, bo ludzi zniechęcisz.

– Ale żebraczki są bardzo nachalne – protestowałam.

– Tylko te, co się nie znają na rzeczy – odpowiadała z pełnym profesjonalizmem. – One wymuszają, a wymusić możesz raz, potem ludzie już nie chcą dawać. Trzeba, żeby sami chcieli dać, ze współczucia.

Siedząc na podłodze i wznosząc w górę oczy, w których była niema prośba, zaczynała recytować *Zdrowaś Mario*, niemal w natchnieniu.

– A kiedy ktoś ci coś da, pochylasz głowę w podziękowaniu, obojętne, czy dał ci dziesięć groszy, czy dziesięć złotych. Jak ładnie podziękujesz, następnym razem może być bardziej hojny.

Pochyliła głowę z gracją i z przebijającym się przez łzy uśmiechem podziękowała.

– Gdzie nauczyłaś się mówić po polsku?

– Na początku, kiedy tu przyjechałam, poznałam jednego Polaka. Mieszkałam z nim jakiś czas i on mnie nauczył, ale pił, i nie był dla mnie dobry. Szkoda.

Chyba jednak ów Polak nie mógł zapomnieć o młodej i ładnej Rumunce, bo wkrótce okazało się, że wpłacił kaucję i doprowadził do uchylenia aresztu. Szybko nas opuściła, przestrzegając mnie na pożegnanie, abym nie zapomniała niczego z fascynujących lekcji żebractwa. Nie wiadomo przecież, co może się w życiu przydarzyć.

I znowu zostałyśmy same z Józią. Znałyśmy swoje przyzwyczajenia – nie protestowałam, kiedy Józka, potrzebując się wygadać, opowiadała nieraz swoje dziwne opowieści, po czym przerywała rozmowę, aby modlić się ze łzami w oczach. Ona z kolei nie krytykowała moich pomysłów, kiedy podczas burzy otwierałam okno, by śpiewać.

Na spacerniku robiło się coraz cieplej i coraz częściej wychodziłyśmy na zewnątrz. Zwróciłam uwagę na młodziutką, szczuplutką blondynkę w grupie spacerowej, oskarżoną o pobicie matki.

„Jak to delikatne chuchro mogło kogokolwiek pobić?" – myślałam.

Wczesnym rankiem dziewczyna pokazała, co potrafi. Cały oddział został sparaliżowany łomotem w klapę i krzykiem.

– Ludzie, ratujcie Tereskę!

– Co się tam dzieje? – wystraszyła się Józka.

– Chyba pobiły się w celi.

Okazało się, że doszło do rękoczynów. Tereskę skierowano do izolatki, nie dając wiary jej tłumaczeniom, że została sprowokowana. Na spacerze próbowałyśmy nawiązać kontakt z ukaraną, spacernik przylegał bowiem do budynku z izolatkami. Jednak Tereska nie zwracała najmniejszej uwagi na nasze wysiłki, przez cały czas wywrzaskując i wyśpiewując układane przez siebie zbuntowane teksty i waląc czymś w klapę.

– Czym ona tak wali, do cholery? – zastanawiały się koleżanki. – Przecież w izolatkach nie wolno mieć niczego przy sobie.

Następnego dnia w drodze na spacer zobaczyłyśmy otwarte drzwi izolatki Tereski i rumowisko w środku.

– Gołymi rękami wyrwała i roztrzaskała umywalkę – szeptały osadzone ze zgrozą. – Jaką musi mieć siłę.

– Gdzie ona teraz jest? – spytała Józka.

– Podobno na dźwiękach – poinformowały przerażone kobiety sprzątające korytarz.

Tylko słyszałam o istnieniu dźwiękoszczelnych, całkowicie odizolowanych cel. Umieszczenie w nich dziewczyny o ewidentnych zaburzeniach psychicznych wydawało mi się okrucieństwem. Podobne myśli chodziły po głowach moim koleżankom.

Kilka z nich udało się z delegacją do psycholog, aby wstawiła się za Tereską. Jednak przy całym współczuciu dla Tereski trudno było znaleźć kogoś, kto chciałby z nią zamieszkać w jednej celi. Ostatecznie podjęła się tego osoba, po której najmniej bym się spodziewała współczucia dla kogokolwiek. Reklamująca się na oddziale jako burdelmama, zamieszana w ciemne interesy i porachunki Gośka, uchodziła za niebezpieczną intrygantkę, która z byle czego potrafiła zrobić aferę krzywdzącą wielu ludzi. Sposób na przetrwanie aresztu znalazła w namiętnej miłości do sprzątania, poza tym pasjonowała się wszelkim zamieszaniem i zawsze starała się odegrać w nim główną rolę. Nic więc dziwnego, że postanowiła zaopiekować się Tereską, co ściągnęło na nią powszechną uwagę. Z ich celi niemal bez przerwy dochodziły krzyki i odgłosy walenia przedmiotami. Oddział wstrzymywał oddech, zastanawiając się, czy Gośka wyjdzie z tego cało.

– Chyba pójdę odwiedzić Gośkę i Tereskę – powiedziałam w końcu do Józki. – Przecież mogę, są w naszej grupie spacerowej.

– Nie chodź tam – odradzała Józka. – Nie chodzi o Tereskę, ale Gośka to wredna baba, trzymaj się od niej z daleka.

Za zgodą oddziałowej poszłam jednak z wizytą. Cela przedstawiała nieciekawy widok – wszystkie rzeczy łącznie z telewizorem pochowane były pod łóżko. Tereska, siedząc na stole, bombardowała Gośkę cebulami.

– Przyszłam zapytać, czy nie potrzebujesz pomocy – zwróciłam się do wyraźnie zmęczonej Gośki.

– Może oddziałowa zgodziłaby się, żebyś została na noc. Miałabym szansę się przespać, gdyby ktoś jej pilnował.

Zwróciłam się do oddziałowej Kasi, która przyszła na nocną zmianę.

– Wychowawcę zastępuje pani psycholog – stwierdziła – zadzwonię do niej i poproszę o zgodę.

Po chwili wróciła.

– Pani psycholog zadecydowała, że to pani zostanie z Tereską. Pani Gosia wróci na swoją celę.

Zrobiło mi się lekko nieprzyjemnie. Sam na sam z wariatem, ale... słowo się rzekło. Zdenerwowana oddziałowa podała mi kilka papierosów.

– Gdyby bardzo szalała, proszę ją poczęstować. Jakby brakło, proszę wołać, mam tu dla niej całą paczkę.

– Proszę mi dać tę paczkę – powiedziałam stanowczo – i nie otwierać klapy.

Uzbrojona w papierosy poszłam do Tereski. Robiła wrażenie wychudłej i wynędzniałej, ale w oczach ciągle miała ten sam gorączkowy błysk. Usiadłam spokojnie na łóżku i zapaliłam papierosa. Dziewczyna obserwowała mnie, potem zerwała się gwałtownie i zaczęła rozlewać wodę na płytki podłogi.

– Robię lodowisko – oświadczyła.

– Rób, najwyżej złamiesz sobie nogę.

Po chwili zabawa znudziła się jej i dla odmiany władowała do umywalki buraczki zostawione z obiadu.

– Teraz robię barszczyk.

– Smacznego.

Przyglądała mi się przez chwilę, nagle podeszła do mnie z całej siły chwytając za rękę. Zabolało, ale nie zareagowałam.

– Nie boisz się?

– Chcesz papierosa?

– Chcę.

Zapaliła, a ja zaczęłam mówić.

– Wiem, że jesteś inteligentna, a tylko strugasz wariata. Nie próbuj mnie przestraszyć, bo ci się nie uda. Będę tu z tobą i wszystko dobrze się ułoży.

Tereska słuchała i nagle, ni stąd ni zowąd, zerwała się na równe nogi.

– Chcesz przeczytać mój pamiętnik? – zaproponowała.

– Chcę.

Była to ponura opowieść o matce.

– Wyrzuciła nas z mężem z domu – szlochała Tereska. – Odebrała mi dziecko. Była dla mnie straszna.

W przypływie szaleństwa pobiła matkę dotkliwie. To tylko pogorszyło jej delikatny stan psychiczny. Jedynym jasnym promykiem w życiu Tereski był kochający mąż, choć czasami już go nie poznawała. Tęsknota za dzieckiem odebrała jej resztę sił.

Przeglądając ten ponury dokument, zauważyłam wpisy z wierszami.

– Lubisz wiersze? – spytałam.

– „Litwo, ojczyzno moja" – zacytowała z patosem.

– „Ty jesteś jak zdrowie"...

– Znasz dalszy ciąg?

– Znam.

– Powiesz mi?

– Tak, ale rozbierz się i połóż do łóżka.

Szybko wykonała polecenie. Usiadłam obok niej i zaczęłam głaskać ją po włosach.

– „Ile cię trzeba cenić, ten tylko się dowie, kto cię stracił..." – zaczęłam.

Trochę trwało, nim podekscytowana Tereska zasnęła. Słowa wiersza wpływały na nią kojąco i zdawały się kołysać do snu. W końcu się udało, zapadła cisza. Zapaliłam kolejnego papierosa i usiadłam w ubraniu na łóżku. Na wszelki wypadek wolałam czuwać.

Gdy oddziałowa zapaliła światełko nad drzwiami i popatrzyła przez kukiel, machnęłam ręką i lampka szybko zgasła. Nie chciałam, żeby obudziła Tereskę. Kilka razy w ciągu nocy oddziałowa zapalała na chwilę światełko, a ja unosiłam rękę na znak, że żyję i czuwam. Po raz pierwszy od wielu dni oddział spał spokojnie, bez wrzasków i hałasu rzucanych przedmiotów. Nawet ranny dzwonek na apel nie obudził Tereski. Postanowiłam jej nie ruszać. Po otwarciu drzwi zameldowałam celę.

– Stan celi: dwie, ale uznałam, że lepiej będzie jej nie budzić.

Dowódca, znany mi już z akcji z babcią Jadzią, popatrzył na mnie dziwnie.

– Ona spokojnie śpi? Naprawdę?

Podszedł do łóżka i patrzył chwilę na oddychającą miarowo dziewczynę.

– Proszę jej nie budzić – szepnęłam.

Wyszedł z celi, ale rumor obudził Tereskę. Usiadła na łóżku i obrzuciła mnie podejrzliwym spojrzeniem.

– Zaczarowałaś mnie.

– Chyba tak...

Tereska roześmiała się niepewnie. Musieli nas obserwować przez kukiel, bo do celi wkroczyła inspekcja z panią psycholog na czele.

– Moja Terenia – zwróciła się psycholog do dziewczyny. – Niech ci się przyjrzę – obróciła ją w stronę światła i zaczęła oglądać.

Zorientowałam się błyskawicznie, czego szuka i ogarnęła mnie złość.

– Uważa pani, że ją biłam?!

Psycholog obróciła się w moją stronę lekko zmieszana.

– Robi pani coś niezwykłego, a potem się dziwi. Tej dziewczyny nikt nie był w stanie opanować, nie wiem, jak pani się to udało.

– Też nie wiem.

– Ma dzisiaj jechać do szpitala więziennego, ale kiedy się o tym dowie, dostanie szału – szepnęła cicho psycholog.

– Spróbuję ją przygotować, ale proszę nas zostawić.

Drzwi celi zamknęły się. Podeszłam do Tereski, posadziłam na łóżku, a sama usiadłam naprzeciwko.

– Posłuchaj mnie, pojedziesz teraz do szpitala, poczekaj... – usiłowałam uprzedzić atak paniki widoczny w jej oczach.

– Tam jest Aniela, powiesz jej, że przyjeżdżasz ode mnie. Ona się tobą zaopiekuje. Rozumiesz?

Tereska skinęła głową, choć nadal lekko drżała.

– Nie bój się – mówiłam dalej. – Zaczaruję cię i będzie dobrze.

Wpatrywała się we mnie intensywnie.

– Mam jechać do Anieli – powtórzyła niepewnie – i będzie dobrze.

– Właśnie tak – potwierdziłam. – Pomogę ci się umyć i ubrać, nie możesz jechać z wizytą jak kocmołuch.

Kiedy Tereska była gotowa, zapukałam w klapę, wzięłam ją za rękę i po otwarciu drzwi zaprowadziłam w stronę dyżurki oddziałowych. Czekała tam już psycholog, której powierzyłam dziewczynę.

– Spakowałam i spisałam jej rzeczy – zameldowałam oddziałowej.

Kiedy wróciłam do swojej celi, Józka przekazała mi najnowsze plotki ze spacernika.

– Gośka jest na ciebie wściekła.

– Za co?

– Jeszcze się głupio pytasz? Dokonałaś tego, czego jej się nie udało. Myślę, że ci tego nie zapomni.

Wzruszyłam ramionami, nie dbałam o to. Cieszyłam się, że zostałam sama z Józką i mogę wreszcie odpocząć.

Jednakże Józka miała rację, Gośka nie zapomniała. Kilka dni później zaczepiła mnie na spacerniku.

– Masz pozdrowienia od pani Ł. – powiedziała podejrzanie słodko.

– Nie znam żadnej Ł.

– Jak to, nie pamiętasz kobiety, która cię aresztowała?

– Nie pamiętam nazwiska, ale mam je w dokumentach, mogę sprawdzić.

– Teraz mnie wozi na przesłuchania i pytała się, czy dalej zdarza ci się zemdleć, tak jak na wizji lokalnej, kiedy musiała zawozić cię do szpitala...

Zaniepokoiłam się, nikomu nie wspominałam o tym incydencie, najwyraźniej Gośka mówiła prawdę.

– Pytała, jak ci się żyje w A. Zdziwiła się, gdy powiedziałam, że całkiem nieźle, bo masz sporo pieniędzy.

– Pieniądze daje mi matka.

– Oczywiście. Pani Ł. była bardzo miła, wysłuchała moich informacji, sporo też opowiedziała mi o śledztwie w waszej sprawie.

Odeszłam na bok, nie chcąc ciągnąć dalej tej rozmowy, ale zdenerwowałam się nie na żarty. Nie uwierzyłabym w ani jedno słowo, gdyby nie fakt, że Gośka wiedziała o zasłabnięciu. Poczułam, że znowu ktoś próbuje mnie zaszczuć, bałam się, że przeinaczenie faktów, donosy Gośki, takie jak ten o pieniądzach, mogą mi zaszkodzić. A i tu, w areszcie, rozpowszechnianie przekłamanych informacji o śledztwie mogło skutecznie obrzydzić mi życie.

Po przemyśleniu sprawy zapowiedziałam Gośce, trochę na wyrost:

– Jeśli z powodu twoich kontaktów z panią Ł. będę mieć najmniejsze chociażby problemy, pociągnę ją do odpowiedzialności za naruszenie tajemnicy służbowej. Tym bardziej że twoje słowa słyszało pół spacernika, a świadczących przeciwko policjantce znalazłabym bez problemu. Ciekawe, czy będzie ci wdzięczna za kłopoty i jak to się odbije na prowadzonym przez nią śledztwie w twojej sprawie?

Poskutkowało. Spekulacje się skończyły.

W drugiej połowie maja czekała nas w celi miła niespodzianka. Wróciwszy ze spaceru, zastałyśmy celę otwartą, a na pustym łóżku rozłożone były czyjeś rzeczy.

– Znowu kogoś nam przydzielili – stwierdziła Józka.

Przyjrzałam się torbie, która wydała mi się znajoma.

– Przecież to torba Anieli.

Chwilę później ona sama stanęła w drzwiach celi z resztą bagażu. Rzuciłam jej się na szyję z radości. Dopiero, kiedy euforia minęła, zauważyłam, że jest jakaś inna.

Aniela ciężko przeżywała ponowną aklimatyzację.

– Jak tu cicho – mówiła – tam jest ruch, gwar, kontakty z mężczyznami.

– Z mężczyznami? A twój Janek?

– To przecież nie moja wina, że taki facet, Kazio, do mnie pisywał. Odpisywałam mu z nudów. Janka na czas mojego pobytu w Miejskim wywieźli do K., więc o niczym nie wie.

– Gorzej będzie, jak się dowie.

Nie trzeba było długo czekać na wiadomości. Po wyjeździe Anieli przywieziono Janka i nie wiadomo, czy przypadkiem, czy złośliwie umieszczono go w celi z niedawnym adoratorem jego ukochanej. Od słowa do słowa, panowie zgadali się na temat damy swego serca i rozpoczęli potworną bijatykę, która skończyła się na izolatkach. Zraniony Janek słał do Anieli epistoły o zawiedzionej miłości i znowu byłam potrzebna, żeby tłumaczyć mu listownie, że nie ma racji, bo nie zawsze czarne to czarne.

Układanie listów do Janka i wysłuchiwanie zwierzeń koleżanki, która znowu dowodziła, jak bardzo jej na nim zależy, odciągały moją uwagę od czekającej mnie rozprawy. Ostatecznym wybawieniem okazał się jednak papież Benedykt, który w tym czasie wybrał się z pielgrzymką do Polski. Dzięki temu przepadł termin rozprawy przypadający na Dzień Matki. Dostałam więcej czasu, choć zdawałam sobie sprawę, że tylko trochę odsunęło się to, co nieuniknione.

Był początek czerwca, a mnie czekała seria rozpraw. Tym razem sala sądowa była pustawa, gdzieniegdzie siedzieli tylko aplikanci adwokaccy i prokuratorscy. Rozpoczęło się żmudne weryfikowanie naszych zeznań przez konfrontację ze słowami innych ludzi.

Jako świadkowie pojawili się sąsiedzi. Przez tyle lat żyłam obok nich unikając normalnych, codziennych kontaktów, więc teraz niewiele mieli do powiedzenia na mój temat. Nie wiedzieli, skąd się wzięłam ani kim jestem, nie mieli pojęcia, że moi rodzice mieszkają całkiem niedaleko, nie znali mojego imienia. Według ich obserwacji w domu Andrzeja G. zamieszkała nieznana bliżej kobieta, a z wizytami przyjeżdżał jakiś mężczyzna z dziwnie ubraną kobietą. Zauważyli jedynie usłużność Joanny w stosunku do tych przyjeżdżających, nie mieli za to pojęcia, jakie stosunki łączyły Andrzeja G. z całym tym towarzystwem. Wśród całkowicie neutralnych obserwatorów pojawiła się jedna dociekliwa osoba.

– Można było zauważyć, że pan Andrzej i ta pani, co u niego mieszkała, mają się ku sobie – oświadczyła.

– Po czym można było to zauważyć? – dociekał prokurator.

– No, odnosili się do siebie tak, że to było jasne, jak to między mężczyzną i kobietą.

– Czy widziała pani, aby Weronika K. zajmowała się domem lub ogrodem?

– Nie, nigdy nie widziałam jej pracującej.

Prokurator rzucił mi triumfujące spojrzenie.

Szybko naszkicowałam na kartce położenie domu sąsiadki względem domu Andrzeja G. i podałam kartkę mojej adwokatce.

– Czy ze swojego domu, który stoi w pewnym oddaleniu, mogła mieć pani widok na posesję Andrzeja G.? – spytała pani mecenas, patrząc na mój szkic.

– No nie, nie widziałam domu ani ogrodu ze swoich okien.

– Czyli nie może pani nic powiedzieć na temat zajęć Weroniki K.?

– Właściwie nie – odpowiedziała zmieszana kobieta.

Teraz ja rzuciłam prokuratorowi znaczące spojrzenie. Zapamiętał ten incydent i każdego następnego sąsiada dopytywał o położenie domu, zanim przeszedł do bardziej szczegółowych pytań.

Po sąsiadach przyszedł czas na wyjaśnienia w sprawie spółdzielni mieszkaniowej. Wtedy mogłam odpocząć, były to zeznania skierowane głównie przeciwko Marcinowi.

– Czyli stroną czynną, dążącą do przejęcia całego majątku był Marcin B.? – upewniał się sędzia.

– Bez najmniejszej wątpliwości – potwierdził jeden i drugi świadek.

Niewiele do powiedzenia mieli za to zdezorientowani rodzice Marcina. Wyraźnie przygnębieni i zagubieni w sytuacji, której nie pojmowali, postanowili przede wszystkim mówić prawdę.

– Czy syn przechowywał w domu jakieś pieniądze? – spytał sędzia matkę.

– Nie, nigdy nie trzymał w domu większych kwot.

– Czy była pani świadkiem przekazywania Weronice K. jakichś większych sum do zabrania dla Joanny G.?

– Nie, nic takiego nie miało miejsca.

Nie wiem, czy matka Marcina miała świadomość, że syn zeznał inaczej powołując się przy tym na nią i że swym zeznaniem udowodniła mu kolejne kłamstwo.

Jednak najsmutniejsze dla mnie były zeznania ojca Marcina, do tej pory tak dumnego ze swojego jedynaka. Nie mógł wnieść nic do sprawy, o której nie miał najmniejszego pojęcia, choć rozpaczliwie próbował zrozumieć, co się stało.

– Czy poznaje pan oskarżoną Weronikę K., koleżankę swojego syna?

Stary człowiek skierował na mnie przenikliwy wzrok.

– Tak – powiedział dobitnie, patrząc mi w oczy.

Nie miałam siły odpowiedzieć mu takim samym spojrzeniem. Ze wstydem spuściłam głowę. Nie byłam w stanie znieść jego bólu. O wiele łatwiej przyszło mi odpieranie agresji żony Marcina.

– Pamiętam – opowiadała Fatima – jak Weronika dzwoniła do mojego męża i mówiła jej, że pan Andrzej zaginął. Potem pojechaliśmy do nich, to na pewno było przed dziesiątym stycznia 2000 roku.

– Dobrze pamięta pani datę?

– Tak, bo wtedy obchodziliśmy moje urodziny, a Weronika i Joanna były smutne, że pan Andrzej zaginął.

– Czyli zaginął przed dziesiątym tamtego miesiąca? – upewniał się prokurator. – Wcześniej, niż podają to oskarżone.

– Na pewno.

– Próbuje przesunąć datę śmierci, żeby nie zgadzała się z zapiskami Marcina – szepnęłam do adwokatki.

– Spokojnie – odpowiedziała – zobaczymy, co będzie dalej.

Sąd zobowiązał kolejnego świadka, współpracownicę Andrzeja G., do poszukania dokumentów pisanych własnoręcznie przez niego, a zawierających daty.

– Być może zbliżymy się w ten sposób do ustalenia daty śmierci – dodał prokurator.

– Być może coś znajdę – dość sceptycznie stwierdziła kobieta. – Od tamtej pory minęło jednak sześć lat i większość dokumentów uległa zniszczeniu. Ale spróbuję.

Na tym zakończono rozprawę, odetchnęłam z ulgą, że mogę wracać do A.

– Przyjdę do pani jeszcze w tym tygodniu – zapowiedziała pani mecenas. – Musimy omówić parę spraw.

Kilka dni później pojawiła się w areszcie.

– Znalazłam listy – oznajmiła na wstępie. – Szukałam ich dość długo w aktach prokuratury i sądu, ale tam ich nie było. W końcu zwróciłam się do Wydziału Spraw Beznadziejnych i okazało się, że leżą w policyjnym sejfie.

– Komisarz miał je zabezpieczyć...

– I zabezpieczył! Nie ujrzałyby światła dziennego, nikt nie miał do nich dostępu. Złożyłam wniosek o włączenie ich do akt sprawy i udostępnienie. Sąd wyraził zgodę. Miała pani rację, tam są bardzo ciekawe rzeczy. Poza tym rozważam powołanie na świadka pani mamy.

– Wolałabym nie.

– Rozumiem to, ale potrzebny jest nam świadek, który powie, jakie były pani stosunki z Andrzejem G., potwierdzi pani słowa. Marcin już to częściowo zrobił, ale przydałby się ktoś jeszcze. Ktoś, kto wiedział, co się tam naprawdę działo, jak on panią traktował, jak to wszystko wyglądało.

– Mama tego nie wiedziała, ale jest taka osoba – powiedziałam z wahaniem. – Moja koleżanka Beata, z którą mieszkałam na stancji. Poznałam ją przez Aśkę, znała dobrze jej ojca i całą tę sytuację. Marcin jej nie znosił i ostatecznie pokłócił nas ze sobą. Beata zaszła w ciążę i wyprowadziła się z naszego wspólnego mieszkania, zostawiła mi swój nowy adres, ale nie kontaktowałam się z nią.

– Dlaczego nigdy pani nie wspomniała, że jest taki świadek?

– Bo było mi wstyd. Nie wiem, czy wyszła za mąż, ale mogę podać panieńskie nazwisko i adres zamieszkania rodziców.

– Poszukam jej.

Mieszane uczucia na kolejnej rozprawie wywołał u mnie powołany przez sąd kolejny świadek. Był nim policjant z Brudnowa prowadzący sprawę zaginięcia Andrzeja G. Sprawiał wrażenie bardzo zdenerwowanego, a w prawdziwy popłoch wpadł, gdy prokurator wystąpił z wnioskiem o jego zaprzysiężenie. Odniosłam wrażenie, że powołanie tego policjanta na świadka służy jedynie jako nauczka. Nie patrzył w naszą stronę i rozpaczliwie usiłował wytłumaczyć sądowi, dlaczego przez kilka lat bez specjalnego wysiłku on i jego koledzy byli przez nas manipulowani. Odetchnął z ulgą, kiedy tłumaczenia dobiegły końca i niemal uciekł z sali sądowej.

– Sąd wzywa ponownie panią C. – zapowiedziano.

Współpracownica Andrzeja G., pojawiła się na sali.

– Zawiadomiła pani sąd – zaczął prokurator – o znalezieniu dokumentów z własnoręcznym podpisem Andrzeja G.

– Tak. Przypadkiem zachowały się takie z podpisem i datą.

– Jaką?

Padła konkretna data.

„Na dzień przed śmiercią – pomyślałam – to cud".

– Czy poznaje pan podpis ojca? – sędzia zwrócił się do oskarżyciela posiłkowego.

– Tak, poznaję – potwierdził brat Aśki.

– Wobec tego dowodu – kontynuował sędzia – sąd nie ma wątpliwości, że data śmierci podana przez obie oskarżone, Weronikę K. i Joannę G., jest prawdziwa.

– Przygotowałam wyciąg z listów – szepnęła do mnie pani mecenas. – Ale muszę opuścić salę na jakąś godzinę.

– Nie szkodzi, ja to załatwię.

– Da pani sobie radę?

– Spróbuję.

– Wysoki Sądzie – zaczęłam, kiedy udzielono mi głosu. – W nawiązaniu do tych zeznań Marcina B., w których powoływał się na wysoki status majątkowy swój i swojej żony, pragnęłabym odczytać fragmenty skierowanej do mnie korespondencji.

Na początek przeznaczyłam wyjątkowo złośliwy opis rodzinnego domu żony Marcina, obrazujący nędzę jej rodziny. W tle słyszałam coraz głośniejsze pogróżki.

– Jeśli pani się nie uspokoi – sędzia zwrócił się do Fatimy – to każę panią wyprowadzić.

Czytałam dalej, tym razem o nieudanych pomysłach biznesowych: hodowli, która splajtowała, nieudolnie prowadzonym warsztacie samochodowym, zlikwidowanej ze stratą wypożyczalni sprzętu.

– Marcin B. twierdził – powiedziałam na koniec – że nie miał motywu finansowego, bo jest osobą zamożną, na utrzymaniu rodziny. To jest odpowiedź na te twierdzenia. Mówił, że gdyby był winny, nigdy nie przyjechałby do Polski. Powiem krótko: musiał wrócić na utrzymanie rodziców, bo piasku nie da się jeść.

Po tych słowach rozpętała się burza: żona Marcina wybuchła płaczem, on sam wrzeszczał, funkcjonariusze próbowali zaprowadzić porządek, a prokurator siedział z dziwnym wyrazem twarzy. Wyprowadzono mnie i Aśkę na korytarz. Żona Marcina wypadła na zewnątrz i rzuciła się w moją stronę.

– Bohaterkę z siebie robi – krzyczała – a jest morderczynią!

– Idź, całuj rękę, która kroiła trupa! – wrzasnęłam na cały korytarz, wskazując Marcina przez otwarte drzwi sali.

Skoczyła do mnie z pazurami, ale w ostatniej chwili zasłonili mnie konwojenci.

Widząc przed sobą funkcjonariuszy, zawahała się. Wychowana była tak, by być posłuszna mężczyznom. Potulnie wróciła na salę.

– Sąd zdecydował się zakończyć rozprawę w tym dniu – zadecydował sędzia.

– Narobiła pani zamieszania – skomentowała moja adwokatka, która zdołała dotrzeć z powrotem na sam koniec rozprawy.

– Z pani pomocą.

– Niewątpliwie. Odwiedzę panią, mam nowiny.

Nowiny dotyczyły Beaty.

– Odnalazłam ją – opowiadała pani mecenas. – To bardzo sympatyczna, sensowna osoba. Wyszła za mąż, ma dwóch synów, pracuje w swoich rodzinnych stronach. Kiedy opowiedziałam jej, co się stało, nie mogła uwierzyć. Powiedziała: „Marcin to psychopata, Aśka jest zaburzona, ale Werka?". Nie bardzo ma ochotę zeznawać, ale mimo to powołam ją. Na pewno powie prawdę.

– Dziękuję pani, choć jest mi okropnie wstyd.

– Wstyd nie może hamować obrony. Chciałabym, aby wyraziła pani zgodę na powołanie mamy, ona też jest gotowa zeznawać.

– Ale ona nic nie wie na temat mojego związku, nigdy jej się nie zwierzałam...

– Wie jednak, jak bardzo pani i Aśka byłyście uzależnione od Marcina, bo próbowała z tym walczyć i przegrała. Poza tym, zanim doszło do aresztowania, targana wyrzutami sumienia, przyznała jej się pani do morderstwa. Gryzie ją, że nie umiała pani pomóc.

– Pani mecenas, o tym nikt nie wie, ani policja, ani prokuratura. Nigdy nikomu tego nie powiedziałam, nie chciałam, żeby miała jakieś problemy.

– Mama jako osoba bliska mogła, według kodeksu postępowania karnego, odmówić składania zeznań, nawet jeśli wiedziała o popełnionym przez panią przestępstwie. Nikt nie może jej z tego powodu pociągnąć do odpowiedzialności.

– Na pewno?

– Na pewno, proszę mi zaufać.

Z ciężkim sercem wyraziłam zgodę.

Trudne chwile czekały mnie też w A. Do naszej celi skierowano dwie młode dziewczyny, które najwyraźniej nie przypadły Józce do gustu. Musiała coś zgłosić oddziałowej, bo do celi wpadła zdenerwowana psycholog.

– Co się tu dzieje? – rzuciła od progu, wpatrując się we mnie.

– Nic – odpowiedziałam zdumiona.

Psycholog przewiercała mnie wzrokiem.

– Nic pani nie powie? Jest pani starszą celi, w której dochodzi do prześladowań.

– Co? Nikt nikogo nie prześladuje, przynajmniej w mojej obecności.

– Macie dziesięć minut na przeprowadzkę na pleksę wszystkie oprócz pani Józefy.

Zostałam wezwana do młodej wychowawczyni, zwanej popularnie Drabiną, która zajęła miejsce poprzedniego wychowawcy. Przez chwilę patrzyła na mnie poważnie, usiłując pojąć cokolwiek z moich chaotycznych wypowiedzi. Pewnie niewiele zrozumiała, ale jedno było dla niej oczywiste: szarpiące mną emocje.

– Musi pani porozmawiać z panią psycholog osobiście.

Zgodnie z tą radą codziennie pisałam kartkę z prośbą o rozmowę. W końcu psycholog ustąpiła i poprosiła mnie na świetlicę.

– Przeniesienie pani do innej celi wynika z faktu podporządkowania wymogom aresztu śledczego.

– Chrzanię przeniesienie, tu chodzi o panią. Proszę mnie wysłuchać.

– No to słucham.

– Pani psycholog – załamałam ręce. – Jak pani w ogóle może podejrzewać, że panią oszukuję? Cała nasza wspólna praca polegała na szczerości, niech pani tego nie przekreśla.

– Przyznaję, że przez chwilę zobaczyłam swoją porażkę.

– Jest pani moją mentorką, nie mogę stracić pani w ten sposób.

Moje drugie lato w więzieniu było niespokojne. Po areszcie krążyły sprowadzane przez koleżanki artykuły na temat mojej sprawy. Najbardziej rozchwytywaną gazetą stała się „Kronika Kryminalna", która miała ambicję, z miernym zresztą skutkiem, relacjonować nasz proces.

Plotkom, domysłom, pomówieniom nie było końca, nie wiedziałam, gdzie schować się przed tą chorą atmosferą. Z pomocą pospieszyła Drabina, zmieniając skład naszej grupy spacerowej. Od tej pory zamiast z największymi aferzystkami, miałyśmy chodzić na spacery z osobami co prawda równie kontrowersyjnymi, jak poprzednie, ale za to z zasadami.

Była to grupa recydyw i narkomanek. W pierwszej chwili byłam przerażona, szybko jednak oswoiłam się z sytuacją, głównie dzięki postawie Anieli. Jako kalifaktorka miała z nimi codzienny kontakt i umiała nawiązać poprawne stosunki towarzyskie. Stanowiła szczególnie cenną pomoc dla narkomanek, które – będąc na głodzie – potrzebowały ciągle dużych porcji jedzenia, głównie cukru lub marmolady.

Decyzją wychowawczyni zamieszkałyśmy z Anielą same w jednej celi i koleżanki z grupy spacerowej stały się naszym jedynym towarzystwem. Kiedy moja współlokatorka pełniła obowiązki kalifaktorki, ja szłam do zaprzyjaźnionej celi i korzystając z okazji szmuglowałam w dresie-kangurku deficytowe wiktuały: cukier, kawę, czasem środki czystości, czyli wszystko to, czym mogłyśmy się podzielić z biedniejszymi koleżankami. Aniela stała się za to mistrzynią szmuglu papierosów, a czasem grypsów. Była bardzo popularna na oddziale, nie tylko dzięki pomocy, której udzielała potrzebującym, ale również z powodu miłego usposobienia.

– Kiedy Aniela wydaje jedzenie, to człowiek nabiera apetytu – mawiała Pszczółka, mocno zbudowana, krępa lesbijka-narkomanka, która dostała się do aresztu wraz ze swą ukochaną.

Nie chcąc narażać życzliwej kalifaktorki, Pszczółka kontaktowała się ze swą Basią za pośrednictwem grypsów, podawanych na chabecie z okna do okna. Całym aresztem wstrząsnęła wieść, że ktoś doniósł i oddziałowa Helenka skonfiskowała przesuwaną w środku nocy chabetę z grypsem, a przez jego treść nasza dawna wychowawczyni, która pomagała, jak tylko mogła, zaczęła mieć nieprzyjemności.

– Tam nic takiego nie było – tłumaczyła nam zdenerwowana Pszczółka. – Tylko słowa: „Kawę i papierosy możesz podać przez wychowawczynię". A teraz przez jakiegoś donosiciela ona ma problemy.

Wychowawczyni jednak spokojnie podeszła do problemu.

– Pomagałam, pomagam i będę pomagać – oświadczyła. – Zawsze przecież można mnie zwolnić.

Z czasem zamieszanie ucichło, ale wszystkie przeżyłyśmy chwile niepokoju o naszą opokę. Mimo to zainicjowany przez nią zwyczaj pomagania najsłabszym kwitł w najlepsze.

– Dziś musimy przenieść kawę – zakomunikowała mi Aniela pewnego dnia rano. – Oddziałowa nie sprawdza tak bardzo, powinno się udać.

Kawę miałyśmy przejąć na spacerniku i przekazać drugiej celi narkomanek. Również Kaśka, młoda dziewczyna, która przez jakiś czas mieszkała z nami, zaofiarowała swoją pomoc.

– Też mogę coś przenieść – zaproponowała.

Niestety, pakując paczuszkę kawy w skarpetkę, stanęła na widoku i została zauważona z kogutka. Gdy wracałyśmy ze spaceru, oddziałowa wzięła ją na kontrolę osobistą.

– Wpadła – powiedziałam do Anieli. – Całe szczęście, że większość kawy miałam ze sobą i przeszłam bez problemu.

Kaśka wróciła z płaczem i kwitem karnym.

– Nie płacz – pocieszała ją Aniela. – Jeden kwit to nie koniec świata.

– Ale dlaczego wyście nie dostały?

– To ty płaczesz nie o swojego kwita, tylko o to, że myśmy nie dostały?

– Bo to jest niesprawiedliwe!

– Dobra – wkurzyła się moja współtowarzyszka. – Jutro idziemy z Werką po kwita. Zadowolona?

Dziewczyna nic nie odpowiedziała, chyba nie uwierzyła. Dotrzymałyśmy jednak słowa, następnego dnia rano stawiłyśmy się u naszej Drabiny.

– Przyszłyśmy przyznać się do przenoszenia kawy i odebrać wniosek karny – oświadczyłyśmy.

Wychowawczyni patrzyła na nas z niedowierzaniem, w końcu parsknęła śmiechem i wywaliła nas za drzwi.

– Próbowałyśmy – westchnęła Aniela na podsumowanie.

Po tym incydencie żadna z nas nie żałowała, kiedy Kaśka przeszła na oddział karny i zostałyśmy we dwie. Nie tylko zrobiło się spokojniej, ale też było nam łatwiej finansowo. Obie miałyśmy niewielkie sumy pieniędzy wpłacane co miesiąc przez rodzinę. Po połączeniu środków i przy rozsądnym gospodarowaniu nie brakowało nam niczego. Również paczki od rodziny podzieliłyśmy równo między siebie. Ojciec Anieli dostarczał jeden rodzaj zaopatrzenia, moja mama inny. Czas spędzałyśmy na rozmowach: o Janku, o Marcinie i naszych sprawach. To wtedy zdecydowałam się opowiedzieć Anieli całą swoją historię, mając nadzieję, że może mnie lepiej zrozumie. Rozmowy ciągnęły się nieraz całymi nocami. Koleżanka leżała na swym łóżku, a ja stałam obok, gestykulując. Zaintrygowało to oddziałową Elę, która przyglądała nam się przez kukiel bez zapalania światła. Widząc to, uniosłam ręce w górę.

– Jeszcze się nie kochamy – wypaliłam.

Usłyszałam stłumiony śmiech i oddalające się kroki. Wracając do swego łóżka, uderzyłam przez przypadek głową o krawędź wiszącej szafki. Jęknęłam i zatoczyłam się w zamroczeniu.

– Jak się zabijesz, nikt mi nie uwierzy, że sama uderzyłaś się w tył głowy – doszedł mnie sarkastyczny szept Anieli. – Znowu będę sądzona o morderstwo, więc uważaj, z łaski swojej.

Było sporo prawdy w tym, co mówiła. Miałyśmy się o tym przekonać podczas wizytacji sędziego penitencjarnego.

Sędzia wkroczył dostojnie do naszej celi i rozejrzał się ze zdziwieniem. Wszystkie poprzednie pomieszczenia były przepełnione, a tutaj tylko dwie osoby. Nie bardzo rozumiał przyczynę takiego stanu rzeczy.

– Za co została pani zatrzymana? – zapytał Anielę.

– Artykuł 148.

– A pani? – zwrócił się do mnie.

– Artykuł 148.

Teraz stało się dla niego jasne: dwie niebezpieczne przestępczynie zostały odizolowane od reszty. Wycofał się w popłochu tak szybko, na ile pozwoliło mu jego poczucie godności. Gdy wyszedł, parsknęłam śmiechem.

– Czyżby uciekł?

– Na to wyglądało – przytaknęła moja koleżanka.

Gorące lato przeżywane – po przeniesieniu nas z osiemnastki na drugą stronę korytarza – z pleksą w oknie, bez dostępu powietrza, nie sprzyjało ruchowi. Leżałam całymi dniami i z powodu duchoty nie mogłam zebrać myśli ani skupić się na książce. W tej sytuacji wielką radością stały się dostarczone przez moją adwokatkę przybory do haftowania. Urozmaiceniem naszej monotonii były przynoszone przez Anielę wieści. Kiedyś wróciła podekscytowana po wydaniu obiadu.

– Wiesz – poinformowała mnie od progu – przyjechała jakaś bardzo znana recydywa, Żmija.

Postanowiłam poznać ową żywą legendę. Skorzystałam z pierwszej okazji, gdy oddziałowa zaproponowała nam wspólne wyjście na świetlicę. Kiedy dotarłam na miejsce, Żmija już tam była. Siedziała przy oknie, otoczona przez wianuszek wielbicielek. Podniosła na mnie świdrujący wzrok zza okularów i przywitała się niedbale.

– Dlaczego Żmija?

Podniosła bluzkę, pokazując duży tatuaż.

Do starszej koleżanki po fachu lgnęły młode dziewczyny, choć nawet jej autorytet nie zapobiegł tragedii. I znów Aniela przyniosła hiobowe wieści.

– Emilka nie wytrzymała skrętu i podcięła sobie żyły. W ostatniej chwili uratowała ją Pszczółka.

Dzień później Emilka – szczuplutka, zabiedzona i wiecznie głodna młodziutka dziewczyna doświadczona przez życie, zimnych rodziców i agresywnego męża – wróciła ze szpitala z obandażowanymi rękami, dostała wniosek karny i została wywieziona do innego zakładu.

Na zakończenie wakacji zjawił się w naszym areszcie wysłannik rzecznika praw obywatelskich. Zostałam wyznaczona do rozmowy z nim. Starszy mężczyzna popatrzył na mnie z ciekawością i wyjął ankietę.

– Nie wiem, czy cokolwiek panu powiem…

– Ankieta jest anonimowa.

– Tak pan myśli? Ale właściwie wszystko mi jedno i tak szybko stąd nie wyjdę.

– Do czego ma pani największe zastrzeżenia?

– Po pierwsze: niehumanitarny jest fakt, że nie mogę podzielić się jedzeniem. Po drugie: osoby w świetle prawa niewinne są przetrzymywane całymi miesiącami, nieraz latami, w pomieszczeniu zasłoniętym pleksą, bez dostatecznej ilości tlenu i światła dziennego, w warunkach dużo gorszych niż osoby skazane.

– Czyli areszt wydobywczy?

– Oczywiście. Większość tych kobiet godzi się na każdą prokuratorską propozycję, byleby tylko opuścić więzienie. Osoby działające z premedytacją najczęściej nie dają się tak łatwo złamać i ukarać jak te zamieszane w przestępstwo nieraz przez przypadek.

– Coś jeszcze?

– Ceny w kantynie. Korzystając z monopolu i zakazu dostarczania wielu produktów z zewnątrz, prowadzący tutejszy sklepik narzuca skandaliczne marże.

– Ma pani dużo wniosków karnych?

– Ani jednego, a moje uwagi nie są wyrazem osobistych pretensji.

Urzędnik spisał wszystko, podziękował grzecznie i poszedł. Nie czekałam długo na reakcję zwierzchników, zostałam wezwana.

– O czym pani rozmawiała z rzecznikiem?

– Chyba miało być anonimowo…

– Niech pani nie żartuje, tylko opowiada.

Udawałam pogodzoną z losem, ale głęboko przeżywałam stres związany z rozprawami. W efekcie przed kolejną rundą całą twarz pokryły mi ropne krosty. Czułam się jak trędowata i byłam zrozpaczona. W sądzie starałam się zasłaniać twarz długimi włosami.

Nie wiem, czy Beata mnie poznała. Nie patrzyła w moją stronę. Bardzo spokojnie odpowiadała na pytania sądu i adwokatów.

– Werka była strasznie zakochana i zapatrzona w pana Andrzeja, a on robił z nią, co chciał – zeznawała.

– Czy to prawda, że miał inne kobiety?

– Tak, nieraz jak przyjeżdżałyśmy do jego domu i wychodził na noc, Weronika bardzo to przeżywała. W końcu wpadła w głęboką depresję, trudno ją było postawić na nogi. Pan Andrzej był zupełnie obojętny i to ją dobijało. Tylko w uzdrowisku był inny.

– Skąd pani wie?

– Odwiedziłam ich tam, jeden jedyny raz był dla niej dobry. Ale to się skończyło, kiedy wrócili.

W sposób bardzo wyważony, nie formułując pochopnych opinii, złożyła wyczerpujące zeznania. Skończywszy, wyszła z sali nie patrząc na nikogo. Nigdy więcej jej nie zobaczyłam.

Największy szok przeżyłam, gdy pojawiła się moja matka. Nie słuchałam nawet szczególnie jej zeznań. Jak przez mgłę docierało do mnie, że przedstawia historię znajomości z Marcinem i wspomina moment, kiedy opowiedziałam jej, co naprawdę stało się z Andrzejem G. Trzęsłam się na całym ciele i modliłam w duchu, aby ta rozprawa skończyła się jak najszybciej. Po raz pierwszy nie mogłam się opanować i zachować kamiennej twarzy.

Nareszcie moja udręka dobiegała końca. Starsza, konwojująca mnie policjantka popatrzyła na mnie ze współczuciem.

– Wyjdziemy ostatnie, będzie pani mogła pożegnać się z matką.

Starałam się być w miarę spokojna w trakcie tego pożegnania, ale gdy znalazłam się sama z tyłu samochodu, nie potrafiłam dłużej trzymać emocji na wodzy. Wróciłam do celi zalana łzami.

Wydawało się, że przesłuchanie biegłych psychiatrów z G. będzie tylko formalnością, bo napisali już swoje opinie, z którymi miałam okazję się zapoznać. O ile psycholog starała się wytłumaczyć cokolwiek z procesów zachodzących w mojej pokręconej psychice, o tyle ordynator wydał zdecydowany werdykt:

– Ludzie się nie zmieniają, nawet jeśli im się tak wydaje. Osobowość nie ulega zmianie, nie widzę żadnej możliwości poprawy stanu psychicznego i związanych z tym zachowań.

„Jasne – pomyślałam – tylko do komina".

– Dlaczego on tak bardzo pani nie znosi? – spytała mnie mecenas.

– Nie chciałam mu się zwierzać.

Ostrość jego wypowiedzi próbowała łagodzić psycholog.

– Weronika K. ma osobowość bierno-agresywną, a to znaczy, że znosi ciężką dla niej sytuację przez bardzo długi czas. I dopiero później następuje reakcja.

Ku mojemu zdziwieniu po zakończeniu zeznań biegłych sędzia wezwał mnie na dodatkowe dopytanie.

– Przez cały czas konsekwentnie nie przyznawała się pani do przypisanego jej motywu finansowego. Jeden raz jednak nie zaprzeczyła pani oskarżeniu, podczas przesłuchania przeprowadzonego przez policjantów w areszcie, dlaczego?

We wspomnieniach zobaczyłam znowu siebie, jak w przyspieszonym tempie zmywam czarną farbę i biegnę z mokrymi włosami do pokoju przesłuchań. Przypomniałam sobie rozmowę z komisarzem, krótkie formalności załatwiane przez Leszka i gafę, którą popełniłam i na którą wtedy nie zwróciłam uwagi.

– Nie wiedziałam, że muszę za każdym razem podkreślać fakt przyznania się zabójstwa, ale zaprzeczać motywacji finansowej. Wydawało mi się, że wystarczy, jak raz powiedziałam to w prokuraturze – odwracałam kota ogonem.

Ku mojemu wielkiemu zaskoczeniu na salę poproszono Leszka. Przystojny oficer był wyraźnie niezadowolony, że ktoś może mieć jakiekolwiek zastrzeżenia do wypełnionego przez niego protokołu.

– Czy pamięta pan to konkretne przesłuchanie? – spytał sędzia.

– Nie, Wysoki Sądzie – odparł Leszek. – Ale wszystkie protokoły przesłuchań przygotowywane są według tych samych standardów.

– Czy Weronika K. mogła się pomylić?

– Oczywiście, że mogła. Stres mógł spowodować niezrozumienie sytuacji.

Znowu zobaczyłam we wspomnieniach wesołą rozmowę i tabliczkę czekolady, którą pochłonęłam.

Po złożeniu wyjaśnień policjant opuścił salę, ani razu nie spoglądając w moją stronę.

Następnie sąd przystąpił do rozstrzygnięcia kwestii przedłużenia nam sankcji. Jak zwykle na początku wysłuchano stron. Prokurator wnosił o zastosowanie sankcji, adwokat Marcina w dramatycznych słowach gardłował za jej uchyleniem, do jego słów przyłączył się Marcin, podnosząc argumenty o katastrofalnym stanie swojego zdrowia. Moja adwokatka, zapytana o zdanie, złożyła wniosek o uchylenie sankcji. I wtedy poprosiłam o głos.

– Pani wybaczy – lekko skłoniłam się w stronę pani mecenas. – Nie miałyśmy czasu tego uzgodnić. Wysoki Sądzie, nie występuję z wnioskiem o uchylenie sankcji, wręcz przeciwnie, przychylam się do stanowiska prokuratora o jej utrzymanie.

Na sali zapadła cisza. Sędzia patrzył na mnie w niemym zdumieniu.

– Jak to, nie chce pani uchylenia aresztu? – zapytał.

– Nie, Wysoki Sądzie, nie chcę – wyjaśniłam. – W A. czuję się bezpiecznie i chcę tam pozostać.

Moje stanowisko poparła Aśka.

– Ja również nie składam wniosku o uchylenie sankcji.

– Sąd zarządza dalsze stosowanie sankcji – zapadło postanowienie.

– Nie wiem, jaki anioł panią oświecił – uśmiechała się adwokatka. – Ale tym jednym ruchem ujęła sobie pani kilka lat, może nie w tej instancji, a w następnej. Nie można było dobitniej wyrazić skruchy.

Na kolejną rozprawę nie trzeba było długo czekać. Pojechałam z zamierającym sercem i już na korytarzu go zobaczyłam. Siedział na ławce, rozmawiał z kolegą i nie podniósł głowy gdy przechodziłam. Na salę wszedł nie patrząc na nikogo, stanął przy barierce i utkwił oczy w ławie sędziowskiej.

– Proszę powiedzieć – zaczął sędzia – czy policja posiadała jakiekolwiek dowody przeciwko Weronice K. i Joannie G. w momencie aresztowania?

– Nie, wysoki sądzie – odparł komisarz spokojnie. – Nie posiadała. Mieliśmy tylko domniemania i chcąc zdobyć dowody, zatrzymaliśmy oskarżone pod zarzutem pozbawienia wolności pokrzywdzonego, nie mogliśmy postawić zarzutu morderstwa.

– Po przeszukaniu domu znaleźliście jakieś ślady?

– Nie, choć ekipa specjalna szukała cały dzień.

– I co powiedzieli?

– Że są zmęczeni i wychodzą.

Sędzia wyciągnął z akt jakąś kartkę i zaprezentował komisarzowi.

– Pan to pisał?

– Ja.

Domyśliłam się, że chodzi o jego notatkę służbową.

– Przecież to jest napisane jakby pan przy tym był, na jakiej podstawie wyciągnął pan takie wnioski?

– Tylko na podstawie doświadczenia zawodowego.

– Żaden sąd w tym kraju nie skazałby ich na podstawie pana notatki. Czy naprawdę nie miał pan żadnych dowodów?

– Nie, wysoki sądzie, nie miałem.

– Pospekulujmy trochę – powiedział sędzia. – Co by było gdyby się nie przyznały?

– Nic by nie było – odpowiedział komisarz. – Byłby proces poszlakowy, a ponieważ to nie Ameryka, zapewne nigdy by ich nie skazano. Gdyby nie ich własne zeznania, nie spędziłyby nawet tygodnia w więzieniu. Domyśliłem się przebiegu wydarzeń, ale jednego nie mogliśmy wymyślić: co stało się z ciałem. Gdyby tego nie powiedziały, nikt nigdy by się nie dowiedział.

– Pan był przy przyznaniu się Weroniki K. Co wpłynęło na jej decyzję?

– Wiele czynników. Trafić do kogoś, aby się otworzył to bardzo złożony proces. Myślę, że dojrzała do tego.

– Czy jej zeznania były przemyślane, wyrachowane?

– Absolutnie nie, mówiła spontanicznie i bardzo to przeżywała.

– Czy to pan jest tym policjantem od „prawdy, która wyzwala"?

– Prawda zawsze wyzwala – odpowiedział komisarz z niezmąconą pewnością w głosie.

W tym momencie, jakby mimochodem, odwrócił głowę i spojrzał na mnie. Patrzył uważnie, bez uśmiechu, a mnie dech zaparło. Przez tę jedną chwilę przeleciała między nami iskra porozumienia, tak jak dawniej, jakby tych kilku lat od mojego aresztowania w ogóle nie było. Odwrócił spojrzenie, a ja wróciłam do rzeczywistości.

– Wysoki sądzie, z Weroniką K. było jak w tym chińskim dowcipie... – zaczął komisarz po swojemu, z łobuzerskim uśmiechem.

– Pan tu przyszedł zeznawać, a nie dowcipy opowiadać – upomniał go sędzia.

– Ale ja nie umiem tak na sucho – odpowiedział przekornie i kontynuował. – Gdy cesarz wizytował więzienie w pierwszej celi więźniowie zaczęli go błagać o łaskę i przekonywać, że są niewinni. To samo zdarzyło się w drugiej i trzeciej. W pewnym momencie cesarz zauważył człowieka, który stał z boku i nie próbował się do niego zbliżyć z żadną prośbą. Zaciekawiony podszedł do niego i pyta: Ty też jesteś niewinny? Nie – odpowiedział więzień – jestem tu zupełnie zasłużenie. A za co jesteś? – pyta dalej cesarz. Za morderstwo – mówi więzień. I cesarz podjął decyzję: Wypuśćcie tego mordercę, aby swą obecnością nie kalał reszty tego szlachetnego, niewinnego towarzystwa. Dokładnie właśnie tak jest w przypadku Weroniki K.

Oszołomiona, pochyliłam się do mojej adwokatki.

– Czy on mnie broni? – spytałam, nie mając odwagi uwierzyć w to co słyszę.

– I to jeszcze jak – odpowiedziała zadowolona.

Z ZEZNAŃ KOMISARZA:

Jako zespół funkcjonariuszy Policji powołany do wyjaśniania tego właśnie rodzaju spraw dotyczących „ciemnej liczby zabójstw", zainteresowaliśmy się także i niniejszą sprawą. Po lekturze tych wszystkich akt, zwłaszcza związanych z poszukiwaniami zaginionego Andrzeja G. uderzyło nas to, że wiele zeznań i oświadczeń składanych w tamtej sprawie było niespójnych, a miejscami przebijała wręcz z nich – przynajmniej dla nas policjantów – po prostu nieprawda.

Powiem tak: po 10 latach pracy w tym Wydziale, w którym pracuję, na podstawie posiadanej wiedzy zawodowej mógłbym już napisać książkę na temat schematyzmu postępowania i sposobu tłumaczenia pewnych faktów przez sprawców tego właśnie rodzaju przestępstw jak zabójstwa. Te schematy powielają się po prostu w wielu tego typu sprawach. Tak było też w przypadku zaginięcia Andrzeja G. Na podstawie takiej właśnie analizy wszystkich dostępnych dla nas materiałów postawiliśmy hipotezy robocze i zawarliśmy je w notatce urzędowej. Już po zatrzymaniu Joanny G. oraz Weroniki K., kiedy poznaliśmy szczegóły tej zbrodni, mogę powiedzieć, że nawet z moim zawodowym doświadczeniem wiele szczegółów odbiegało od stereotypów i zachowań innych sprawców zabójstw, a wiele elementów, używając obrazowego stwierdzenia: nie mieściło się w głowie.

Powiem tak: przyznanie się przez oskarżoną Weronikę K. do udziału w zabójstwie Andrzeja G. było w mojej ocenie wielką rzeczą z jej strony, w tym mianowicie sensie, że opisanie przez nią tego wszystkiego, co zrobiła, to „wyrzucenie z siebie tego wszystkiego", naprawdę trzeba ocenić jako coś niezwykłego. Mogę powiedzieć, że na podstawie swojego wieloletniego doświadczenia zawodowego rzadko spotykam się z taką postawą sprawcy, który tak szczegółowo i bez żadnego ukrywania czegokolwiek opowiada o takim, przecież najpoważniejszym, przestępstwie.

Przyznam, że tego zachowania Weroniki K. w żadnym razie nie odczuwałem jako czegoś koniunkturalnego i nastawionego na „handlowanie swoimi emocjami i uczuciami", żeby cokolwiek ugrać.

Według mnie to przyznanie się do winy wynikało z wewnętrznej potrzeby Weroniki K. i było szczere.

Skończywszy zeznania, komisarz znowu spojrzał na mnie przenikliwie. Potem odwrócił się i odszedł, a ja miałam pewność, że nie jest to nasze ostatnie spotkanie.

Epilog

Końcówka roku upłynęła mi we względnym spokoju. Święta Bożego Narodzenia przeszły bez większych emocji, inaczej niż rok temu. Byłam wyczerpana procesem i czułam się bardzo samotna.

Zaraz po Nowym Roku zostałam poproszona na rozmowę z policją. Zdziwiona pospieszyłam do pokoju przesłuchań. Na miejscu nie czekał jednak żaden z funkcjonariuszy Wydziału Spraw Beznadziejnych, tylko ktoś zupełnie mi nieznany.

– Przychodzę przesłuchać panią jako świadka – oznajmił.

– Nie rozumiem.

– Prokuratura wszczęła dochodzenie przeciwko żonie Marcina B. o składanie fałszywych zeznań.

„Bez mojego udziału" – pomyślałam.

– Proszę mi powiedzieć – zaczął policjant lekkim tonem – czy według pani żona Marcina świadomie przeinaczała fakty?

– Nie jestem w stanie na to odpowiedzieć. Mogła kłamać, ale równie dobrze mogła nie pamiętać dokładnie wszystkich wydarzeń. W końcu od tamtej pory minęły lata.

– No tak, ale zeznawała z widoczną intencją pomocy mężowi.

– To chyba zrozumiałe, ale o niczym nagannym nie świadczy. Obawiam się, że nie mam w tej sprawie nic do powiedzenia.

– Naprawdę?

– Naprawdę.

Jak się później dowiedziałam, postępowanie umorzono z braku dowodów.

Seria rozpraw powoli dobiegała końca. Pozostało jeszcze obejrzenie nagrań z wizji lokalnych i zapoznanie się z ocenami pozostałych biegłych. Ciekawa byłam przede wszystkim znanego psychiatry, który badał Aśkę. Zjawił się na rozprawie wraz z poznaną już wcześniej przeze mnie psycholog z Miejskiego. Kobieta, która wywarła na mnie tak negatywne wrażenie, na sali sądowej całkowicie mnie zaskoczyła. Nakreśliła portret osobowości Aśki tak precyzyjnie, że znając moją koleżankę tyle lat, podpisałabym się pod każdym wypowiedzianym na sali sądowej słowem.

– Osobowość całkowicie bierna, dla której zdanie jej najbliższego otoczenia jest tak ważne, że podporządkuje się jego wymogom i oczekiwaniom, nawet wbrew własnym poglądom czy przekonaniom. Przerzuca na innych wszelką odpowiedzialność, również za własne życie.

Podobną opinię wyraził doktor, dodając jeszcze opis zaburzeń osobowościowych.

Zakończywszy część merytoryczną procesu, sąd wyznaczył termin wygłoszenia mów końcowych na koniec lutego W związku z tym ponownie odwiedziła mnie moja adwokatka.

– Musi pani być przygotowana na to, że prokurator będzie żądał kary dwudziestu pięciu lat – oznajmiła.

– A sąd?

– Sąd pierwszej instancji może się do tego przychylić, ale będziemy walczyć dalej.

– Wyjdę z tego?

– Nie mogę tego przewidzieć, ale mogę obiecać, że zrobię wszystko, co w mojej mocy. Na tym etapie jednak chciałam panią przygotować na najgorsze. Musi pani wytrzymać.

– Wytrzymam – zapewniłam. – I będę walczyć dalej.

Przygotowana na najgorsze pojechałam na prokuratorski krzyk, jak w gwarze więziennej nazywano żądanie kary przez oskarżyciela publicznego. Zdenerwowałam się, gdy konwojenci zarządzili przewiezienie całej naszej trójki w jednej części samochodu.

– Przecież oni mają być w izolacji – protestowała bezradnie oddziałowa, odprowadzając nas do suki.

Nikt jednak nie zwracał uwagi na jej protesty. Bez słowa, z zaciśniętymi zębami weszłam do środka. Nie patrzyłam na Marcina, odwróciłam głowę w drugą stronę, nie rozmawiałam też z Aśką. Siedziałam w pełnym napięcia milczeniu. Przed wyjazdem dokooptowano do nas chłopaka, która mieszkał z Marcinem w jednej celi i korzystał z hojności zamożnego kolegi. Widocznie chciał zamanifestować lojalność wobec Marcina.

– Już niedługo – mówił z pełnym przekonaniem. – Wyjdziesz, pojedziesz z żoną za granicę, odpoczniesz.

– Najpierw będę musiał iść do lekarza – westchnął Marcin.

– Wolność to najlepsze lekarstwo. Wszystko się ułoży, kiedy winni zostaną ukarani – dodał chłopak, patrząc ostentacyjnie na mnie.

Na sali prokurator długo i szczegółowo rozwodził się na temat okoliczności sprawy, podkreślając premedytację, zarzucając motyw finansowy i przywołując opinie internetowe, co było ewidentnym nadużyciem, gdyż nie można nikogo skazywać na podstawie głosu opinii publicznej, całkowicie niemiarodajnej, bo nieznającej nawet przebiegu procesu, a kształtowanej jedynie na podstawie doniesień prasy brukowej.

– Mieszkając w domu Andrzeja G. – mówił prokurator – Weronika K. ciężko pracowała na swoje utrzymanie i być może mogła czuć się wykorzystywana i źle traktowana. Nic jednak nie usprawiedliwia mordu.

Zażądał dożywocia dla Marcina i dwudziestu pięciu lat pozbawienia wolności dla mnie i dla Aśki.

Po prokuratorze przyszedł czas na mowy obrończe.

Niezłe zamieszanie wywołało dwóch obrońców Marcina. Pierwszy w swoim wywodzie dowodził niemożliwości tak dużego podobieństwa zeznań moich i Aśki, co jego zdaniem miało świadczyć o wcześniejszym ustaleniu wersji, celem wrobienia niewinnego kolegi. Natomiast drugi wręcz przeciwnie, wyszczególnił wszystkie najdrobniejsze różnice w naszych zeznaniach, co z kolei jego zdaniem miało świadczyć o rozbieżności naszych wersji wydarzeń, które miałyby być przez to niewiarygodne. Zapędził się tak dalece w swych dowodzeniach, iż zaczął kwestionować nawet naszą winę i odpowiedzialność.

– Wysoki Sądzie – perorował – proszę spojrzeć na te dwie drobne, szczupłe kobiety. One nie mogły tego zrobić, jest fizyczną niemożliwością, aby wykonały to, do czego się przyznały.

Nie za bardzo wiedziałam, dokąd zmierza jego rozumowanie i czemu ma służyć cała ta przemowa, ale na pewno nie obronie Marcina.

Sędzia usiłował ukryć rozbawienie.

– Dobrze by było, aby panowie uzgadniali ze sobą wcześniej linię obrony – podsumował. – Teraz kolej na oskarżonych. Marcinie B., czy oskarżony ma coś do powiedzenia?

– Tak – wybuchnął Marcin. – Jestem niewinny, zostałem niesłusznie oskarżony, nie zrobiłem nic złego. Proszę o uniewinnienie.

Patrzyłam na niego z obrzydzeniem, nawet w takiej chwili nie było go stać na wyrażenie skruchy i żalu, nawet teraz odgrywał komedię, udając ofiarę i nie mając odwagi zmierzyć się z własnym sumieniem.

Sędzia wysłuchał go w milczeniu i oddał głos Aśce.

– Chciałam przeprosić mojego brata – mówiła łamiącym się głosem. – Bardzo żałuję tego, co się stało.

– O co pani prosi sąd?

– O łagodny wyrok.

Po tym przyszła kolej na mnie.

– Gdybym mogła cofnąć czas – zaczęłam – zrobiłabym wszystko, aby odwrócić te straszne wydarzenia, ale nie mogę. Jedyną rzeczą, którą mogę teraz zrobić, to wyznać prawdę, bronić tego wyznania i ponieść odpowiedzialność za swój czyn. Niczego innego nie mogę…

– O co pani prosi sąd?

– O nic, nie mam prawa prosić o cokolwiek…

– Wobec zawiłości sprawy sąd odracza ogłoszenie wyroku.

Niemal miesiąc czekania spędziłam jak we śnie. Niewiele pamiętam z tamtego okresu. Nie docierały do mnie komentarze ani plotki na temat naszego procesu. Zapadłam w swego rodzaju letarg. Wreszcie przyszedł dzień ogłoszenia wyroku.

Wyszłam z celi na uginających się nogach, odprowadzana przez moje koleżanki z życzeniami powodzenia. Na korytarzu, jak na zamówienie, pojawiła się wychowawczyni.

– Pani wychowawczyni, boję się hien medialnych!

– Niech pani popatrzy w kamerę, pomyśli o mnie i się uśmiechnie.

– Nie wiem, czy się uśmiechnę, ale będę myśleć o pani.

Pojechałam do sądu. To, co zobaczyłam na sądowym korytarzu, było znacznie gorsze od tumultu na rozpoczęciu procesu prawie rok temu. Kiedy nas prowadzono, tłum ogarnął szał. Rozumiałabym, gdyby wynikał on z oburzenia czy potępienia, wtedy – o dziwo – łatwiej byłoby mi go znieść.

Ulżyło mi, kiedy sąd zasiadł przy stole i rozpoczął rozprawę. Tu przynajmniej kryteria były klarowne, miano osądzić mój czyn, a nie skalę wywoływanych przez media emocji.

Przewodniczący odczytał wyrok: dwadzieścia pięć lat pozbawienia wolności dla każdego z nas. Zanim przeszedł do uzasadnienia wyroku, Marcin poderwał się na nogi. Sędzia w odruchu zniecierpliwienia rzucił na stół trzymane w ręce akta, ale nie przerwał rozprawy. Polecił konwojentom posadzić go na ławce naprzeciwko sądu i kontynuował.

W odczytywanym uzasadnieniu najbardziej uderzyło mnie to, że zostało ono tak skonstruowane, jakby całego żmudnego dochodzenia i procesu nie było. Sąd oparł się w całości na składanych na policji zeznaniach Aśki, z moich wybierając tylko pasujące do ogólnej koncepcji fragmenty. Nie miałam pretensji o wysokość wyroku, zaskoczyło mnie tylko uzasadnienie.

– Szkoda było wydawać pieniądze na prawie dwuletnie dochodzenie i proces – podzieliłam się myślą z adwokatką.

– Pani Weroniko, im więcej niedociągnięć w uzasadnieniu, tym lepiej dla nas.

Z UZASADNIENIA WYROKU:
Działania wszystkich oskarżonych były obliczone na dokonanie zabójstwa Andrzeja G., do którego to dokonania doszło, miały one charakter umyślny, a oskarżeni działali z zamiarem bezpośrednim, gdyż jak wynika z analizy zgromadzonych w sprawie dowodów chcieli dokonać zabójstwa Andrzeja G., a motywem ich działania była chęć zagarnięcia jego majątku.

Czyn, który popełnili oskarżeni, był czynem bezprawnym, karygodnym, ponieważ stopień jego społecznej szkodliwości był wyższy niż znikomy, a także zawinionym, bowiem oskarżeni w sytuacji wyboru zdecydowali się naruszyć normy prawne, a nie zachodziły żadne okoliczności wyłączające ich winę i jako taki stanowi podstawę do pociągnięcia oskarżonych do odpowiedzialności karnej za jego dokonanie.

Czyn ten został dokonany w wyniku zbiorowej akcji przestępczej przez wspólnie działających oskarżonych. Był on następstwem zaplanowanej, przygotowanej i celowej działalności oskarżonych, ich bezwzględny i brutalny sposób działania, charakter ofiary, która była osobą starszą i bezbronną, determinację w postępowaniu oskarżonych i rodzaj naruszonego dobra prawnego.

W oparciu o powyższe przesłanki i okoliczności wymierzono oskarżonym kary po 25 lat pozbawienia wolności uznając, iż są one współmierne do stopnia ich winy i społecznej szkodliwości przypisanego im czynu. Kary te winny zarazem okazać się wystarczającymi dla osiągnięcia swych celów zapobiegawczych i wychowawczych tak w zakresie oddziaływania indywidualnego, jak i społecznego - kształtowania świadomości prawnej społeczeństwa.

Piekło rozpętało się, gdy wyszliśmy z sali. Żona Marcina wołała coś o niesprawiedliwości i zemście, a słaniającego się na nogach Marcina, z którego wydawało się, że uszło całe powietrze, wlokło dwóch konwojentów, ku ogólnej uciesze publiczności trzaskającej zdjęcia. Wszystko to odwróciło uwagę ode mnie i od Aśki. Wyprowadzono nas pospiesznie i skierowano do małego sieczkarnika umieszczonego na piętrze, tuż obok sal sądowych. Następnie tylnymi schodami zeszłyśmy do czekającego już na nas samochodu.

Byłam wdzięczna funkcjonariuszom, którzy w ten sposób oszczędzili nam końcowego ataku tłumu. Milczałyśmy całą drogę. Jedyną myślą, jaka tłukła mi się po głowie, było: odpocząć. Na nic więcej nie było mnie stać. Koleżanki w celi wydawały się wstrząśnięte wyrokiem i zaczęły mnie pocieszać, że to jeszcze nie koniec. Nie miałam siły na rozmowy. Czułam pustkę. I spokój.

– Tak, to nie koniec – pomyślałam, zanim krańcowo wyczerpana rzuciłam się na łóżko. – To początek reszty mojego życia.

Spis treści

Gabriel Glinka

BANDYTA

ss. 380, format 146x202 mm

W wieku kilkunastu lat uciekł z domu i zaczął stawiać pierwsze samodzielne kroki – na ścieżkach zła. Poruszał się na nich coraz szybciej i pewniej, przekraczając wkrótce granice mrocznego świata przestępczości zorganizowanej.

Stał się człowiekiem o wielu twarzach. Był złodziejem, przemytnikiem, oszustem, sutenerem. W końcu piekło, które sam stworzył, zaczęło się o niego upominać.

Bywają sytuacje, gdy nie ma już drogi powrotnej. Na pewno?

BANDYTA w więziennej celi po raz pierwszy w życiu postanawia stoczyć dobrą walkę. W obronie więzi łączącej go z córką. W czasie tych zmagań wkroczy na drogę odmienną od tych, którymi podążał dotychczas.

Dokąd go zaprowadzi?

BANDYTA to powieść autobiograficzna. Dedykuję ją wszystkim, którzy nie zgadzają się na osądzanie drugiego człowieka bez poznania tajemnic, które w sobie kryje.

Gabriel Glinka

wydawnictwowam.pl